PADRES QUE ORAN

30 DÍAS DE INTERCESIÓN POR NUESTROS HIJOS

DONALD Y SILVIA FRANZ

PADRES QUE ORAN

30 DÍAS DE INTERCESIÓN POR NUESTROS HIJOS

DONALD Y SILVIA FRANZ

GRUPO NELSON
Desde 1798

Padres que oran
Publicado por Grupo Nelson - 2026
501 Nelson Place, Nashville, Tennessee 37214, Estados Unidos de América.

Este título también está disponible en formato electrónico y audio.

HarperCollins Publishers, Macken House, 39/40 Mayor Street Upper, Dublin 1, D01 C9W8, Ireland (https://www.harpercollins.com).

La información sobre la clasificación de la Biblioteca del Congreso está disponible previa solicitud.

Diseño interior: *Deditorial*

Tapa rústica: 978-1-4003-5320-0
eBook: 978-1-4003-5321-7
Audio: 978-1-4003-5322-4

Impreso en Estados Unidos de América

26 27 28 29 30 LBC 5 4 3 2 1

CONTENIDO

INTRODUCCIÓN

No hay responsabilidad más sagrada y desafiante que la de ser padres. Traer hijos al mundo es apenas el comienzo; la verdadera labor comienza cuando nos comprometemos a formar sus corazones y guiarlos en el camino del Señor. Esta misión exige mucho de nosotros, pero por encima de todo, requiere que los cubramos en oración, con una pasión que solo el amor puede sostener.

Este libro nace del anhelo profundo de ver a nuestros hijos caminar con Dios, vivir conforme a su propósito y mantenerse firmes en un mundo que constantemente los empuja en una dirección contraria. Es un llamado a aquellos padres que, aunque no son perfectos, están dispuestos a asumir su rol como líderes espirituales e interceder con fervor y sin cesar por la vida de sus hijos.

Te queremos invitar a postrarte a los pies de Jesús durante 30 días para orar con un propósito específico diario en favor de tus hijos. Nuestra intención no es entregarte reflexiones simples ni una serie de rutinas religiosas. Por el contrario, se trata de una jornada de transformación para los padres, en la que cada oración se convierte en un acto de guerra espiritual, cada enseñanza en una estrategia y cada declaración basada en la Palabra de Dios en una semilla de fe para ser sembrada en el corazón de tus hijos.

Oraremos por sus emociones, identidad, amistades, pureza, salud, propósito en la vida, futuro cónyuge y mucho más. Este no es un libro solo para leerse, sino uno que se estudia, medita y, principalmente, te lleva a orar. Está diseñado para activar la acción y la esperanza. No importa si tus hijos todavía están en casa o ya han tomado sus propios caminos, si están caminando con Dios o si se alejaron del Señor. ¡Nuestra convicción es que nunca es tarde para que la oración los alcance!

Durante cada uno de los 30 días encontrarás instrucción bíblica, una oración modelo y preguntas de reflexión para profundizar de forma personal, en pareja o en grupos de oración. Nuestro deseo es que esta experiencia fortalezca tu fe, restaure tu autoridad espiritual y encienda una pasión renovada por la intercesión permanente a favor de nuestros hijos, lo más valioso que nos ha dado el Señor.

> «Dejad a los niños venir a mí, y no se lo impidáis; porque de los tales es el reino de Dios» (Marcos 10:14, RVR1960).

Orando...

POR NOSOTROS COMO PADRES

Desde el primer capítulo de Génesis, la voz de Dios no solo crea, sino que bendice a su creación. La bendición de Dios no se trata de un gesto accidental, sino de una intención divina que se expresa con palabras muy claras, porque no constituye un deseo vago. La bendición es una declaración con propósito, una semilla que se siembra con fe para dar fruto a su tiempo.

Más adelante, cuando el pueblo de Israel ya había sido formado, Dios instruye a Moisés sobre cómo debe ser pronunciada la bendición sacerdotal. Él no deja este acto al azar, sino que entrega palabras específicas cargadas de poder y promesas:

> «Jehová habló a Moisés, diciendo: Habla a Aarón y a sus hijos y diles: Así bendeciréis a los hijos de Israel, diciéndoles:
> Jehová te bendiga, y te guarde;
> Jehová haga resplandecer su rostro sobre ti, y tenga de ti misericordia;
> Jehová alce sobre ti su rostro, y ponga en ti paz.
> Y pondrán mi nombre sobre los hijos de Israel, y yo los bendeciré» (Números 6:22-27, RVR1960).

Si bien es cierto que nuestras oraciones por nuestros hijos tienen un poder inmenso, también es cierto que nuestras palabras cotidianas —las que decimos sin pensarlo mucho— pueden estar saboteando esas mismas oraciones. ¿Cómo podemos pedirle a Dios que bendiga a nuestros hijos si, al mismo tiempo, usamos palabras negativas o maldicientes en contra de ellos? Las palabras con las que oramos para pedir sobre el destino de nuestros hijos son trascendentes, pero antes de bendecir con nuestras oraciones debemos en primer lugar dejar de maldecirlos con la lengua. Santiago nos muestra esa dualidad de una forma muy clara:

«Ningún hombre puede domar la lengua, que es un mal que no puede ser refrenado, llena de veneno mortal. Con ella bendecimos al Dios y Padre, y con ella maldecimos a los hombres, que están hechos a la semejanza de Dios. De una misma boca proceden bendición y maldición. Hermanos míos, esto no debe ser así. ¿Acaso alguna fuente echa por una misma abertura agua dulce y amarga?» (Santiago 3:8-11, RVR1960).

La bendición será estorbada cuando en el hogar haya puertas abiertas al enemigo y vivamos de maneras contrarias a las que demanda la Palabra de Dios. Quizás se trate de costumbres, rutinas o la aceptación de aspectos de la cultura que el Señor rechaza tajantemente. Sin embargo, esto también puede producirse debido a nuestras palabras, a través de declaraciones de muerte que los padres pronunciamos a diario sobre nuestras vidas y familias. Los padres ofendemos a nuestros hijos cuando les faltamos el respeto con insultos, malas palabras y menoscabos que bloquean la bendición y el poder de la oración. Nuestras oraciones al Señor deben corresponderse con las palabras con las que nos referimos a diario a nuestros hijos. Imaginen lo que pueden sentir nuestros hijos cuando nos escuchan que los elevamos al trono de Dios pidiendo cosas maravillosas a su favor, mientras que la vida cotidiana está llena de palabras de desprecio y señalamientos sin compasión. Podrían pensar que somos unos hipócritas que tenemos hacia ellos sentimientos contrarios a los que afirmamos delante de Dios.

Si has permitido que palabras de desprecio y muerte salgan de tu boca para referirte a tus hijos, entonces es necesario empezar con un pedido sincero de perdón a Dios y a tus hijos antes de empezar a orar por ellos. Pedir un perdón sincero ennoblece a los padres delante de sus hijos y abre las puertas a una verdadera reconciliación con ellos y también con Dios. Si queremos bendecir a nuestra familia, debemos hacer primero un compromiso de que nuestras palabras no estarán llenas de quejas, insultos, críticas y derrota, sino que cambiaremos el lenguaje familiar de maldición por bendición, tal como lo enseñaba el apóstol Pablo:

«No empleen un lenguaje grosero ni ofensivo. Que todo lo que digan sea bueno y útil, a fin de que sus palabras resulten de estímulo para quienes las oigan» (Efesios 4:29, NTV).

Pablo es muy enfático al presentar ese mismo mandamiento con relación a los padres: «Padres, no hagan enojar a sus hijos con la forma en que los tratan. Más bien, críenlos con la disciplina e instrucción que proviene del Señor» (Efesios 6:4, NTV).

Querer elevar nuestras oraciones por nuestros hijos desde un ambiente de pleitos y contiendas no logrará un resultado satisfactorio y solo aumentará el rencor, porque nuestro comportamiento los está modelando y produciendo una profunda marca indeleble sobre sus vidas. Muchos hemos orado por años y no vimos resultados porque orábamos con un tipo de palabras positivas a favor de nuestros hijos y usábamos otras negativas cuando enfrentábamos situaciones de frustración o conflicto. Cada vez que declaramos algo negativo sobre nuestros hijos, nos ponemos de acuerdo con el enemigo y no con Dios. Recuerda lo que dijo Jesús con respecto a la oración en conjunto:

> «**Si dos de ustedes se ponen de acuerdo** aquí en la tierra para pedir algo en oración, mi Padre que está en el cielo se lo dará» (Mateo 18:19-20, DHH, énfasis añadido).

Es triste saber que muchos cristianos se ponen de acuerdo con las fuerzas del mal en lo que respecta a los dichos sobre sus hijos y así les dan legalidad a demonios que lo único que quieren es acabar con ellos. Nuestros hijos podrían reclamarnos que nos contradecimos a nosotros mismos en cuanto a la forma en que opinamos de ellos en la casa y la forma en que luego los presentamos a Dios en oración. Lo peor de todo es que utilizar palabras que menoscaban a nuestros hijos es contrario a la razón de la venida de Jesucristo:

> «El ladrón no viene sino para hurtar y matar y destruir; yo he venido para que tengan vida, y para que la tengan en abundancia» (Juan 10:10, RVR1960).

Por ningún motivo debemos permitir que se digan palabras insultantes, violentas o negativas en nuestra familia. Por el contrario, debemos hacer un pacto con el fin de buscar armonía y bendición para no maldecirnos los unos a los otros.

En segundo lugar, antes de orar por ellos debemos sanar nuestras heridas y las posibles aflicciones que nuestros padres nos hayan causado en el pasado. Nuestros padres pudieron haber sido muy buenos, pero eso no los hace perfectos. Es muy posible que hayan cometido errores hasta involuntarios que nos han dejado huellas que probablemente nos han marcado hasta hoy. Si no perdonamos a nuestros padres por esas faltas, es muy probable que nuestros hijos reciban el impacto del dolor que todavía nos causan dichas heridas, pues el que está herido suele herir a los que están a su alrededor. Si no perdonas a los que te lastimaron, ya sean tus padres o cualquier otra relación del pasado o el presente, sangrarás sobre personas que no tienen la culpa de tu dolor.

Conceder el perdón a cualquiera que nos haya ofendido o hecho daño es fundamental para vivir un cristianismo saludable y fructífero. Retener el perdón es algo contrario al perdón supremo que hemos recibido de Dios sin merecerlo. La base de nuestra relación con Dios y de todas nuestras bendiciones radica en su perdón. Pablo lo expresó así: «En él tenemos la redención mediante su sangre, el perdón de nuestros pecados, conforme a las riquezas de su gracia» (Efesios 1:7, NVI). Perdonar permite que nos liberemos de cualquier toxina que impida que nos acerquemos al Padre con un corazón sincero y podamos bendecir a nuestros hijos con la gracia con la que nosotros mismos hemos sido bendecidos por Dios.

Oración modelo para los padres

Señor, te pido perdón por no haber estado a la altura del compromiso que me has entregado como padre. He cometido errores voluntarios e involuntarios con mis hijos. Perdóname por subestimar mi responsabilidad.

Con mis fuerzas no puedo cumplir con dicha responsabilidad. Te necesito para guiar a mis hijos como tú lo deseas. Ayúdame a ser más parecido a ti cada día para que ellos te vean en mí.

Sé que con mis propias fuerzas no podré afrontar a diario este desafío, pero tú eres mi fortaleza y mi pronto auxilio en la debilidad. Dame sabiduría, amor, paciencia, perdón y tolerancia.

Te pido perdón si he dado mal ejemplo. Cancela toda maldición provocada por mis pecados y cualquier rebeldía que haya tenido contra tu Palabra. Hazme obediente a tus mandamientos y libra a mis hijos de las consecuencias de mis pecados.

Tomo la decisión de eliminar toda palabra negativa que haya pronunciado sobre mis hijos y familia. Me comprometo a decir palabras de vida y te pido: «**Pon guarda** a mi boca, oh Jehová; guarda la puerta de mis labios» (Salmos 141:3, RVR1960, énfasis añadido).

Te ruego que me sanes de toda palabra negativa que mis padres hayan lanzado sobre mí. Perdono a mis padres por los momentos en que tuvieron, al igual que yo, una paternidad deficiente, bendiciéndolos, dándote gracias por ellos y perdonándolos por los errores que cometieron al criarme.

Sana mis emociones de traumas y heridas presentes y pasadas que hayan provocado mis padres u otras personas cercanas a mí producto de sus fallas. Te pido que sanes mi vida para que pueda llevar a cabo una paternidad conforme a tu corazón.

Renuncio al rechazo, abandono o abuso que haya sufrido y te pido que me llenes de tu amor y me des tus ojos para ver a mis hijos como tú los ves. Ayúdame a apreciar lo que has puesto en ellos y guíame para ayudarlos a descubrir sus dones y llamado en Cristo.

Haz que llene mi corazón de tu verdad para que mi boca refleje tu amor y bendiga a mis hijos. No permitas que en momentos de frustración o ira el enemigo ponga palabras en mi boca que maldigan su identidad y propósito. Te pido que hables a través de mí a sus vidas.

Me comprometo como padre a no maldecir a mis hijos con palabras y actitudes que denigren y lastimen a cualquiera de ellos o a otro miembro de la familia. De hoy en adelante hablaré palabras de bendición y no de maldición. En el nombre de Jesús, amén.

VERSÍCULOS PARA REFLEXIONAR: PROVERBIOS 22:6; MATEO 19:26.

Preguntas de discusión

1. ¿Eres consciente de algunas palabras negativas de maldición que hayas pronunciado sobre tus hijos últimamente? Menciónalas.
2. ¿De qué manera las palabras negativas han afectado la dinámica de la relación con tus hijos? Ejemplo: distanciamiento emocional, amargura, rebeldía, etc.
3. ¿Qué cambios específicos puedes hacer en tu lenguaje diario para bendecir a tus hijos? ¿Ya les has pedido perdón?
4. ¿Crees que las heridas propias del pasado condicionaron tu paternidad? ¿Has buscado ayuda al respecto?
5. ¿Crees que tus oraciones y lo que les dices a diario a tus hijos concuerdan?

Orando...

PARA PARARNOS EN LA BRECHA

El futuro de tus hijos estará determinado por muchos factores: su entorno, sus decisiones, las oportunidades que encuentren en el camino. Sin embargo, entre los más determinantes están lo que tú creas sobre ellos y las oraciones que haces por ellos. Muchos estudios reconocen que la influencia paterna y materna resulta determinante para el futuro de los hijos, señalando que la influencia sobre ellos mediante palabras, silencios, actos y ausencias es decisiva para su formación y la forma que tomarán sus vidas el día de mañana. La Biblia es muy clara en señalar esta influencia cuando aconseja:

> «Oye, hijo mío, la instrucción de tu padre
> Y no abandones la enseñanza de tu madre;
> Porque son guirnaldas de gracia para tu cabeza,
> Y collares para tu cuello» (Proverbios 1:8-9).

Nuestra instrucción y enseñanzas son dignas de ser oídas si están saturadas de la Palabra de Dios. El proverbista las compara con coronas y collares hermosos que pueden lucir y que hermosean sus vidas. Es indudable que la guía de los padres y la labor sobre sus hijos tienen un gran impacto sobre ellos:

> «Los hijos que le nacen a un hombre joven son como flechas en manos de un guerrero» (Salmos 127:4, NTV).

A los hijos se les compara con flechas, y somos los padres quienes debemos ayudar a determinar el rumbo que ellos tomarán en la vida. Por lo tanto, no basta con tener buenas intenciones o simples deseos con respecto a nuestros hijos y sus futuros. El guerrero, que en este caso son los padres, se caracteriza por tener fortaleza y puntería. La fortaleza es para poder tensar el arco en medio de la batalla con fuerza, pero al mismo tiempo es necesario demostrar precisión para poder darle al enemigo. Podríamos decir que tenemos que tener la fuerza y la destreza para lanzar a nuestros hijos a las grandes batallas del mundo y que ellos puedan dar en el blanco y vencer a sus enemigos.

¡Hay que actuar y guerrear!

El profeta Ezequiel enfrentó tiempos tan difíciles como los nuestros. Él vivió durante el exilio en Babilonia, cuando el pueblo de Dios había perdido su tierra, su libertad y su esperanza. Era sacerdote y profeta, por lo que su mensaje señalaba el juicio de Dios debido a que el pueblo se había apartado del Señor, pero también era alguien que intercedía y hablaba de la esperanza de una futura restauración. Ezequiel enfatizó que la intercesión es fundamental; sin embargo, a pesar de la situación sumamente difícil, la crisis y los grandes problemas que atravesaban, Dios no encontró en su tiempo hombres y mujeres de oración que intercedieran por su pueblo:

> «Y busqué entre ellos hombre que hiciese vallado y que se pusiese en la brecha delante de mí, a favor de la tierra, para que yo no la destruyese; y no lo hallé» (Ezequiel 22:30, RVR1960).

Esta es una de las declaraciones más tristes de la Biblia. Es como si Dios básicamente dijera que necesitaba a alguien para orar y no lo pudo encontrar. Buscaba solo a una persona que orase y toda la tierra podría haberse salvado, pero no hubo uno solo que intercediera en ese momento. ¿Es que acaso no se daban cuenta de la terrible situación en la que se encontraban? ¿Habían dejado de confiar en Dios? El pueblo quizás puso su mirada en sus amos, en los poderosos de su tiempo, o tal vez se dejaron seducir por la cultura y la religiosidad de esos pueblos y decidieron adorar a sus dioses porque los imaginaban más grandes que ellos. Pero la respuesta no estaba en los reyes, la sabiduría del mundo, la asimilación de la cultura o la adoración de sus dioses. La respuesta siempre la tuvo el Señor Dios todopoderoso. Por eso era necesario clamar a Dios con todas las fuerzas, pero Ezequiel nos dice que no lo hicieron. ¿Ves cuán importante es la intercesión? ¡Solo una persona podría haber marcado una gran diferencia en un país entero a través de la oración!

En términos generales, «pararse en la brecha» significa:

- Asumir la postura firme de un guerrero que se ubica en un muro de protección abierto o en lugares vulnerables porque está dispuesto a proteger a los habitantes de los posibles intrusos. Nuestros hijos enfrentarán muchos peligros, y mientras van creciendo tienen muchos flancos débiles y a veces su ignorancia los hace exponerse a peligros que no perciben con claridad. Es evidente que no podremos acompañarlos como guardaespaldas atentos por dondequiera que vayan, pero sí podremos «pararnos en la brecha» e interceder por nuestros hijos con todas las fuerzas que produce el amor por ellos.

- Mantenerse firme ante una promesa de Dios hasta su cumplimiento. Me maravillan las palabras de Josué cuando reconoció que Dios los había acompañado de la esclavitud a la libertad, del desierto a la tierra que fluye leche y miel, cumpliendo sus promesas: «No faltó ni una palabra de las buenas promesas que el Señor había hecho a la casa de Israel. Todas se cumplieron» (Josué 21:45). Las promesas de Dios se cumplirán en aquellos que las creen y claman en oración con fe por su cumplimiento. Nuestra responsabilidad como padres que guían a sus hijos e interceden por ellos es reconocer que debemos ser testigos del poder de esas promesas primero en nuestras propias vidas.

  > «Queridos amigos, dado que tenemos estas promesas, limpiémonos de todo lo que pueda contaminar nuestro cuerpo o espíritu. Y procuremos alcanzar una completa santidad porque tememos a Dios» (2 Corintios 7:1, NTV).

- Sintonizar tu corazón con el de Dios y sus propósitos para tus hijos. Debido a ello es importante que oremos de acuerdo con la voluntad de Dios y no que nos basemos solo en nuestros caprichos o simples buenos deseos para ellos. La primera ocupación apasionada de los padres que buscan guiar a sus hijos con sabiduría es empaparse primero con la Palabra de Dios. Ese fue el consejo de Moisés a los padres de Israel:

> «Amarás al SEÑOR tu Dios con todo tu corazón, con toda tu alma y con toda tu fuerza. Estas palabras que yo te mando hoy, estarán sobre tu corazón. Las enseñarás diligentemente a tus hijos, y hablarás de ellas cuando te sientes en tu casa y cuando andes por el camino, cuando te acuestes y cuando te levantes» (Deuteronomio 6:5-7).

- Prestarle mayor atención a lo que antes nos daba igual o no veíamos como una amenaza o peligro. No debemos olvidar el ejemplo de Job con sus hijos. Él tenía tal preocupación por sus vidas que no dejaba de reconocer los peligros que podrían enfrentar y aun los pecados que podrían cometer. Esta es su historia:

> «Sus hijos acostumbraban a turnarse para celebrar banquetes el día de sus cumpleaños e invitaban a sus tres hermanas a comer y beber con ellos. Una vez terminado el ciclo de los banquetes, Job se aseguraba de que sus hijos se purificaran delante de Dios. Muy de mañana ofrecía un holocausto por cada uno de ellos, pues pensaba: "Tal vez mis hijos hayan pecado y maldecido en sus corazones a Dios". Para Job esta era una costumbre cotidiana» (Job 1:4-5, NVI).

No hay duda de que Job se paraba en la brecha por sus hijos siempre. Volviendo a la ilustración del guerrero, un ejército de la antigüedad tenía que derribar los muros y dejar la ciudad indefensa para poder conquistarla. Así como sin muros no hay protección, también sin oración nuestros hijos pueden quedar desprotegidos.

Muchos padres sienten la urgencia de orar por sus hijos cuando se encuentran envueltos en circunstancias difíciles y contrarias a la voluntad de Dios, se han desviado del camino del Señor o simplemente están pasando por un período de tibieza espiritual. Esos momentos obligan a interceder en ayuno y oración.

Sin embargo, es necesario orar sin cesar por ellos, porque un día fuera de la voluntad de Dios o del propósito que Él tiene para ellos puede llevarlos a tomar malas decisiones que los conducirán a alejarse más de Dios. Podríamos decir, sin parecer exagerados, que es urgente entrar en batalla de oración por la vida de nuestros hijos aun antes de concebirlos.

El Señor ama profundamente a tus hijos, pero se podría decir que en este mundo nadie ama a tus hijos más que tú. Si no te paras en la brecha e intercedes por ellos delante de Dios, ¿quién lo hará? Nadie que ama a sus hijos sería capaz de dejar en manos de un extraño la vida y el bienestar de sus descendientes. El amor es el mayor motor que nos lleva a pararnos en la zona de conflicto y pelear la batalla de oración en favor de nuestros hijos.

Pararnos en la brecha por nuestros hijos requiere que primero seamos nosotros quienes estemos en la presencia de Dios, en santidad y cerrando toda puerta de nuestra vida que pueda dar lugar al enemigo. Debemos tomar muy en serio la exhortación de Jeremías:

> «Levántate, da voces en la noche al comenzar las vigilias.
> Derrama como agua tu corazón ante la presencia del Señor.
> Alza hacia Él tus manos por la vida de tus pequeños,
> que desfallecen de hambre en las esquinas de todas las calles»
> (Lamentaciones 2:19).

El profeta Samuel llegó a decir que era pecado dejar de orar por el pueblo.

> «Y en cuanto a mí, lejos esté de mí que **peque contra el Señor cesando de orar** por ustedes, antes bien, les instruiré en el camino bueno y recto» (1 Samuel 12:23, énfasis añadido).

Una fe madura produce oraciones concretas, y este tipo de oraciones obtienen respuestas concretas. Es decir, debemos aprender a orar las Escrituras, pues ellas manifiestan la voluntad de Dios para nuestras vidas. Si oramos las promesas de Dios, no necesitamos decir: «Si es tu voluntad...», porque las Escrituras contienen la voluntad de Dios perfecta para nosotros. Esa es la instrucción y las enseñanzas que nuestros hijos deben recibir de nuestra parte. Debemos escribir las promesas de Dios que deseamos ver cumplidas en nuestros hijos y pedirlas en oración con fe a diario. Así como los hijos de Israel marcharon alrededor de Jericó hasta ver caer los muros, así también debemos rodear en intercesión y oración constante la vida de nuestros hijos.

Debemos perseverar en oración para lograr la victoria. Sin embargo, debemos asegurarnos de que nuestras oraciones sean específicas, ya que muchas de nuestras oraciones son ambiguas y por eso no obtenemos determinadas respuestas, no le damos la gloria a Dios y nuestra fe no aumenta. No está mal orar para que Dios simplemente bendiga en general a nuestros hijos, pero si somos específicos e identificamos con claridad sus brechas y debilidades, considerando también las promesas de las Escrituras, estaremos pidiendo una bendición particular que viene de Dios para ellos. En otras palabras, cada vez que leas la Biblia, piensa de qué manera podrías convertir esas palabras que contienen promesas o mandamientos en una oración a favor de tus hijos.

El proceso de oración basado en la Palabra de Dios sería el siguiente:

- **Identificar** el problema o definir tu petición.
- **Buscar** las promesas que Dios nos ofrece, garantizando su intervención para dicha situación.
- **Perseverar** diariamente en oración por las vidas de tus hijos hasta que los muros se derrumben. ¿Qué hubiera pasado si los israelitas hubieran dejado de marchar al quinto o sexto día? Los muros no hubieran caído. ¡No desistas ni dejes de presentar a tus hijos delante del trono de Dios, persevera y espera el obrar de Dios!
- **Alabar** a Dios con gratitud por su amor y obrar de todo el corazón mientras oras. La oración que llega al trono de Dios debe estar impregnada de adoración. Démosle gracias a Dios por lo que Él hará basado en su carácter.

Tener una agenda de oración es un hábito muy saludable porque te permite anotar tus peticiones junto a las promesas de Dios y confirmar su cumplimiento posterior. Todo milagro se inicia con una oración persistente hecha con fe en las promesas de Dios.

Hoy mismo comienza a clamar desde la brecha por los siguientes motivos:

- Oramos para buscar primero la plenitud de Cristo en nosotros como padres.

  «Examíname, oh Dios, y conoce mi corazón;
  Pruébame y conoce mis pensamientos;
  Y ve si hay en mí camino de perversidad,
  Y guíame en el camino eterno» (Salmos 139:23-24, RVR1960).

- Oramos para discernir el propósito de Dios para la vida de nuestros hijos.
  «Jehová cumplirá su propósito en mí;
  Tu misericordia, oh Jehová, es para siempre;
  No desampares la obra de tus manos» (Salmos 138:8, RVR1960).

- Oramos para desenmascarar las estrategias del enemigo.
  «Porque no tenemos lucha contra sangre y carne, sino contra principados, contra potestades, contra los gobernadores de las tinieblas de este siglo, contra huestes espirituales de maldad en las regiones celestes» (Efesios 6:12, RVR1960).

- Oramos para que tengan un encuentro personal con el Espíritu Santo.
  «De oídas te había oído;
  Mas ahora mis ojos te ven.
  Por tanto me aborrezco,
  Y me arrepiento en polvo y ceniza» (Job 42:5-7, RVR1960).

Oración modelo para los padres

Padre celestial, pongo bajo la autoridad de Jesús todo plan del enemigo en contra de mis hijos (menciona sus nombres). Rompo ahora mismo cualquier plan malvado en sus vidas y los encomiendo a ti, que los guardarás con tu mano poderosa.

Te ruego, Señor, por tu inmensa misericordia, que mis hijos sean bendecidos y no reciban maldiciones, que nada malo los toque y mucho menos las cosas del maligno, porque los dejo bajo el amparo de tus alas.

Te pido que los protejas de accidentes, enfermedades, violencia o cualquier tipo de daño físico, emocional o psicológico. Que sus mentes estén sanas y libres de problemas emocionales, depresión o cualquier tipo de locura. Que gocen de buena salud, energía y fuerza para trabajar, servirte y caminar contigo en una vida de abundancia.

Clamo para que mis hijos lleguen a ser hijos tuyos a través de la obra de Jesucristo y vivan de acuerdo a tu voluntad y apartados del pecado.

Jesús, protégelos en todo momento y lugar. Que nada ni nadie los desvíe de tu propósito para sus vidas. Líbralos de malas influencias y amigos que los aparten de ti.

Dales un cónyuge que te ame, alguien conforme a tu voluntad, en tu tiempo, y mientras no lo encuentren haz que guarden sus corazones hasta hallar a la persona indicada. Protégelos de relaciones inmorales y permite que se mantengan firmes en su pureza hasta el matrimonio.

Te pido que vivan con una identidad clara de acuerdo con su sexo, líbralos de cualquier presión cultural, ideología, confusión o atracción que no esté de acuerdo con tu Palabra eterna. Ayúdalos a depender solo de ti y anhelar siempre estar en el gozo de tu presencia.

Confío con todo mi corazón en que tú los protegerás del mal y los guardarás de cualquier mentira que se diga en su contra. Protégelos de todo peligro oculto y de las trampas del enemigo. Sé que me oyes, porque oro en el poderoso nombre de Jesús, amén.

VERSÍCULOS PARA REFLEXIONAR: SALMOS 91:9-10; ISAÍAS 43:2.

Preguntas de discusión

1. ¿Cómo podrías «pararte en la brecha» por tus hijos en esta etapa de sus vidas? ¿Cómo podrías practicarlo con tu pareja?
2. ¿Qué desafíos enfrentas cuando intentas orar por tus hijos de manera consistente?
3. ¿Qué están haciendo como familia para fortalecer la fe de sus hijos y ser más específicos en las oraciones por ellos?
4. ¿Has sido negligente en la intercesión o has delegado la intercesión por tus hijos a otras personas?
5. El capítulo menciona que debemos estar en la presencia de Dios en santidad para que nuestras oraciones no sean estorbadas. ¿Qué áreas de tu vida debes entregarle al Señor para perfeccionar la santidad en ti como padre?
6. Jeremías pareciera instarnos a derramar nuestros corazones ante Dios por la vida de nuestros hijos (Lamentaciones 2:19). ¿Saben tus hijos que oras fervientemente por cada uno de ellos?
7. ¿Tienen un momento de oración como matrimonio y familia para orar por sus hijos y con ellos?

8. ¿Has identificado algunas promesas en la Escritura en favor de tus hijos y las estás pidiendo específicamente en tu tiempo de oración?
9. ¿Qué tipo de sacrificios estás dispuesto a hacer para asegurarte de que tus hijos estén cubiertos en oración?
10. ¿Qué pasos prácticos necesitas dar para asegurarte de que tus hijos crezcan en el conocimiento de Dios y la comunión con Él?
11. ¿Cómo puedes guiar a tus hijos para que busquen un encuentro personal con el Espíritu Santo como el que experimentó Job? (leer Job 42:5-7).

Orando...

PARA QUE MIS HIJOS TE VEAN

Las primeras relaciones estrechas de nuestros hijos son con sus padres, hermanos, abuelos y familiares cercanos. Ese círculo de relaciones irá creciendo con el paso de los años e incluirá a los amigos del barrio, y a los compañeros del colegio, la universidad y el trabajo. Muchas de esas relaciones tendrán una enorme influencia sobre ellos. Los padres deseamos tener relaciones cercanas, buenas y amorosas con nuestros hijos por el resto de nuestras vidas. Sin embargo, el anhelo más grande que todo padre y madre pueden tener con respecto a sus hijos es que la relación más sólida y profunda que tengan sea la relación personal con Dios. Hoy oraremos para que tengan un encuentro personal con el Espíritu Santo y se enamoren de Jesús.

La historia de Job nos permite ver con claridad que podemos llevar una vida religiosa y moral íntegra sin haber llegado a profundizar en una experiencia personal con Él. Job pasó por muchas pruebas que lo debilitaron profundamente en todo sentido, y luego de mucho sufrimiento, el Señor mismo se presentó delante de él y le mostró que era soberano sobre todas las cosas y nada escapaba de su providencia. Por eso, al final del libro, Job llega a decir:

> «De oídas te había oído;
> Mas ahora mis ojos te ven.
> Por tanto me aborrezco,
> Y me arrepiento en polvo y ceniza» (Job 42:5-7, RVR1960).

Los padres cristianos nos hemos preocupado por llevar a nuestros hijos a la iglesia desde muy pequeños. Hemos sido diligentes en cuanto a que participen en la escuela dominical, asistan a los grupos de jóvenes, lean sus Biblias y participen con nosotros en nuestra vida cristiana. Aunque todo eso es excelente, igual existe el peligro inmenso de que nuestros hijos abracen nuestra religión, pero no nuestra experiencia con Dios.

Este tipo de relación religiosa e indirecta con Dios ha sido una de las principales causas por las que muchos han terminado apartándose de la fe. Tal renuncia a la fe desconcierta a algunos padres, pero no es para sorprenderse, porque simplemente esos hijos asistían a reuniones y participaban en veladas con el «amigo» de sus padres, a quien realmente ellos nunca conocieron ni llegaron a estimar.

Gran parte del problema radica en que muchos padres cristianos se han conformado con el simple hecho de que sus hijos «se porten como cristianos» y no estén envueltos en conductas destructivas como la adicción a las drogas o el sexo fuera del matrimonio, pero no han entendido que la misión es asegurarnos de que no sean solamente «buenos chicos», sino de que caigan rendidos a los pies de Cristo y lo reconozcan como su Señor y Salvador para que, con un corazón renovado, se apasionen por Dios y su reino y luego abracen el propósito que Dios tiene para sus vidas. En otras palabras, nuestra misión consiste en asegurarnos de que nuestros hijos encuentren la salvación en Jesucristo, sirvan a Dios apasionadamente, cumplan con su asignación en este mundo, y terminen su jornada aquí en la tierra y regresen al Padre.

¡Nuestro anhelo supremo es que nuestro Dios se convierta en su Dios!

Es triste reconocer que muchos jóvenes adoran al Dios de sus padres de manera distante, aun por respeto a ellos, pero no como una adoración personal a su Dios. Esto se debe a que nunca han tenido un encuentro genuino con el Dios de sus padres, es decir, no existe tal cosa como una relación con Dios por medio de terceros. Él es un Dios personal, no tiene nietos, solo hijos. Sin embargo, esta relación como hijos de Dios no es algo que se deriva de nosotros, sino que es el resultado del llamado soberano de Dios a la salvación por el evangelio de Jesucristo. Nosotros estábamos separados de Dios, condenados por nuestros pecados e incapaces de entender los caminos de Dios. Para eso vino Jesucristo, para darnos una vida abundante que no es nuestra, sino que viene de Él, que murió en la cruz por nuestros pecados y resucitó para darnos vida eterna. Juan explica cómo Dios nos hace sus hijos:

> «El que era la luz ya estaba en el mundo y el mundo fue creado por medio de él, pero el mundo no lo reconoció. Vino a lo que era suyo, pero los suyos no lo recibieron. Mas a cuantos lo recibieron, a los que creen en su nombre, les dio el derecho de ser hechos hijos de

Dios. Estos no nacen de la sangre, ni por deseos naturales, ni por voluntad humana, sino que nacen de Dios» (Juan 1:10-13, NVI).

Esa es la historia del drama de la salvación, y si no se ha hecho todavía, debemos orar para que el Señor abra los ojos de nuestros hijos al profundo amor de Dios a través de Jesucristo. El apóstol Pablo nos deja ver claramente que el enemigo enceguece el entendimiento de las personas para que no vean la luz de Cristo:

> «El dios de este mundo ha cegado la mente de estos incrédulos, para que no vean la luz del glorioso evangelio de Cristo, el cual es la imagen de Dios» (2 Corintios 4:4, NVI).

Debemos orar día y noche para que el Espíritu Santo abra sus ojos a la verdad de Dios y que toda venda que el diablo ha colocado sobre sus mentes y corazones sea quitada. Nuestro anhelo es que lleguen a ser nuevas criaturas nacidas de Dios para una vida nueva y eterna. Ora para que tus hijos tengan un encuentro con Dios como lo tuvo Isaías, Pablo, Pedro, Jacobo, Juan y tantos otros en la Biblia. Solo después de haber tenido un encuentro con Dios, cada uno de esos personajes pudo responder de las siguientes maneras:

- Isaías: «Aquí estoy» (Isaías 6:8).
- Pablo: «Señor, ¿qué quieres que haga?» (Hechos 9:6, RVR1960).
- Pedro, Jacobo y Juan: «Dejándolo todo, le siguieron» (Lucas 5:11, RVR1960).

¡Atención! Quizás seas tú mismo como padre quien necesita un encuentro con Dios. Una experiencia paterna con Dios de primera mano será un poderoso testimonio para nuestros hijos de la relación personal con Él, en lugar de que simplemente sean testigos de la religión de sus padres. Los primeros discípulos de Jesús demostraron que transmitieron una fe viva. El apóstol testifica de esa realidad con mucha claridad: «Les anunciamos lo que hemos visto y oído, para que también ustedes tengan comunión con nosotros. Y nuestra comunión es con el Padre y con su Hijo Jesucristo» (1 Juan 1:3, NVI). Sus palabras hablan de una observación directa, no de algo que se leyó en un libro o se oyó de la experiencia de otro. Juan manifiesta su comunión con Dios desde la vivencia de un testigo que tuvo una experiencia de primera mano. Esta relación personal con Dios lo habilita para compartir su fe en Cristo de una manera única. De lo contrario, solo expondría supuestos y conjeturas por lo que había oído de otros y no sería un testigo fidedigno.

El día en que por primera vez Dios se hizo visible al pueblo de Israel al pie del monte Sinaí luego de su salida de Egipto fue algo impresionante. El monte Sinaí temblaba, se oían sonidos de truenos y relámpagos que salían de la cumbre del monte, pues Dios había descendido sobre la cúspide. Frente a este escenario, el pueblo le hace una triste petición a Moisés, lo cual considero que fue el inicio de la catástrofe para el pueblo y la posterior apostasía de sus hijos. Léelo tú mismo:

> «Todo el pueblo observaba el estruendo y los relámpagos, y el sonido de la bocina, y el monte que humeaba; y viéndolo el pueblo, temblaron, y se pusieron de lejos. Y dijeron a Moisés: Habla tú con nosotros, y nosotros oiremos; pero no hable Dios con nosotros, para que no muramos [...] Entonces el pueblo estuvo a lo lejos, y Moisés se acercó a la oscuridad en la cual estaba Dios» (Éxodo 20:18-19, 21, RVR1960).

La mejor definición que encuentro en la Biblia de una vida religiosa la hallo en este pasaje. Es como si el pueblo le dijera a Moisés que prefieren que él se relacione con su Dios y sea su mediador. La religión te permite adorar desde la distancia, pues se basa en rituales y mediadores humanos. Por el contrario, la relación funciona sobre la base de la cercanía, el conocimiento, la intimidad y la transparencia. La religión no produce vida, solo ritualismo y esterilidad. La intimidad requiere apertura, sinceridad y acercamiento. Muchos prefieren a un pastor que consulte a Dios por ellos y les traiga todas las respuestas. Mientras tanto, siguen en sus distracciones y negocios. Estarán puntuales el domingo en la iglesia para oír lo que Dios le dijo al pastor, pero eso es solo religión, no relación.

Nuestros hijos jóvenes tienen un gran olfato para detectar la hipocresía y la falsedad. Ten cuidado cuando hables sin tener el sustento moral y la comunión con Dios necesaria para defender la fe. Cuando vivimos de esa manera corremos el riesgo de engendrar rebeldía. Esa falsedad despertará en ellos el deseo de buscar a su propio dios, que obviamente no será el nuestro. Dejemos de culpar al mundo hostil o a los profesores ateos por la apostasía de nuestros hijos. Los culpables somos los padres cuyas vidas no testifican de una relación apasionada e íntima con Dios. Busca a Dios, porque nada en este mundo debiera ser más importante para un padre que ver a Cristo formado en cada uno de sus hijos.

Oración modelo para los padres

Padre eterno, me acerco a Ti con humildad y confianza, sabiendo que escuchas mi clamor y que amas a mis hijos aún más de lo que yo los amo. Hoy presento delante de Ti la vida de cada uno de ellos (menciona sus nombres) y los coloco bajo tu cuidado soberano.

Señor, reconozco mi responsabilidad espiritual como padre/madre. Me comprometo desde hoy a velar por su vida espiritual, a interceder por ellos con mayor fervor y a modelar una fe auténtica, viva y cercana, para que nunca vean en mí una religión vacía, sino una relación verdadera contigo.

Te ruego que mis hijos no se conformen con la fe heredada ni con una fe prestada, sino que tengan un encuentro personal contigo, un encuentro que transforme su corazón como transformaste la vida de Isaías, de Pablo, de Pedro, de Jacobo y de Juan. Líbralos, Señor, de la religiosidad, del ritualismo y de toda espiritualidad superficial. Llévalos a la verdad plena y a la vida nueva que solo el evangelio de Jesucristo puede dar.

Padre, abre sus ojos espirituales. Quita toda venda que el enemigo haya puesto sobre su mente y su corazón para que no puedan ver la luz gloriosa de Cristo (2 Corintios 4:4). Rompe toda ceguera espiritual y permite que ellos puedan verte, conocerte y amarte con un amor profundo y personal. Que puedan decir como Job: «De oídas te había oído, mas ahora mis ojos te ven».

Declaro, en el nombre de Jesús, que mis hijos no adorarán al Dios distante de sus padres, sino que Tú serás su Dios, su Padre, su Rey y su Salvador. Llévalos al nuevo nacimiento del que habla tu Palabra: que reciban a Cristo, crean en Su nombre y sean hechos hijos de Dios, nacidos no de voluntad humana, sino nacidos de Ti (Juan 1:12-13).

Señor, cumple sobre nosotros tu promesa eterna:

> «Mi Espíritu que está sobre ti, y mis palabras que he puesto en tu boca, no se apartarán de tu boca, ni de la boca de tu descendencia, ni de la boca de la descendencia de tu descendencia», dice el SEÑOR, «desde ahora y para siempre» (Isaías 59:21).

Te pido que esta palabra viva sea una marca espiritual sobre mi familia.

Hoy reconozco que Tú amas y buscas más a mis hijos de lo que yo jamás podría hacerlo. Confío plenamente en que los instruirás, los protegerás y los guiarás. Que tu voluntad perfecta se cumpla en sus vidas y que el propósito para el cual los creaste llegue a su pleno cumplimiento (Salmos 138:8).

Gracias, Padre, porque mis hijos son un regalo tuyo, una herencia preciosa (Salmos 127). Los cubro con la sangre de Jesús y te pido que toda obra del enemigo contra ellos quede sin efecto. Declaro que ningún plan de las tinieblas podrá desviarlos de tus caminos.

Bendigo a mis hijos para que sean enseñados directamente por Ti, y que tu paz —esa paz que sobrepasa todo entendimiento— gobierne sus vidas (Isaías 54:13). Que tu rostro resplandezca sobre ellos, los sostenga y los guarde todos los días de su vida (Números 6:24-26).

Señor, dame sabiduría para guiarlos, amor para corregirlos, gracia para acompañarlos y fe para esperar pacientemente el cumplimiento de tus promesas. Anhelo ver a Cristo formado en cada uno de ellos y me aferro a esa esperanza.

Te lo pido en el poderoso, eterno y precioso nombre de Jesús. Amén.

VERSÍCULOS PARA REFLEXIONAR: SALMOS 103:17-18.

Preguntas de discusión

1. ¿Qué significa para ti tener un encuentro personal con Dios y por qué es tan importante que tus hijos experimenten ese encuentro por sí mismos?
2. ¿Por qué crees que es peligroso que tus hijos solo adopten tu religión sin tener una experiencia personal con Dios?
3. ¿Cómo puedes como padre trabajar en tu propia relación con Dios a fin de que tu fe sea un modelo genuino para tus hijos?
4. El capítulo menciona que los jóvenes tienen «un gran olfato para detectar la hipocresía y la falsedad». ¿Cómo puedes asegurarte de que tu fe y tu relación con Dios sean auténticas frente a tus hijos?
5. ¿Qué acciones concretas podrían llevar a cabo como familia para fomentar una relación más cercana y directa con Dios?

6. ¿En qué medida crees que eres responsable por la apostasía de tus hijos?
7. ¿Qué cosas en la vida diaria de tu familia pueden estar influyendo negativamente en la relación de tus hijos con Dios?
8. ¿Has hablado últimamente con tus hijos acerca de las experiencias personales que has tenido con Dios?
9. ¿Qué cambios te gustaría hacer en tu vida personal de fe a fin de ser un mejor modelo para tus hijos?

Orando...

POR SU CRECIMIENTO ESPIRITUAL

La primera generación que salió de Egipto junto con Moisés pasó cuarenta años en el desierto. Ellos gozaron de la provisión y el cuidado milagroso de Dios durante todo ese período. Sin embargo, la historia nos demuestra que todo el tiempo transcurrido no fue directamente proporcional a su crecimiento espiritual. Por el contrario, ese tiempo solo hizo que sus corazones llenos de quejas se endurecieran más y finalmente no entraran a la tierra prometida. Moisés explica este inmenso drama con las siguientes palabras:

> «"El Señor su Dios, que va delante de ustedes, Él peleará por ustedes, así como lo hizo delante de sus ojos en Egipto y en el desierto, donde has visto cómo el Señor tu Dios te llevó, como un hombre lleva a su hijo, por todo el camino que anduvieron hasta llegar a este lugar". Pero con todo esto, **ustedes no confiaron en el Señor su Dios**, que iba delante de ustedes en el camino para buscarles lugar donde acampar, con fuego de noche y nube de día, para mostrarles el camino por donde debían andar» (Deuteronomio 1:30-33, énfasis añadido).

La confianza en el Señor es una de las demostraciones más grandes de nuestro crecimiento espiritual como cristianos. Sin embargo, muchas veces confundimos el tiempo de permanencia en la iglesia con madurez espiritual o, lo que es aún peor, pensamos que debido a que nuestros hijos están involucrados en algún ministerio o asistieron toda la vida a la iglesia con nosotros, esa permanencia en el tiempo significa que han crecido y tienen cierto grado de madurez en Cristo. Ese tipo de pensamiento es un grave error, pues ellos pueden pertenecer a una iglesia por décadas, como los israelitas en el desierto, y seguir siendo incrédulos o bebés espiritualmente inmaduros.

Lo primero que debemos tener en claro es que una persona no puede crecer mientras no nazca a la vida. Si observamos que nuestros hijos no crecen espiritualmente a pesar de tener tanto tiempo en la iglesia, lo primero que debemos preguntarnos es si ellos han escuchado con claridad el evangelio y han respondido con fe y arrepentimiento al mensaje de la cruz. Solo si el Señor los ha salvado son nuevas criaturas en Cristo, para las cuales «la vida antigua ha pasado; ¡una nueva vida ha comenzado!» (2 Corintios 5:17, NTV). Este es el punto de partida del crecimiento hacia la madurez espiritual.

Así como es inevitable que un ser vivo crezca, también una persona que ha nacido de nuevo deberá ir creciendo y alcanzando una madurez espiritual que se refleja de tres maneras diferentes:

- Ser como Cristo (Romanos 8:29).
- Vivir en obediencia y santidad (1 Tesalonicenses 4:3).
- Dar fruto (Juan 15).

Una persona no nace caminando o sabiendo manejar un auto, sino que se enfrenta a los desafíos diarios que la exponen a la posibilidad de crecer. Esto implica hacer sacrificios, darse algunos golpes, recibir una alimentación adecuada y muchos otros factores adicionales que garantizan o entorpecen el crecimiento y, por consiguiente, alcanzar la madurez. En el mismo sentido, un cristiano que no se enfrenta a un proceso saludable de crecimiento manifiesta una fe inmadura que se revela en un carácter que no refleja a Cristo, falta de compromiso, inconstancia, poco o ningún fruto espiritual y muchas otras carencias.

La Biblia habla de la fe grande, la fe pequeña y la ausencia de fe. También dice que a cada uno de nosotros se nos ha dado una medida de fe determinada (Romanos 12:3). Los seres humanos crecemos y alcanzamos la madurez a través de una correcta alimentación. Y el alimento que el Señor ha establecido para crecer en la fe es la Palabra de Dios: «Así que la fe *viene* del oír, y el oír, por la palabra de Cristo» (Romanos 10:17). Por lo tanto, la fe de nuestros hijos puede crecer o desarrollarse, y es nuestra responsabilidad como padres ayudarlos a hacer crecer su fe. Moisés les atribuyó esta responsabilidad a los padres de su tiempo, sin importar la edad que tuvieran sus hijos.

> «Debes comprometerte con todo tu ser a cumplir cada uno de estos mandatos que hoy te entrego. Repíteselos a tus hijos una y otra

vez. Habla de ellos en tus conversaciones cuando estés en tu casa y cuando vayas por el camino, cuando te acuestes y cuando te levantes» (Deuteronomio 6:6-7, NTV).

Esta exhortación no queda restringida al Antiguo Testamento. Al contrario, es un mandamiento para todos los tiempos, por eso no nos sorprende ver que también nuestro Señor Jesucristo pasó por un proceso de crecimiento durante su encarnación.

«Y **Jesús crecía** en **sabiduría** y en **estatura**, y en **gracia** para con Dios y los hombres» (Lucas 2:52, RVR1960, énfasis añadido).

Por un lado, observamos que Jesús se desarrolló como cualquier otro niño, creció en estatura y además aprendió los conocimientos humanos a fin de aumentar su sabiduría. No obstante, Él también creció en gracia, es decir, obtuvo el favor de Dios y del prójimo al ir manifestando una relación madura en todo sentido. Este pasaje nos lleva a orar para que nuestros hijos también crezcan en esos aspectos, desarrollando la fe y la sabiduría hasta la madurez plena. Nos preocupamos mucho por su desarrollo físico e intelectual, pero también debemos ser conscientes de que somos responsables de su desarrollo espiritual y emocional.

Los padres estamos llamados a proporcionar el alimento necesario y los nutrientes que nuestros hijos requieren para crecer al máximo de sus posibilidades. Asimismo, somos llamados a instruirlos en los rigores de la vida y en las verdades liberadoras de la Palabra de Dios. Sin embargo, nuestra labor en el crecimiento de nuestros hijos también nos lleva a exhortarlos, como hizo Pablo con Timoteo, su hijo en la fe, a avivar o acrecentar el fuego del don de Dios que está en ellos (2 Timoteo 1:6).

Dios ama el crecimiento y dotó a la creación con la hermosa capacidad de poder crecer de acuerdo con su propia especie. Los árboles frutales dan frutos deliciosos y jugosos, las plantas florales dan rosas y orquídeas de bellos colores y perfumes. Un colibrí maduro no tiene nada que envidiarle a un águila majestuosa, porque el Señor recibe gloria con la madurez de cada uno. Por otro lado, el estancamiento en el crecimiento es una muestra clara de enfermedad, alguna anomalía, o el descuido de los que debieron cuidar de ese ser vivo. Jesús dijo que la voluntad de Dios es que llevemos mucho fruto (Juan 15). Por eso, el apóstol Pablo le llama la atención a la iglesia de Corinto con las siguientes palabras:

> «De manera que yo, hermanos, no pude hablaros como a espirituales, sino como a carnales, como a niños en Cristo» (1 Corintios 3:1, RVR1960).

A pesar de haber conocido a Cristo por mucho tiempo, ellos no habían madurado en su fe, por eso Pablo los denomina niños en Cristo. Un niño se caracteriza por no haber alcanzado su pleno desarrollo físico, anímico, social, intelectual y espiritual. Por lo tanto, nuestro objetivo como padres no debe ser solamente llevar a nuestros hijos a Cristo, sino también ayudarlos a madurar y dar fruto para Él. Si buscamos su madurez espiritual, lo que conseguiremos es que sean llenos del Espíritu Santo y guiados por Él, que conozcan la Palabra de Dios y sean sabios en aplicarla, que reflejen el carácter de Cristo y permanezcan en el Señor (Gálatas 5:25).

Un creyente inmaduro puede ser muy religioso, afirmar que cree en el Dios de la Biblia y hasta asegurar que ha colocado su fe en Cristo, pero vive un ateísmo práctico, es decir, en su vida diaria, su toma de decisiones, la forma en que se expresa y frente a situaciones específicas, actúa como si Dios realmente no existiera o no hubiera necesidad de rendirle cuentas o buscar su voluntad. Un creyente maduro muestra las siguientes características, que son las que queremos ver en nuestros hijos:

> «Lo que Dios quiere es que ustedes lleven una vida santa, que nadie cometa inmoralidades sexuales y que cada uno sepa dominar su propio cuerpo en forma santa y respetuosa, no con pasión y malos deseos como las gentes que no conocen a Dios. Que nadie abuse ni engañe en este asunto a su prójimo, porque el Señor castiga duramente todo esto, como ya les hemos advertido. Pues Dios no nos ha llamado a vivir en impureza, sino en santidad. Así pues, **el que desprecia estas enseñanzas no desprecia a ningún hombre, sino a Dios**, que les ha dado a ustedes su Espíritu Santo» (1 Tesalonicenses 4:3-8, DHH, énfasis añadido).

Pablo nos enseña que negar la fe no se relaciona simplemente con un error doctrinal, sino con no obedecer lo que la Palabra de Dios nos requiere que hagamos. Negamos la fe que profesamos cuando no vivimos lo que decimos creer. Esta es una gran advertencia para los padres, porque la tibieza se imparte en casa. Basta con poner unos pocos ejemplos:

- Creemos que Cristo viene pronto y que todo aquel que no ha creído será condenado, pero no predicamos el evangelio.
- Creemos que Dios ama a todos, pero juzgamos a las personas y hablamos mal de ellas.
- Creemos que juntos formamos el cuerpo de Cristo, pero no nos congregamos.

La predicación de la Palabra y el estudio de la Biblia no tienen como objetivo acumular conocimientos, sino que crezcamos, maduremos y finalmente seamos más parecidos a Jesús. De lo contrario, podríamos ser tildados como carnales o tibios. El gran problema es que nuestros hijos nos imitarán y su crecimiento espiritual será estorbado o, peor aún, se podría estancar para siempre por nuestro mal testimonio.

Oración modelo para los padres

Padre celestial, traigo ante ti la vida espiritual de mis hijos y te ruego de todo corazón que nunca caminen sin conocerte y sin tener una relación profunda contigo.

Permite que puedan entender verdaderamente quién eres, tal como lo enseñó Jesús: «Y esta es la vida eterna: que te conozcan a ti, el único Dios verdadero, y a Jesucristo, a quien tú has enviado» (Juan 17:3, NVI).

Te pido que escuchen tu voz tan claramente como una oveja que sigue al Buen Pastor: «Mis ovejas oyen Mi voz; Yo las conozco y me siguen» (Juan 10:27).

Clamo a ti para que pongas tu temor en sus corazones y respeten y valoren tus mandamientos, tal como la Palabra nos muestra que es tu deseo: «Pero a este miraré: Al que es humilde y contrito de espíritu, y que tiembla ante Mi palabra» (Isaías 66:2).

Te suplico que amen tu Palabra más que a cualquier otra cosa y que la guarden en su corazón como su tesoro más preciado (Proverbios 7:1).

Haz que tu Palabra sea la guía de sus vidas y que los aleje del pecado para que no pequen contra ti (Salmos 119:11, 105). Cuando fallen, que tu Espíritu los guíe al arrepentimiento y nunca resistan ni apaguen tu voz.

Te pido con todo mi corazón que mis hijos estén atados a tu *verdad* y *voluntad*. Que sus mentes estén unidas a la tuya y a tu *propósito* para sus vidas.

Oro para que mis hijos desarrollen una fe genuina que te agrade y les permita conocerte en toda tu grandeza y poder. Que nunca les falte la fe, que te reconozcan como su Señor y Salvador, y que en ti encuentren contentamiento y verdadero gozo.

Que en sus corazones y en sus palabras siempre reconozcan quién eres realmente y que la decisión de seguirte sea firme y constante.

Te pido que sus emociones estén libres de condenación, culpa, resentimiento, rechazo, amargura, falta de perdón, incredulidad y traumas. Ayúdalos a ser personas equilibradas, maduras, responsables, llenas de sabiduría y verdad. Que aprendan a tomar decisiones de tu mano, a asumir las consecuencias de sus actos y a corregir el rumbo cuando se equivoquen.

Permite que confíen en ti y conozcan tu gracia, amor y misericordia. Que sus vidas reflejen los frutos del Espíritu Santo (Gálatas 5:22-23). Te suplico que cumplas tus promesas en la vida de mis hijos y que ellos nunca más caminen sin tu guía, Espíritu Santo.

Te pido todo esto en el nombre de Jesús, amén.

VERSÍCULOS PARA REFLEXIONAR:
JUAN 14:16-17.

Preguntas de discusión

1. ¿Qué grado de madurez espiritual piensas que han alcanzado tus hijos?
2. ¿Están reflejando el carácter de Cristo en su vida diaria?
3. ¿Cómo estás ayudando a tus hijos a desarrollar su fe de manera constante y profunda?
4. ¿Qué tipo de «alimento» espiritual y emocional deberías agregar a su vida diaria para que tus hijos crezcan en su fe?
5. ¿Crees que tú o tus hijos están estancados espiritualmente?
6. ¿Qué significa que un creyente inmaduro viva un «ateísmo práctico»? ¿En qué áreas de tu vida puedes estar actuando como si Dios no existiera?

7. Podemos negar nuestra fe al no vivir conforme a lo que creemos. ¿Cuáles son algunos ejemplos en tu vida que podrían demostrar tibieza o inconsistencia entre lo que crees y lo que practicas?
8. ¿Estás modelando para ellos una vida comprometida con Cristo o enviando señales contradictorias?

ORANDO...

POR SU PUREZA SEXUAL

La sexualidad es uno de los grandes dones de Dios para la humanidad. El Señor estableció desde el mismo principio de la creación humana que existe una tremenda complementariedad entre el hombre y la mujer, cuyo punto máximo de encuentro se da cuando una pareja se une en matrimonio delante de Dios y el Señor declara: «Por tanto el hombre dejará a su padre y a su madre y se unirá a su mujer, y serán una sola carne» (Génesis 2:24). Dios no observa la sexualidad matrimonial como algo sucio, sino como la consumación de la unidad entre un hombre y una mujer que se comprometen en un amor y un proyecto en conjunto exclusivos por el resto de sus vidas.

El rey Salomón, que escribió el libro de Proverbios, enfatiza y advierte a sus jóvenes discípulos que el pacto matrimonial es el lugar en donde se expresa la sexualidad y que su disfrute ilimitado y placentero nunca debe cruzar los límites de la relación con su propio cónyuge. Nos sorprenden las palabras poéticas y profundas con las que expresa el valor de la sexualidad matrimonial, pues tienen más de tres milenios de antigüedad:

> «Bebe agua de tu cisterna
> Y agua fresca de tu pozo.
> ¿Se derramarán por fuera tus manantiales,
> *Tus* arroyos de aguas por las calles?
> Sean para ti solo,
> Y no para los extraños contigo.
> Sea bendita tu fuente,
> Y regocíjate con la mujer de tu juventud,
> Amante cierva y graciosa gacela;
> Que sus senos te satisfagan en todo tiempo,
> Su amor te embriague para siempre.
> ¿Por qué has de embriagarte, hijo mío, con una extraña,
> Y abrazar el seno de una desconocida?» (Proverbios 5:15-20).

La simbología poética es maravillosa, pero su mensaje resulta absolutamente claro. La pareja está llamada a amarse y disfrutar de su sexualidad por completo dentro del pacto matrimonial y nunca salirse de esos linderos.

El enemigo intentará destruir la vida de nuestros hijos de muchas maneras. Si no triunfa provocando un orgullo destructor o circunstancias dolorosas a su alrededor, entonces tratará de lograrlo por medio de la inmoralidad sexual. La vida sexual de nuestros hijos es muy importante para Dios. La fidelidad en esta área será una señal evidente de dominio propio en muchas otras áreas. Nuestra meta como padres es ayudarlos a conservar su pureza sexual mientras están solteros y bajo nuestro techo. Nuestro anhelo como padres es que lleguen al matrimonio con un entendimiento sano y bíblico de la sexualidad y puedan mantenerse fieles hasta el fin de sus días. Por lo tanto, debemos orar para que el Espíritu Santo los fortalezca y los ayude a tomar buenas decisiones en momentos críticos en los que se encuentren expuestos a situaciones de tentación. Poco ayudan los regaños e infundirles culpa o miedo a las enfermedades de transmisión sexual para evitar que ellos caigan en la inmoralidad sexual. Por el contrario, nuestros hijos e hijas necesitan tener instalado el temor a Dios en sus corazones, deben ser motivados por un amor genuino y no solo por sus pasiones, y precisarán tener convicciones bíblicas fuertes para mantenerse en pie y sin claudicar ante la tentación.

Es importante que te asegures de que tus hijos conozcan estas siete verdades bíblicas que detallaré a continuación y que deberás repetirles continuamente.

1. Dios creó el sexo, lo considera muy bueno, y el mismo existió antes de que hubiera surgido cualquier pecado en el mundo.

El sexo fue creado por Dios y no es de ninguna manera una artimaña de Satanás que deberíamos evitar a toda costa debido a que nos aleja de la santidad. Sin embargo, Dios ha ordenado la sexualidad para que sea descubierta y experimentada bajo los límites del matrimonio. Cuando la sacamos del contexto matrimonial, produce un gozo superficial que trae muerte en lugar de dar vida. Mi recomendación es que los padres debemos hablar con nuestros hijos y darles información correcta sobre el tema de acuerdo con su edad. Debemos ser conscientes de que recibirán de todas maneras información distorsionada sobre la sexualidad por diferentes medios tan poderosos como las redes sociales, los amigos y la cultura mundana contemporánea. ¡Así que no podemos quedarnos callados!

2. La inmoralidad llama diariamente a la puerta.

Nuestros hijos deben saber que no están exentos de tener un entendimiento equivocado y pecar con su sexualidad. El enemigo busca constantemente distorsionar su identidad y usará la presión social o el abuso para llevar su sexualidad por un camino equivocado y destructor. Pablo le dijo hace dos mil años a Timoteo que huyera de «las pasiones juveniles» (2 Timoteo 2:22). Esos deseos fogosos y vehementes siguen siendo los mismos. Los padres no les hablaremos a nuestros hijos de una lujuria que nos es desconocida o que estuvo ausente en nuestra juventud, sino de una fuerza arrebatadora que conocemos muy bien. Mostrarnos vulnerables y sinceros al contar nuestra propia historia puede ser de gran bendición e identificación para nuestros hijos al enfrentar sus propias batallas.

El maligno intentará lastimar a nuestros hijos en su sexualidad lo más temprano posible en la vida. Dios requiere que seamos instrumentos sagrados y puros para ser usados por Él (2 Timoteo 2:20-21), dándonos en Cristo todos los recursos y la fortaleza que necesitamos para vivir una vida santa (2 Pedro 1:3-4). Debemos hacer que nuestros hijos memoricen las palabras de Pablo como una promesa del Señor para sus propias vidas:

> «Las tentaciones que enfrentan en su vida no son distintas de las que otros atraviesan. Y Dios es fiel; no permitirá que la tentación sea mayor de lo que puedan soportar. Cuando sean tentados, él les mostrará una salida, para que puedan resistir» (1 Corintios 10:13, NTV).

3. Tu cuerpo le pertenece a Dios.

Nunca hemos sido nuestros propios dueños. Absolutamente todo lo que hay en el universo le pertenece a nuestro Dios. Nuestros hijos deben saber y reconocer que Jesucristo es el soberano Señor sobre todas las cosas: «Porque en Él fueron creadas todas las cosas, *tanto* en los cielos *como* en la tierra, visibles e invisibles; ya sean tronos o dominios o poderes o autoridades; todo ha sido creado por medio de Él y para Él» (Colosenses 1:16). Sin embargo, los humanos nos dejamos engañar por el pecado y nos creímos dioses y dueños de nuestras vidas. Una de las primeras distorsiones producto de nuestro pecado se manifestó en nuestra sexualidad:

> «Entre ellos también todos nosotros en otro tiempo vivíamos en las pasiones de nuestra carne, satisfaciendo los deseos de la carne y de la mente, y éramos por naturaleza hijos de ira, lo mismo que los demás» (Efesios 2:3).

Sin embargo, todo cambia cuando dejamos la rebeldía y nos volvemos a Jesucristo con arrepentimiento y fe. Le entregamos todo nuestro ser, incluido nuestro cuerpo, a Dios, su legítimo propietario. Jesucristo pagó con su propia sangre el precio más alto por nuestra redención. Por lo tanto, no podemos prestar nuestros cuerpos a la inmoralidad sexual.

> «¡Huyan del pecado sexual! Ningún otro pecado afecta tanto el cuerpo como este, porque la inmoralidad sexual es un pecado contra el propio cuerpo. ¿No se dan cuenta de que su cuerpo es el templo del Espíritu Santo, quien vive en ustedes y les fue dado por Dios? Ustedes no se pertenecen a sí mismos, porque Dios los compró a un alto precio. Por lo tanto, honren a Dios con su cuerpo» (1 Corintios 6:18-20, NTV).

4. **La pureza sexual no comienza en el cuerpo, sino en la mente.**

Solemos achacarles la culpa de nuestras caídas a las circunstancias, a otras personas, o simplemente a que estuvimos en el lugar equivocado. Sin embargo, nuestros hijos deben asumir la responsabilidad de sus propios actos y reconocer que no fue el escenario, las personas o la suerte lo que hizo que cayeran. Sin importar lo duro de las circunstancias, el poder de las personas o lo malo del ambiente, la fuerza para enfrentarlos siempre debe estar en nuestro interior. Salomón dijo: «Sobre toda cosa guardada, guarda tu corazón [mente, ser interior]; porque de él mana la vida» (Proverbios 4:23, RVR1960, nota añadida). Los padres estamos formando y fortaleciendo la mente y los corazones de nuestros hijos y debemos tener sumo cuidado con lo que permitimos o las cosas a las que los exponemos.

La fortaleza para la pureza sexual se inicia en el corazón, en lo más íntimo de tu ser, y la limpieza de este depende de una profunda comunión con Dios en el interior. Es cierto que somos atraídos por lo que vemos, como la mujer de Potifar que miró a José y lo deseó (Génesis 39:7). David también vio a Betsabé y se llenó de deseo por ella (2 Samuel 11:2). Es evidente que hay una diferencia entre mirar y observar. Observar es concentrar la atención en algo. Si concentras tu atención en la persona equivocada, encenderás un deseo equivocado en tu corazón.

Todos hemos oído a nuestras esposas decir en el centro comercial que solo «están mirando», pero surge un deseo y tarde o temprano llegan las compras. Sin embargo, no fueron los escaparates con vestidos y zapatos hermosos lo que las llevó a comprar lo que quizás no necesitaban, sino el deseo en lo profundo del corazón. Nuestros hijos deben tener bien en claro que todo pensamiento o deseo que permiten que se anide en su corazón tarde o temprano será despertado por un agente externo. Por eso, deben cuidar y mantener sus corazones llenos de la Palabra de Dios. Santiago lo explica así:

> «Que nadie al ser tentado diga: "Es Dios quien me tienta". Porque Dios no puede ser tentado por el mal, ni tampoco tienta él a nadie. Todo lo contrario, cada uno es tentado cuando sus propios malos deseos lo arrastran y seducen. Luego, cuando el deseo ha concebido, engendra el pecado; y el pecado, una vez que ha sido consumado, da a luz la muerte» (Santiago 1:13-15, NVI).

5. No te expongas a situaciones peligrosas.

Un motor de combustión es seguro mientras las pequeñas explosiones de gasolina quedan restringidas al interior del motor de manera controlada, y así genera la fuerza para mover el vehículo. Si el combustible se derramara más allá de los pistones, solo generaría una explosión dañina y destructora. Lo mismo sucede con la sexualidad cuando su poder se escapa de los límites establecidos por Dios en el matrimonio. Por lo tanto, el establecimiento de límites sanos en el corazón de nuestros hijos es algo que debe hacerse mucho antes de que empiecen una relación. También debemos ser claros con ellos una vez que empiezan una relación de noviazgo y no dejar que se expongan a situaciones que no estarán listos para controlar.

El apóstol Pablo no le enseñó a Timoteo que debía aprender a resistir una tentación sexual cuando fuera expuesto a ella. No, de ninguna manera. Por el contrario, sus palabras fueron sumamente claras al decirle que huyera de las pasiones juveniles, y antes se las había dicho a los corintios con el mismo énfasis: «Huyan de la fornicación» (1 Corintios 6:18). Debemos enseñarles a nuestros hijos a «huir» de situaciones en las que puedan ser expuestos al pecado sexual.

6. **Deshonras a Dios y le robas la exclusividad que le pertenece a tu futuro cónyuge cuando tienes relaciones sexuales fuera del matrimonio.**

Aunque el pensamiento contemporáneo enfatiza que la sexualidad existe para el disfrute irrestricto de cada individuo con la persona y en el momento que le plazca, la Palabra de Dios nos dice que queda limitada al deleite de dos personas que se han comprometido a fin de ser una para la otra por el resto de sus vidas. Proverbios cuenta la historia de un hombre que fue seducido por una mujer adúltera, la cual lo atrajo a pecar sexualmente cuando su esposo no estaba en casa. Las consecuencias de las heridas que ese hombre recibió producto de dicha relación ilícita y pasajera son muy evidentes:

> «Al instante la sigue
> Como va el buey al matadero,
> O como *uno en* grillos al castigo de un necio,
> Hasta que una flecha le traspasa el hígado;
> Como el ave que se precipita en la trampa,
> Y no sabe que esto *le costará* la vida» (Proverbios 7:22-23).

El sexo está relacionado con el bienestar de toda tu persona. Tener relaciones sexuales fuera del matrimonio es autodestructivo en todos los sentidos.

7. **Si has pecado sexualmente, Dios puede restaurarte.**

Las consecuencias del pecado sexual son innegables. El cuerpo, que es templo del Espíritu Santo, es profanado (1 Corintios 6:19). Una sexualidad practicada fuera de sus límites no es liberadora como lo predica la cultura contemporánea, sino que es una atadura dolorosa para el alma (Juan 8:34).

Toda relación sexual fuera del matrimonio no es amor, sino lujuria. No entrega vida, sino que provoca muerte. Por ejemplo, la mujer de Potifar no amaba a José, solo deseaba tener sexo con él. El pecado sexual es el pecado más egoísta, porque busca la satisfacción personal sin importarle el daño que causa a la otra persona o a los seres queridos.

Para ser libres del pecado sexual debemos considerar los siguientes pasos:

1. Arrepentirnos del pecado y cambiar de actitud con respecto a la sexualidad.

2. Pedirle perdón a Dios por haberlo ofendido.
3. Pedirle también perdón al cónyuge por haberle entregado a otra persona algo que solo le pertenece a él o ella.
4. Renunciar a toda atadura y maldición que resultó del pecado sexual.

Dios es misericordioso, y cuando confesemos nuestros pecados y nos arrepintamos, Él nos limpiará:

> «Cuanto está lejos el oriente del occidente, hizo alejar de nosotros nuestras rebeliones» (Salmos 103:12, RVR1960).

> «Si confesamos nuestros pecados, Él es fiel y justo para perdonarnos los pecados y para limpiarnos de toda maldad» (1 Juan 1:9).

No podemos volver atrás y deshacer las decisiones mal tomadas, pero podemos volver a empezar de la mano del Señor, que nos concede nuevos comienzos. Si han pecado, nuestros hijos pueden comprometerse a guardarse sexualmente puros a partir de hoy, conservándose para su cónyuge. Ese mismo perdón y nuevas oportunidades están disponibles para nuestros hijos casados si hubieran caído.

Oración modelo para los padres

Señor, gracias por mis hijos. Bendigo a mis hijos (menciona sus nombres) y te pido que cumplas tu propósito en cada uno de ellos.

Permite que se mantengan en pureza sexual durante toda su vida, tanto antes como después del matrimonio. Te ruego que nunca mi apellido esté asociado con la promiscuidad, el adulterio, el aborto o el abuso.

Bendigo a mis hijos para que tengan su identidad clara en ti, entendiendo que tú los creaste, te pertenecen y tienes para ellos un propósito especial.

Te pido que en medio de tanta confusión, puedan tener una orientación sexual sana y correcta. Que su identidad biológica y su conducta sexual coincidan.

Dales la capacidad para huir de las pasiones juveniles, protege sus deseos sexuales hasta el día de su matrimonio. Haz que ellos puedan esperar pacientemente, confiando en que tú traerás a la persona perfecta en el momento perfecto.

Que comprendan que sus cuerpos son templos del Espíritu Santo, que una relación sexual fuera del matrimonio es irresponsable y no brinda lo que solo el matrimonio ofrece: un amor comprometido, estable y duradero.

Te pido, Padre, que los ayudes a entender que esperar por el matrimonio no es una tradición sin sentido, sino tu voluntad buena, agradable y perfecta. Protégelos y dales el respeto por ti que los lleve a cuidar su cuerpo y alma.

Aleja a mis hijos de amistades dañinas, malintencionadas o que tienen comportamientos inmorales. No permitas que se involucren con ellas.

Bendigo a mis hijos (menciona sus nombres) y te suplico que los protejas contra abusos sexuales o cualquier tipo de contacto inapropiado. Cuídalos de todo tipo de acoso sexual donde se encuentren. Que Tu mano poderosa los guíe y los proteja de cualquier plan del enemigo.

Permite, Señor, que no sean vulnerables ni se vean expuestos a ningún contenido sexual agresivo que circula por internet. Que decidan no ver ni escuchar cosas inmorales o cualquier tipo de material que no sea adecuado. Despiértales el deseo de vivir la vida abundante que tú ofreces.

Haz posible que mis hijos no permitan el pecado sexual en sus vidas. Dales fuerza para resistir las tentaciones y que huyan del pecado sexual. Que tu gracia, tu favor y tu misericordia los ayuden a mantener su pureza sexual durante toda su vida.

Te pido todo esto en el poderoso nombre de Jesús, amén.

VERSÍCULOS PARA REFLEXIONAR:
1 TESALONICENSES 4:3-5; 1 CORINTIOS 6:13-18; 1 CORINTIOS 10:13.

Preguntas de discusión

1. ¿Está tu propia vida sexual alineada con los principios que Dios ha establecido en su Palabra? ¿Estás honrando a Dios con tu cuerpo y tu sexualidad?

2. ¿Les estás proporcionando a tus hijos la información adecuada sobre la sexualidad de acuerdo con su edad y en un contexto que honre a Dios?
3. ¿Estás protegiendo a tus hijos de la presión social y el abuso que podrían afectar su entendimiento de la sexualidad?
4. ¿Les estás enseñando a tus hijos que su cuerpo no es suyo, sino que es un templo del Espíritu Santo? ¿Cómo puedes reforzarles este concepto en su vida diaria?
5. ¿Ayudas a tus hijos a comprender que la pureza comienza en la mente y el corazón? ¿Qué pasos puedes dar para proteger sus pensamientos y corazones de estímulos incorrectos?
6. ¿Eres proactivo en lo que respecta a establecer límites claros para tus hijos antes de que inicien relaciones de noviazgo? ¿Los estás preparando para que eviten situaciones potencialmente peligrosas?
7. ¿Has hablado con tus hijos sobre las graves consecuencias del pecado sexual a nivel físico, emocional y espiritual? ¿Cómo puedes guiarlos para que comprendan que el pecado sexual tiene consecuencias duraderas?
8. Si tus hijos ya han pecado en el área sexual, ¿comprenden que la gracia de Dios les ofrece la oportunidad de comenzar de nuevo? ¿Les has hablado sobre comprometerse con la pureza?
9. ¿Eres un buen ejemplo para tus hijos en cuanto a tratar la sexualidad con respeto y amor? ¿Estás ayudándolos a entender la diferencia entre amor verdadero y lujuria?

Orando...

POR EL CÓNYUGE DE MIS HIJOS

La persona que nuestros hijos elijan para casarse determinará profundamente el rumbo de sus vidas. Debemos orar fervientemente por el matrimonio de nuestros hijos. Esta decisión es de tal importancia que Salomón hace como tres mil años no tuvo un mejor consejo que el siguiente: «El hombre que halla esposa encuentra un tesoro, y recibe el favor del SEÑOR» (Proverbios 18:22, NTV). Es evidente que el Señor se goza cuando un hombre y una mujer se conocen y forman una familia.

No obstante, hay otro proverbio que nos da otra arista del valor de encontrar al cónyuge adecuado: «Casa y riqueza son herencia de los padres, pero la mujer prudente *viene* del SEÑOR» (Proverbios 19:14).

No somos nosotros quienes elegimos al cónyuge, pero debemos orar fervientemente para que el Señor los lleve a la persona correcta y también debemos ayudarlos a que no hagan elecciones incorrectas. Nuestro llamado a nuestros hijos será el mismo tanto en este tema como en cualquier otro que les toque enfrentar:

> «Escucha, hijo mío, y sé sabio,
> Y dirige tu corazón por el *buen* camino [...]
> Escucha a tu padre, que te engendró,
> Y no desprecies a tu madre cuando envejezca.
> Compra la verdad y no *la* vendas,
> *Adquiere* sabiduría, instrucción e inteligencia»
> (Proverbios 23:19, 22-23).

Tenemos el precioso deber de aconsejar con sabiduría a nuestros hijos. El mandato de Dios es que los criemos en el temor del Señor y las verdades de las Escrituras que ellos deben obedecer de todo corazón. Tener esa sabiduría que viene del Señor demanda que nosotros los padres estemos primeramente a los pies del Señor, aprendiendo de Él y obedeciendo nosotros mismos sus mandamientos. Solo así nuestro consejo será efectivo.

Uno de nuestros mayores deseos es que el cónyuge de nuestros hijos tenga una relación personal con el Señor y que juntos puedan levantar en su hogar un altar al Señor. No se puede levantar un hogar saludable cuando los esposos tienen valores, creencias y prácticas distintas con respecto a Dios (2 Corintios 6:14). Por eso el rey Salomón nos vuelve a mostrar el consejo más útil para nuestros hijos:

«Dame, hijo mío, tu corazón,
Y que tus ojos se deleiten en mis caminos.
Porque fosa profunda es la ramera
Y pozo angosto es la mujer desconocida.
Ciertamente ella acecha como ladrón,
Y multiplica los infieles entre los hombres» (Proverbios 23:26-28).

Por eso debemos orar para que personas que no aman realmente y de corazón a Dios se mantengan alejadas de nuestros hijos. La Palabra de Dios nos insta a casarnos con personas que compartan la misma fe, ya que para los cristianos verdaderos este no es un tema secundario, sino fundamental para asegurar el destino y la fructificación de la vida. Casarse con una persona que no tiene a Cristo como Señor y Salvador es tratar de ir derecho en un bote en donde solo uno de los esposos está remando. Solo se navegará en círculos y tarde o temprano terminarán completamente mareados.

Casarse en yugo desigual se refiere a unirse con una persona que no ayudará a nuestro hijo o hija a llevar a cabo el propósito que Dios tiene para ellos. Dios no une simplemente vidas en el matrimonio, sino que une propósitos determinados por Él que potencien su llamado como esposos y familia debido a la persona que tienen a su lado.

«El padre del justo se regocijará en gran manera,
Y el que engendra un sabio se alegrará en él.
Alégrense tu padre y tu madre,
Y regocíjese la que te dio a luz» (Proverbios 23:24-25).

La sabiduría y la justicia de nuestros hijos no se demostrarán solamente por su excelente carrera profesional y una reputación intachable en la comunidad. La sabiduría se demostrará principalmente por medio de la familia que han desarrollado, el cónyuge en el que se han convertido, y el esposo o la esposa con quien serán «una sola carne». Esas son las pruebas de la verdadera sabiduría con las que como padres deberíamos regocijarnos. Si tus hijos son felices, entonces tú también serás feliz. Si les va bien en su matrimonio, entonces podrás vivir con una alegría continua. Pero si están frustrados y deprimidos o, peor aún, se divorcian, entonces sufrirás también como padre el dolor de tus hijos.

Muchos de nosotros somos muy relajados con los noviazgos de nuestros hijos. Nos sentimos halagados de que un muchacho buen mozo y una chica hermosa se hayan enamorado de nuestros hijos. Algunos dejamos que cambien de novios con frecuencia sin mayores consecuencias. Tal conducta no es correcta ni los forma para ser fieles y comprometidos con una sola persona por el resto de sus vidas. Quisiera dejarte a continuación una serie de consejos prácticos que compartir con tus hijos en un ambiente distendido mientras los tienes bajo tu mismo techo y puedes guiarlos en los caminos del Señor:

- Busca a alguien que ame más a Dios que a ti.
- No existe «una persona única para ti». Ese es un sueño romántico. Dios respeta tu decisión y espera que la tomes en obediencia a su Palabra para que encuentres su voluntad.
- Ten en claro que la finalidad de tu noviazgo es el matrimonio.
- No empieces una relación si no estás listo para casarte.
- La edad apropiada está relacionada con la madurez que hayas alcanzado en términos físicos, emocionales, financieros y espirituales.
- Considera a la familia extendida. El cónyuge se elige, pero viene con toda su familia.
- El enamoramiento es tanto con la razón como con el corazón. No es verdad que el amor tenga razones que la razón no entiende.
- Entiende la diferencia entre atracción, enamoramiento y verdadero amor.
- Nunca se traspasarán los límites de la santidad, los valores y los principios cristianos en nombre del verdadero amor. Por el contrario, el verdadero amor se nutre de todas esas realidades para el disfrute de una experiencia amorosa completa que agrada a Dios.
- Si dos personas que te conocen bien y te han demostrado que te aman de verdad te dicen que «abras los ojos» con respecto a la relación, por favor, ten cuidado, escucha el consejo y sé prudente. Es posible que estés equivocado y necesites tomar decisiones.

- El noviazgo sano y fructífero debe encaminarse hacia una fecha posible de matrimonio. No existen los noviazgos interminables y sin crecimiento en compromiso y respeto.
- La aprobación de tus padres y de Dios es fundamental para un matrimonio exitoso.
- El noviazgo no es un tiempo para simplemente pasarla solos en todo momento y dedicarse el uno al otro. Eso es un egoísmo plural y dañino. Juntos deben tener amistades, estudiar, servir, adorar, orar y conocer mejor al Señor.
- Evita los lugares solitarios donde nadie pueda verlos.
- Aprende a rendir cuentas de tu noviazgo.
- No olvides que están despertando deseos y anhelos que tomará un tiempo poder satisfacer por completo. Por lo tanto, no se expongan a un fuego que no podrán apagar (Proverbios 6:27-29).

Las conversaciones buenas y sabias con nuestros hijos son muy importantes. Los padres solemos quedarnos cortos cuando se necesita hablar de ciertos temas con nuestros hijos. Lo malo es que dejamos pasar esos momentos de oro y no nos damos cuenta de que los dejamos desprovistos de tesoros y barreras necesarias para enfrentar la vida. Considera los puntos anteriores para una buena conversación que puede incluir muchas sesiones distendidas y buenas, sin presiones ni urgencias. También puedes revisar las Preguntas adicionales, donde aparece un cuestionario para novios. Detrás de esas preguntas solo está el deseo de unos buenos padres que quieren darles lo mejor a sus hijos. Además, puedes trabajar con ellos basándote en el siguiente cuestionario para ayudarlos a descubrir si la persona con la cual están pensando comprometerse es la correcta.

¿Cómo saber si encontré la persona correcta?

1. ¿Te aísla de tu familia, amistades e iglesia?
2. ¿Te acerca a Jesús?
3. ¿Tienes paz con respecto a la relación y una vida futura juntos?
4. ¿Tienen como prioridad real glorificar a Dios o hay más bien una tibieza espiritual?
5. ¿Pelean y se arreglan con frecuencia?
6. ¿Te ayuda a cumplir tu propósito?

7. ¿Te hace una mejor persona?
8. ¿Te lleva a pecar o menospreciar tu vida espiritual?
9. ¿Estás dispuesto a servirle por el resto de tu vida?
10. ¿Tus padres te apoyan?
11. ¿Te sientes manipulado?

Oración modelo para los padres

Amado Padre celestial, hoy vengo ante ti con humildad y confianza con el fin de pedir tu bendición para el matrimonio de mis hijos.

Te ruego que les envíes una pareja conforme a tu voluntad, y que cada uno de ellos pueda encontrar en su cónyuge el complemento perfecto que has preparado para su vida.

Si por alguna razón alguno de mis hijos se ve atraído por alguien que no es la persona indicada, te pido que lo reveles rápidamente y pongas fin a esa relación para que no caiga en las trampas del enemigo.

Te pido que les des claridad y discernimiento para reconocer, sin duda ni confusión, a la persona que has elegido para ellos. Que sus corazones y mentes estén alineados contigo cuando se encuentren con esa persona y puedan tomar decisiones sabias y firmes en tu nombre.

Te pido que el cónyuge de mis hijos sea alguien que te ame profundamente y sea temeroso de ti, con un corazón puro y lleno de amor. Que ambos se apoyen mutuamente en oración, buscando siempre tu sabiduría para guiar su relación.

Padre, protege su matrimonio de cualquier daño y permite que el amor, la paz, la armonía y la pureza sean los pilares de su vida juntos. Te suplico que el divorcio, la violencia, los vicios y todo lo que pueda dañar su unión no tengan cabida en sus hogares.

También te pido que les des la fuerza y el entendimiento para perdonar, tolerar, comunicarse y esforzarse por ser la ayuda idónea y adecuada que el otro necesita. Libéralos de todo lo que pueda traer discordia, celos, egoísmo o mentira. Que mis hijos siempre recuerden que solo si tú eres el centro de su matrimonio, su amor será inquebrantable y podrán superar cualquier adversidad que la vida les presente.

Permite, Señor, que cada uno de ellos encuentre en su cónyuge a su mejor amigo, a su compañero más leal y amoroso, y que construyan una vida llena de felicidad y bendición.

En el nombre poderoso de Jesús, amén.

VERSÍCULOS PARA REFLEXIONAR:
MARCOS 10:6-9; HEBREOS 13:4; MARCOS 10:11.

Preguntas de discusión

1. ¿Cómo crees que influye la fe compartida en la construcción de un matrimonio sólido y en el cumplimiento del propósito de vida de cada uno?
2. ¿Qué señales o indicadores crees que podrían ayudar a tus hijos a discernir si la persona con la que están considerando casarse es la adecuada?
3. ¿Cómo puedes enseñarles a reconocer la diferencia entre atracción, enamoramiento y verdadero amor?
4. ¿Qué significa tener la madurez adecuada (física, emocional, financiera y espiritual) antes de entrar en un compromiso matrimonial?
5. ¿Por qué es importante tener claro que la finalidad del noviazgo es el matrimonio?
6. ¿Qué opinas sobre la idea de que una relación de noviazgo debe llevar a tener una fecha definida para el compromiso y el matrimonio?
7. Hablemos de la importancia de mantener los límites en una relación para no caer en pecado.

Preguntas adicionales

Cuestionario para novios

El siguiente cuestionario para novios será de gran ayuda para tus hijos. Sugiero que los novios lo trabajen a través de un diálogo abierto y sincero que les permita determinar si pueden comprometerse de por vida.

1. ¿Qué hizo que mi persona te llamara la atención cuando nos conocimos?
2. ¿Qué cosas hice para que decidieras casarte conmigo?
3. ¿Qué parte de nuestra relación no requiere esfuerzo y cuál se siente desafiante?
4. ¿Eres feliz?
5. ¿Cuándo sientes más alegría y felicidad conmigo?

6. ¿Cómo quisieras que fuera tu vida dentro de cinco años?
7. ¿Te ves haciendo algo diferente en el futuro? ¿Qué sería?
8. ¿Cómo es la casa de tus sueños?
9. ¿En qué clase de personas te gustaría que se convirtieran nuestros hijos? ¿Tienes algún temor al respecto?
10. ¿Qué cualidad o fortaleza de nuestra relación esperas que nunca perdamos?
11. ¿Qué es algo que solíamos hacer y extrañas que te gustaría que hiciéramos más seguido?
12. ¿Cómo puedo amarte mejor?
13. ¿Tienes algún miedo con respecto a nuestra relación?
14. ¿Cuándo sientes más tristeza y temor conmigo?
15. ¿Cómo te sientes con tu trabajo en estos días?
16. Si pudieras rehacer los últimos cinco años de tu vida, ¿qué harías diferente?
17. Si pudieras cambiar una cosa de tu pasado, ¿qué sería?
18. ¿Te manifestaron tus padres con regularidad que estaban orgullosos de ti?
19. ¿Te demostraron con frecuencia tus padres que te amaban?
20. ¿Cómo se demostraba el cariño en tu casa paterna?
21. ¿Qué es lo que más te emociona de tu vida en este momento?
22. Si pudieras adquirir instantáneamente tres cosas, ¿cuáles serían?
23. ¿Qué harías con un millón de dólares?
24. ¿Cuál es tu lenguaje del amor?
25. ¿Sabes cuál es mi lenguaje del amor?
26. ¿Qué es lo que más te preocupa del futuro?
27. ¿A quién consideras hoy tu mejor amigo?
28. ¿Amas a Jesús más que a mí?
29. ¿Sabes cuál es el propósito de tu vida?
30. ¿A qué edad tuviste tu encuentro con Jesús?
31. ¿Qué áreas de tu vida necesitas trabajar y mejorar?
32. ¿Has establecido el hábito de tener intimidad con Dios todos los días?
33. ¿Has tenido relaciones sexuales?
34. ¿Tienes deudas?
35. ¿Diezmas con fidelidad?
36. ¿Cuál es tu mayor temor?
37. ¿Cuál es tu mayor anhelo en la vida?

38. ¿Has guiado a alguien a conocer a Jesús?
39. ¿Honras a tus padres?
40. ¿Has consumido pornografía?
41. ¿Estás preparado para partir hoy y encontrarte con Jesús?
42. ¿Has tenido deseos de quitarte la vida?
43. ¿Cuál fue el momento más feliz de tu vida?
44. ¿Cuál fue el momento más triste de tu vida?
45. ¿Has sido víctima de abuso?
46. ¿Qué cualidades te agradan más de mí?
47. ¿Qué áreas crees que debo trabajar para mejorar?
48. ¿Por qué decidiste casarte conmigo de entre todas las personas que conociste?
49. ¿Qué te llamó la atención de mí la primera vez que me viste?
50. Menciona tres cosas que admiras de mí.
51. ¿Qué fue lo mejor y lo más difícil que te sucedió en la adolescencia?
52. ¿Qué cosas te gustaría cambiar de tu personalidad? ¿Por qué?
53. ¿Qué cosas crees que le están faltando a tu vida? ¿Por qué?
54. ¿Hay alguien a quien no has perdonado?
55. ¿Cómo describirías tu relación con Dios en el presente?
56. ¿Crees que has experimentado cambios en los últimos años? ¿Cómo has cambiado?
57. Si pudieras diseñar la casa perfecta para nosotros, ¿cómo sería?
58. ¿Qué te estresa actualmente?
59. ¿Ha cambiado últimamente alguna meta de tu vida?
60. ¿Cuál es tu mayor anhelo actual?
61. ¿Qué herida del pasado piensas que te sigue afectando hoy?
62. ¿Cuáles son tus sueños para nuestra familia?
63. ¿Qué te gustaría que escribieran en tu epitafio?
64. ¿Cuál es tu meta para este año?
65. Si pudieras cambiar una cosa de tu vida hoy mismo, ¿qué sería?
66. ¿Cuál fue tu momento más difícil el año pasado?
67. ¿Alguna vez has tenido temor de que el divorcio toque a nuestra puerta?
68. ¿Qué aventura te gustaría que hiciéramos juntos?
69. ¿De qué manera te gustaría que te demostrara mi amor en estos días?
70. ¿Qué te gustaría dejar como legado a tus hijos y al mundo?
71. ¿Cómo te gustaría que te sorprendiera en los próximos días?

72. ¿Cómo pudiera ayudarte a cumplir tus sueños?
73. ¿De qué te sientes orgulloso?
74. ¿Tienes hijos?
75. ¿Has cometido aborto o pagado por uno?
76. Describe a la persona en la cual quieres convertirte.
77. ¿Dónde deseas pasar las fiestas de fin de año?
78. ¿Qué cosas no desearías imitar de tu casa paterna en nuestro hogar?
79. ¿Cómo tratas a tus hermanos? ¿Discutes con ellos frecuentemente?
80. ¿Cuánto tiempo a la semana deseas pasar con tus amigos?
81. ¿Es el divorcio una opción para ti?
82. ¿Dónde quisieras pasar los últimos días de tu vida?
83. ¿Cuántos hijos deseas tener?
84. ¿Cuál es el mayor desafío en nuestra relación en este momento? ¿Qué crees que nos está enseñando?

Orando...

PARA QUE SEAN LIBRES DE LA REBELDÍA

El ser humano tiene una tendencia constante hacia la rebelión. Esa es una de las tendencias más evidentes que permanecen en el alma producto de la caída. Estamos hablando de una hostilidad innata hacia todo lo que pueda representar o ejerza cierta autoridad sobre nosotros. La esencia de la rebelión radica en el deseo de una persona de gobernarse a sí misma sin que exista la más mínima interferencia, y se manifiesta de manera evidente o velada contra toda forma de autoridad, ya sea divina o delegada.

La primera rebelión por parte de Adán y Eva dio origen al pecado y a toda la miseria humana en sus diferentes formas. Pongámosla en contexto. Dios había erigido como Señor soberano toda la creación y entonces Él «miró todo lo que había hecho, ¡y vio que era muy bueno!» (Génesis 1:31, NTV). Dios puso en ese lugar hermoso a sus criaturas privilegiadas recién creadas del polvo para que cuidaran y gozaran de esa maravillosa creación. Solo les hizo una prohibición bastante clara y que no ponía en juego ni su libertad ni su disfrute:

> «De todo árbol del huerto podrás comer, pero del árbol del conocimiento del bien y del mal no comerás, porque el día que de él comas, ciertamente morirás» (Génesis 2:16-17).

El mandamiento no tenía letras chicas, no los hacía infelices, ni tampoco les quitaba privilegios o les generaba limitaciones mayores en sus vidas. Solo era una orden del Dueño de la creación, quien les había regalado ese huerto sin que siquiera lo merecieran. Sin embargo, bastó que apareciera alguien tergiversando el mandamiento más claro del universo para que sus corazones empezaran a maquinar el deseo rebelde fundamental: despojar a Dios de su autoridad y cuestionar sus palabras para finalmente ser ellos mismos como Dios. Toda su humanidad se derrumbó cuando dejaron que ese espíritu rebelde llenara sus corazones y los desviara para siempre.

Todos llevamos la semilla rebelde de Adán desde el nacimiento. Escuchar a la serpiente decir: «Serás como Dios», podría traducirse en nuestro tiempo como «Puedes gobernarte a ti mismo», «Que nadie te ponga límites» o «Sé lo que quieras ser sin que te importe lo que piense el resto». Esa lógica fue, en cierto sentido, la que Satanás le propuso a Eva en el jardín. Podríamos concluir diciendo que la rebeldía lleva dentro el deseo de ser como Dios.

El rebelde no quiere necesitar a Dios, quiere eliminarlo de la ecuación, anhela encontrar las respuestas a sus preguntas dentro de sí mismo sin tener que rendirle cuentas o someterse a las directrices del Creador. En última instancia, todo pecado es un acto de abierta rebeldía contra Dios y una declaración de independencia que le hacemos a nuestro Creador. Un corazón rebelde viola de forma voluntaria y desafiante los mandamientos de Dios. El gran problema radica en que un espíritu rebelde y orgulloso le abre la puerta a todos los demás pecados y aleja por completo a la persona de la vida abundante que solo Dios puede ofrecer. Justamente eso es lo que perdieron Adán y Eva cuando se rebelaron contra Dios y fueron echados del huerto del Edén.

Es verdad, la rebeldía es innata, y nos toca a los padres educar a los hijos para que aprendan que vivir en rebeldía solo les causará dolor a ellos y a los que los rodean. Un hijo que no aprende a someterse a sus autoridades con sinceridad, no respeta a sus pares, menosprecia las leyes y no honra a sus padres está destinado a una vida de dificultades. El asunto de la rebeldía es tan serio que es muy posible que se sorprendan con el mandamiento mosaico:

> «Si un hombre tiene un hijo terco y rebelde que no obedece a su padre ni a su madre, y aunque lo castiguen, ni aun así les hace caso, el padre y la madre lo tomarán y lo llevarán fuera a los ancianos de su ciudad, a la puerta de su ciudad natal. Y dirán a los ancianos de la ciudad: "Este hijo nuestro es terco y rebelde, no nos obedece, es glotón y borracho". Entonces todos los hombres de la ciudad lo apedrearán hasta que muera. Así quitarás el mal de en medio de ti, y todo Israel oirá *esto* y temerá» (Deuteronomio 21:18-21).

Definitivamente, este mandamiento nos deja perplejos. Sin embargo, es importante considerar que no lo debemos ver como algo injusto, un linchamiento enfervorizado o algo similar. Por el contrario, lo que Moisés presenta es el dolor de unos padres a causa de un hijo que no ha respondido ante la disciplina. No es una decisión tomada a la ligera por uno de los padres, sino que, al parecer, ambos están de acuerdo. También vemos que el caso se lleva a las autoridades debido a la seriedad del asunto. La terquedad y la rebeldía no son temas menores para Dios. Algo que me llama la atención es que no se trata de un adolescente, sino que se habla de un hombre «glotón y borracho».

Entonces, lo que esta ley implica es la última instancia a la que acuden los padres ante un hijo rebelde que no muestra señales de arrepentimiento y que los ancianos jueces de la ciudad condenan civilmente a la muerte. La Biblia no presenta ningún caso de cumplimiento de la ley, pero sí nos demuestra la gravedad con la que se consideraba la rebeldía, aun la familiar de los hijos hacia los padres, en la ley de Dios. Lo que queda sumamente claro es que no podemos permitir la rebeldía en nuestros hijos, porque es una deshonra contra Dios y un daño para ellos y su familia.

Sin embargo, la Biblia también presenta otro tipo de rebelión cuyo origen no se encuentra necesariamente en el corazón de nuestros hijos, sino en el descuido o el pecado de nuestras acciones hacia ellos. Muchas veces detrás de la rebeldía en nuestros hijos hay un corazón herido por la conducta inapropiada de los padres. El apóstol Pablo fue enfático en señalar que dentro de la relación entre padres e hijos hay dos vertientes a considerar.

> «Hijos, obedezcan en el Señor a sus padres, porque esto es justo. "Honra a tu padre y a tu madre" —que es el primer mandamiento con promesa— "para que te vaya bien y disfrutes de una larga vida en la tierra". Y ustedes, padres, no hagan enojar a sus hijos, sino críenlos según la disciplina e instrucción del Señor» (Efesios 6:1-4, NVI).

Los padres solemos recalcarles continuamente a nuestros hijos el mandato de Dios a honrarnos, junto con la hermosa promesa que trae consigo. Esto es válido y justo. La naturaleza rebelde de nuestros hijos se enfrenta primeramente en el hogar, donde ellos deben aprender a respetar, obedecer y someterse a sus padres. Esa enseñanza es fundamental para que nuestros hijos puedan enfrentar el mundo exterior con sabiduría y orden.

Sin embargo, la segunda parte del consejo paulino es tan importante como la primera. Pablo contrapone el enojo a una buena instrucción.

Entonces, podríamos decir que no se trata de criar a nuestros hijos dejando que hagan lo que les venga en gana (como se piensa en nuestros tiempos que es necesario para que tengan una buena autoestima). Lo que Pablo advierte es que una mala instrucción, es decir, generar mandamientos antojadizos, no vivir lo que se enseña, cambiar las reglas todos los días, ser temperamentales en la crianza y faltarle el respeto a nuestros hijos puede generarles un enojo lógico y contraproducente que los alejaría de los caminos del Señor.

En el mismo sentido, muchos estamos criando hijos rebeldes sin darnos cuenta. Todo por la falta de una aceptación evidente que no se expresa en un lenguaje de amor. Los hijos no se rebelan directamente contra la autoridad de sus padres, sino contra la falta de una relación amorosa con ellos. Hay un proverbio que representa todo lo que estoy tratando de decir:

> «Porque el Señor disciplina a los que ama,
> como corrige un padre a su hijo querido» (Proverbios 3:12, NVI).

Las palabras de Salomón resaltan una constante que debe acompañar toda la instrucción dada a nuestros hijos: el amor. La corrección de Dios es producto de su amor, el cual no lo deja ser indiferente frente a nuestra rebeldía. De otra manera, nos dejaría sucumbir ante nuestra propia debacle.

Otro aspecto que debemos considerar como padres es que la rebeldía de nuestros hijos tiene tremendas consecuencias. En primer lugar, David entona un cántico que muestra una terrible verdad:

> «Dios prepara un hogar para los solitarios;
> Conduce a los cautivos a prosperidad;
> Solo los rebeldes habitan en una tierra seca» (Salmos 68:6, NVI).

Me sobrecoge pensar que el Señor les presta atención a las personas solitarias dándoles un hogar y a los que fueron llevados cautivos les promete prosperidad. Sin embargo, a los «rebeldes» solo les espera un desierto de tierra seca. Esta expresión poética es muy cierta porque el rebelde se subleva contra sus jefes y pierde el trabajo. No considera a sus compañeros de la universidad y termina estudiando solo. Un rebelde siempre acaba solo y en un desierto, ya que destruye con su hostilidad todo lo bueno que pudiera tener alrededor.

En segundo lugar, la rebeldía es una forma de esclavitud. Al desafiar la autoridad del Señor en algún aspecto de nuestra vida, estamos permitiendo que el enemigo nos encadene y quedemos sujetos a nuestra propia obstinación y necedad. Como bien dice el proverbio: «El rebelde solo busca el mal, y un cruel mensajero se enviará contra él» (Proverbios 17:11).

En tercer lugar, la consecuencia más drástica de la rebeldía es que nos aleja de Dios. Adán y Eva se rebelaron y no vieron consumado su deseo de ser como Dios. Por el contrario, se escondieron y trataron de cubrir su desnudez como mejor pudieron. En lugar de correr a pedir perdón y reconocer su rebelión, prefirieron tratar de esconderse, aunque sabían que «no hay cosa creada oculta a Su vista, sino que todas las cosas están al descubierto y desnudas ante los ojos de Aquel a quien tenemos que dar cuenta» (Hebreos 4:13). Lo cierto es que Dios los encontró, los castigó, pero también los vistió y le prometió a la humanidad que la liberación llegaría.

¡Ese es el amor del Padre por sus criaturas rebeldes!

Oración modelo para los padres

Padre, oro a ti en el nombre de Jesús, nuestro gran sumo sacerdote y mediador.

Te doy gracias porque tu Palabra dice que la vida y la muerte están en el poder de la lengua (Proverbios 18:21). Así que hoy me pongo de acuerdo con tu Palabra y te pido con mis labios que tu verdad descanse sobre la vida de mis hijos.

El anhelo de mi corazón es que ellos sean dóciles y obedientes a ti por sobre todas las cosas. Que no tengan un espíritu de cobardía, ni de rebeldía, sino de poder, amor y dominio propio (2 Timoteo 1:7).

Quisiera suplicarte que ellos estén siempre listos para obedecer ante la primera orden que reciben de parte tuya y de sus padres (Colosenses 3:20).

Estoy muy feliz por los hijos que me diste y te pido que sean muy fructíferos en la tierra. Te ruego que esta promesa que les has dado a los que te temen y se deleitan en tus mandamientos sea para ellos:

«Poderosa en la tierra será su descendencia;
La generación de los rectos será bendita» (Salmos 112:2).

Te pedimos que rompas el poder del pecado y la iniquidad en la vida de nuestros hijos mediante la sangre de Jesús (Hebreos 10:17). Que todo espíritu de rebeldía que los quiera conducir a la lujuria, perversión, adulterio, fornicación, impureza e inmoralidad salga de su carácter sexual.

Te pido que tu Espíritu Santo los convenza de pecado, justicia y juicio ante el primer indicio de rebeldía en su corazón (Juan 16:8).

Fortalece a mis hijos para que sean sumisos a tu voluntad y a nuestra autoridad delegada por Dios. Dales un espíritu humilde y obediente, que su voluntad se someta a la tuya.

Oro para que sean libres de todo espíritu de mentira, incredulidad, contiendas, maldad, murmuración, chisme y crítica.

Te suplicamos desde lo profundo de nuestros corazones que el bien y la misericordia les sigan todos los días de su vida (Salmos 23:6).

Ponemos todas estas peticiones delante de ti en el poderoso nombre de Jesús, amén.

VERSÍCULOS PARA REFLEXIONAR:
ÉXODO 20:10; SALMOS 112; PROVERBIOS 13:24.

Preguntas de discusión

1. ¿De qué formas has visto manifestaciones de rebeldía en tu propio corazón o en el de tus hijos?
2. ¿Cómo puedes enseñarles a tus hijos a reconocer la autoridad como algo bueno y no como una amenaza?
3. ¿Qué ejemplos modernos escuchas hoy que reflejen la voz de la serpiente? («Haz lo que quieras», «No dejes que nadie te diga qué hacer»).
4. ¿Saben tus hijos que los límites son una expresión de amor y protección divina?
5. ¿Cómo equilibras la disciplina firme con el amor incondicional en la crianza?
6. ¿Has identificado alguna vez que una actitud tuya haya provocado enojo o resistencia en tus hijos?
7. ¿Qué significa realmente «no provocar a ira» a tus hijos según Efesios 6:4?

8. ¿Cómo puedes pedir perdón o restaurar la relación cuando la rebeldía de un hijo nace del dolor que le causaste?
9. ¿Puedes diferenciar entre la disciplina motivada por el enojo y la disciplina motivada por el amor?
10. ¿Qué efecto tiene en un hijo saber que sus padres lo corrigen porque lo aman?
11. ¿Cómo puedes mostrar amor incluso en los momentos de corrección?
12. ¿Cómo puedes ayudar a tus hijos a reconocer temprano el costo de la rebeldía?

Orando...

PARA QUE SEAN LIBRES DE TODA AMARGURA Y FALTA DE PERDÓN

El perdón podría ser una de las prácticas más preciosas en tu vida, y es por eso que puede convertirse en una de las herencias más grandes para darles a tus hijos. Perdonar es dejar en el pasado el daño que nos hayan causado, desechando el deseo de venganza, la amargura y el rencor que la falta nos pudiera haber producido. Es un acto voluntario que sana el alma del que perdona y libera de culpa al perdonado. El perdón no se otorga porque el daño sea leve o porque el ofensor busca ser perdonado, sino porque el ofendido entiende que Dios también lo ha perdonado por ofensas que merecían la misma muerte. El apóstol Pablo entiende que los que gozamos de la salvación por la obra de Jesucristo debemos seguir su ejemplo.

> «Sean comprensivos con las faltas de los demás y perdonen a todo el que los ofenda. Recuerden que el Señor los perdonó a ustedes, así que ustedes deben perdonar a otros. Sobre todo, vístanse de amor, lo cual nos une a todos en perfecta armonía» (Colosenses 3:13-14, NTV).

El perdón no solo aparece de manera majestuosa en el Nuevo Testamento, sino que ocupa un lugar principal desde las primeras páginas del Antiguo Testamento. Por ejemplo, el perdón de José a sus hermanos resulta monumental. La traición de los hermanos llegó al punto de querer acabar con su vida y desaparecerlo, vendiéndolo como esclavo a unos mercaderes que iban a Egipto. José pasó muchos años como esclavo y también preso en Egipto. Él pudiera haber acumulado una tremenda sed de venganza y odio hacia sus hermanos. Sin embargo, José lloró cuando los reconoció en Egipto, los recibió, los alimentó y los acogió a ellos y a sus familias con los brazos abiertos para que vivieran en Egipto. Veamos cómo José manifestó el perdón a sus hermanos cuando estaban temerosos de las represalias que podría tener contra ellos luego de la muerte de su padre Jacob:

«Pero ahora que su padre había muerto, los hermanos de José tuvieron temor, y se decían: "Ahora José mostrará su enojo y se vengará por todo el mal que le hicimos".

Entonces enviaron a José un mensaje que decía: "Antes de morir, tu padre nos mandó que te dijéramos: 'Por favor, perdona a tus hermanos por el gran mal que te hicieron, por el pecado de haberte tratado con tanta crueldad'. Por eso nosotros, los siervos del Dios de tu padre, te suplicamos que perdones nuestro pecado". Cuando José recibió el mensaje, perdió el control y se echó a llorar. Entonces sus hermanos llegaron, y se arrojaron al suelo delante de José y dijeron:

—Mira, ¡somos tus esclavos!

Pero José les respondió:

—No me tengan miedo. ¿Acaso soy Dios para castigarlos? Ustedes se propusieron hacerme mal, pero Dios dispuso todo para bien. Él me puso en este cargo para que yo pudiera salvar la vida de muchas personas. No, no tengan miedo. Yo seguiré cuidando de ustedes y de sus hijos.

Así que hablándoles con ternura y bondad, los reconfortó» (Génesis 50:15-21, NTV).

Esta historia nos demuestra algunos aspectos interesantes sobre el perdón. En primer lugar, no se observa que los hermanos se sintieran realmente culpables de lo que habían hecho con José. Quizás tenían cierto remordimiento, pero estaban pensando más en salvar sus vidas que en pedir seriamente disculpas por el mal realizado. Sin embargo, José demostró con su llanto, en primer lugar, que realmente amaba a sus hermanos y que le dolía que pensaran así. En segundo lugar, José extendió el perdón porque él no era Dios para castigarlos. Depositar en las manos de Dios la ofensa recibida tiene un enorme poder sanador y liberador. En tercer lugar, José vio un propósito en todo ese mal recibido, porque finalmente el Señor hace que todo ayude a bien, incluso las ofensas. En cuarto lugar, José valoró más la relación y por eso los perdonó, ya que no quería perderlos. Por último, José decidió no pagar mal por mal, así que los recibió y los trató con ternura y bondad.

¡Tremendo ejemplo de perdón!

Cuando elegimos perdonar, liberamos al deudor de su deuda. Renunciamos al deseo de buscar venganza personal y decidimos darle una nueva oportunidad al ofensor. El primer lugar donde nuestros hijos deben aprender a perdonar y a pedir perdón como una práctica cotidiana y saludable es el hogar. Entregar el perdón no puede tomarse a la ligera. La ausencia de perdón daña el alma de forma irremediable, destruye relaciones y crea un ambiente tóxico. La falta de perdón en la familia no solo implica «problemas sin resolver», sino dolores del corazón en nuestros hijos que tarde o temprano deteriorarán todo tipo de relación en la cual ellos se encuentren durante la adultez.

En la persona ofendida surge un resentimiento al negarse a perdonar y en el ofensor se evidencia cierto cinismo porque genera desvergüenza al defender con impunidad sus actos. Ambos sentimientos ocasionarán una distancia espiritual y emocional, haciendo que tarde o temprano nuestros hijos terminen odiando lo que observan como una relación fallida o hipócrita sin resolución. Las ofensas sin solución en la familia son muy dolorosas y dejan huellas perennes en padres e hijos. No solo se debe enfrentar el dolor de la ofensa, sino también lidiar con la desilusión, el desencanto y el desengaño que una situación no resuelta trae consigo.

Es muy importante que nuestros hijos sean conscientes de que la falta de perdón tiene graves consecuencias. En primer lugar, nuestra relación con Dios se ve interrumpida. Nuestro Señor Jesucristo dijo: «Por tanto, si estás presentando tu ofrenda en el altar, y allí te acuerdas que tu hermano tiene algo contra ti, deja tu ofrenda allí delante del altar, y ve, reconcíliate primero con tu hermano, y entonces ven y presenta tu ofrenda» (Mateo 5:23-24). En segundo lugar, nuestra relación con Dios no se basa en nuestros méritos o cumplimientos religiosos, sino en su gracia que se derrama en nuestras vidas sin merecerlo. Por lo tanto, toda práctica religiosa nos debe llevar al perdón. «Y cuando estén orando, perdonen si tienen algo contra alguien, para que también su Padre que está en los cielos les perdone a ustedes sus transgresiones» (Marcos 11:25). Primeramente, Dios me perdona todos mis pecados por medio de la obra de Jesucristo, luego el Señor me ofrece perdón por mis pecados actuales. Así que debo vivir perdonando, porque eso es lo que ha hecho el Señor por mí.

En tercer lugar, la falta de perdón y la ausencia de búsqueda de perdón crean el ambiente propicio para el crecimiento de la amargura en el corazón. El autor de Hebreos nos aconseja: «Cuídense de que nadie deje de alcanzar la gracia de Dios; de que ninguna raíz de amargura, brotando, cause dificultades y por ella muchos sean contaminados» (Hebreos 12:15). En cuarto lugar, la falta de perdón es una puerta abierta al enemigo que destruye nuestro hogar. La falta de perdón hace que le demos «lugar al diablo» (Efesios 4:27, RVR1960). Y no solo se verá afectado nuestro bienestar espiritual, sino también nuestro bienestar físico, privándonos de la vida plena que Dios quiere para nosotros (Santiago 5:16; Salmos 32:3).

Ayudar a nuestros hijos a entender el poder liberador del perdón es fundamental para que ellos vivan con salud espiritual. Sin embargo, del perdón no solo se puede hablar, sino que es algo que se tiene que enseñar con el ejemplo. No hay mejor ejemplo que el perdón entregado. Uno de los momentos más emocionantes de las historias de Jesús es cuando el hijo pródigo decide volver a casa y pedirle perdón a su padre por haber malgastado su herencia y haberlo deshonrado con una vida disoluta. El desenlace resulta maravilloso porque muestra el poder del amor y el perdón.

> «Me levantaré e iré a mi padre, y le diré: "Padre, he pecado contra el cielo y ante ti; ya no soy digno de ser llamado hijo tuyo; hazme como uno de tus trabajadores".
>
> Levantándose, fue a su padre. Cuando todavía estaba lejos, su padre lo vio y sintió compasión *por él*, y corrió, se echó sobre su cuello y lo besó. Y el hijo le dijo: "Padre, he pecado contra el cielo y ante ti; ya no soy digno de ser llamado hijo tuyo". Pero el padre dijo a sus siervos: "Pronto; traigan la mejor ropa y vístanlo; pónganle un anillo en su mano y sandalias en los pies. Traigan el becerro engordado, máten*lo*, y comamos y regocijémonos; porque este hijo mío estaba muerto y ha vuelto a la vida; estaba perdido y ha sido hallado". Y comenzaron a regocijarse» (Lucas 15:18-24).

Fue el padre ofendido quien corrió a alcanzar a su hijo para abrazarlo y besarlo. Imagino que llegó sucio, maloliente y en andrajos, pero detrás de toda esa capa de suciedad estaba el hijo amado que volvía a casa. A veces las ofensas son como capas de suciedad que nos hacen olvidar a la persona amada que está detrás de todo el daño. El hijo pidió perdón y reconoció que no era digno de ser llamado hijo de su padre, pero el padre parecía que no oía nada, porque de inmediato ordenó que lo vistieran como a un príncipe, le pusieran un anillo, lo calzaran y le dieran la mejor comida. La alegría había vuelto a casa.

¡Eso es perdón!

En términos prácticos, debemos enseñarles a nuestros hijos desde muy pequeños que el perdón debe ser ejercido en cuatro direcciones:

- Debo ser perdonado por Dios (Lucas 23:34; Colosenses 1:13-14; 1 Juan 1:9).
- Debo perdonar a quienes me han ofendido (Mateo 6:12; Marcos 11:25; Lucas 17:3-4).
- Debo pedirles perdón a quienes he ofendido (Efesios 4:32).
- Debo perdonarme a mí mismo por los errores que he cometido, pues muchas personas no saben perdonar porque ellas mismas no se han perdonado (Romanos 12:3).

Oración modelo para los padres

Padre celestial, hoy quisiera agradecerte por todo lo que has hecho en la vida de mis hijos hasta ahora. Gracias por lo que ya puedo ver y también por lo que aún no veo. Te pido que en tu misericordia cumplas la buena obra que comenzaste en cada uno de ellos. Confío en tu promesa de que terminarás lo que realmente has iniciado (Filipenses 1:6).

Una vez más te entrego la vida de mis hijos y te pido que les des un corazón dispuesto a perdonar. Ayúdalos a entender que el perdón no es algo secundario, meramente voluntario o que deban sentir, sino que perdonar es tu voluntad, así como una decisión que los libera y les ofrece paz.

Permite que puedan perdonarme por los errores que cometí en el pasado y por los pecados que sigo cometiendo hoy. Ayúdame a tener la fuerza y el amor para pedirles perdón cada vez que sea necesario. Que sus corazones no guarden rencor ni amargura por lo que hice mal. Que puedan respetarme y entender que también tengo defectos y cometo errores. No quisiera que me juzgaran ni me condenaran, sino que comprendieran que solo tú, Señor, eres el único que puede juzgar, pero que también eres nuestro más grande perdonador.

Gracias porque tu misericordia es nueva cada mañana. Hoy me arrepiento de mis errores y pecados, tanto contra mis hijos como contra ti. Eres mi Salvador y también mi Señor. Hoy acepto por la fe tu perdón prometido en las Escrituras si me arrepiento de corazón y también me perdono a mí mismo. Hoy, si es necesario, les pediré perdón a mis hijos con palabras y de igual forma perdonaré sus ofensas contra mí.

Ayúdame a recuperar el corazón de mis hijos con el poder del perdón para que se abran emocionalmente conmigo. No permitas que sus corazones guarden enojo, odio, rencor, amargura ni deseos de venganza, ni contra mí ni contra nadie. Te pido que el poder del Espíritu Santo libere todo lo que ha sido atrapado, y ordénale al enemigo que se aleje de nuestra familia.

Que la paz y la armonía regresen a nuestro hogar. Ayuda a mis hijos a entender que el perdón es una de las características más evidentes de los que te siguen, y que este perdón les traerá verdadera sanidad personal y relacional con Dios y el prójimo. Ayúdalos a ser pacientes y amorosos, incluso con las personas difíciles o malhumoradas, aprendiendo a manejar esas situaciones con amor, paciencia y sabiduría.

También oro para que mis hijos aprendan a manejar las frustraciones y los fracasos de la vida sin culparte a ti ni enojarse contigo. Permite que puedan perdonar, ser perdonados y levantarse de nuevo de tu mano, dejando todo atrás para seguir adelante con el fin de alcanzar el propósito que has preparado para ellos.

Te pido todo esto en el poderoso nombre de Cristo Jesús, amén.

VERSÍCULOS PARA REFLEXIONAR: MATEO 6:14-15; COLOSENSES 3:13.

Preguntas de discusión

1. ¿Hay alguna persona en tu vida a la que todavía no has perdonado?
2. ¿Es fácil o difícil para ti pedir perdón cuando has ofendido a alguien?
3. ¿Es el perdón algo frecuente en tu hogar?
4. ¿Crees que hay falta de perdón entre los miembros de tu familia? ¿Cómo afecta esto las relaciones entre ustedes?
5. ¿Has experimentado alguna vez el poder liberador del perdón, tanto al perdonar como al recibir perdón? ¿Cómo te cambió esa experiencia?
6. Jesús nos enseña a amar a nuestros enemigos y orar por quienes nos persiguen (Mateo 5:44-45). ¿Cómo puedes aplicar este principio en

la vida de tus hijos, especialmente si tienen personas difíciles a su alrededor?

7. ¿Puedes identificar algún área en tu vida donde la amargura podría estar afectando tu relación con Dios y con tus hijos?
8. La falta de perdón puede ser una puerta abierta al enemigo (Efesios 4:27). ¿Qué áreas de tu vida crees que podrían estar siendo afectadas por la falta de perdón?
9. ¿Cómo crees que la falta de perdón podría estar afectando tu bienestar general (Santiago 5:16; Salmos 32:3)?

Orando...

PARA QUE DESCUBRAN SU PROPÓSITO EN DIOS

El rey David compuso un salmo que aparenta haber sido sacado de los suspiros de un padre contemporáneo. En ese cántico reconoce que en su corazón solo hay gratitud por la misericordia y la fidelidad de Dios, y afirma que la Palabra del Señor se está cumpliendo en su vida y que Dios responde sus oraciones.

«En el día que invoqué, me respondiste;
Me hiciste valiente con fortaleza en mi alma» (Salmos 138:3).

No hay duda de que David tenía una fuerte relación con Dios. De la gratitud pasa a la alabanza y afirma que los poderosos de la tierra no dudarán en alabar al Señor porque han oído su Palabra y porque Dios atiende hasta al más humilde. Al final del cántico eleva una oración sincera y dice:

«Aunque yo ande en medio de la angustia, Tú me vivificarás;
Extenderás Tu mano contra la ira de mis enemigos,
Y Tu diestra me salvará» (Salmos 138:7).

Sin embargo, la petición no se queda simplemente en un mero pedido de protección. David pide que los tiempos angustiosos no sean una oportunidad para desfallecer, sino para ser vivificado, es decir, ser revitalizado, renovado y reanimado por Dios mismo. Él vivió la mayor parte de su vida enfrentando muchísimas pruebas, por eso sabe que la mano del Señor es más poderosa y más grandiosa que la de cualquiera de sus enemigos. No tiene duda de que el Señor lo salvará. No obstante, no se queda simplemente con el testimonio de haber sido protegido por Dios. Si el Señor lo ha revitalizado y lo ha salvado, entonces ahora lanza una afirmación de confianza en Él, porque está seguro de que su vida tendrá significado en las manos de su Señor.

«El Señor cumplirá Su propósito en mí;
Eterna, oh Señor, es Tu misericordia;
No abandones las obras de Tus manos» (Salmos 138:8).

David le pide al Señor que nada lo desvíe del curso de la vida que el Señor tiene trazada para él. Otra versión bíblica dice: «El Señor llevará a cabo los planes que tiene para mi vida, pues tu fiel amor, oh Señor, permanece para siempre. No me abandones, porque tú me creaste» (ntv). David descansa en que Dios será el principal interesado en cumplir su propósito en él. En primer lugar, lo afirma confiado en que su misericordia es eterna, nunca está ausente y podrá gozarla hasta el final de sus días, porque se renueva cada mañana (Salmos 92:1-2; Lamentaciones 3:22-23). En segundo lugar, descansa en que es obra de las manos de Dios. No debemos olvidar que el apóstol Pablo dijo que los salvados por Jesucristo «somos hechura Suya, creados en Cristo Jesús para *hacer* buenas obras, las cuales Dios preparó de antemano para que anduviéramos en ellas» (Efesios 2:10).

La palabra «propósito» es muy importante para los cristianos, ya que significa la intención original para algo creado. Ninguno de nosotros llegó a este mundo como producto de la casualidad, el error o fuerzas impersonales. Todos somos resultado de un plan divino. El mismo David del cántico anterior dijo lo siguiente en otro salmo:

«Porque Tú formaste mis entrañas;
Me hiciste en el seno de mi madre.
Te daré gracias, porque asombrosa *y* maravillosamente he sido hecho;
Maravillosas son Tus obras,
Y mi alma lo sabe muy bien [...]
Tus ojos vieron mi embrión,
Y en Tu libro se escribieron todos
Los días que *me* fueron dados,
Cuando *no existía* ni uno solo de ellos» (Salmos 139:13-16).

Cada uno de nuestros hijos tuvo su origen en la mente y el corazón de Dios más allá de las circunstancias de su concepción. En otras palabras, no hay hijos que vinieron al mundo por equivocación, solo hay padres equivocados. El nacimiento de nuestros hijos no tomó a Dios por sorpresa. Resulta interesante notar que algunos de los hombres usados poderosamente en la Biblia fueron concebidos en circunstancias difíciles, como por ejemplo Salomón, un rey amado por Dios. También tenemos a Moisés, quien tuvo que ser dejado sobre una canasta en el río y fue rescatado por la hija de Faraón.

El enemigo intentará por todos los medios que nuestros hijos nunca sepan cuál es su propósito. Hará todo lo posible para que crean que son un error o un fracaso y que no tienen nada que aportar a este mundo. La cultura contemporánea también está llena de distracciones, falsas ideologías muy populares y un sentido equivocado del éxito. Nuestros hijos pueden ser presas fáciles de esos pensamientos estériles, pero muy populares. Debido a ello, nuestra meta como padres debe ser ayudarlos a ir descubriendo su propósito desde muy temprana edad y velar para que no lo pierdan en la medida en que van creciendo y exponiéndose a las presiones, los falsos espejismos y las dificultades de la vida.

Tener un propósito claro es lo que genera la determinación, el interés y el empeño en salir adelante y esforzarse para alcanzarlo. Se podría decir que el propósito le da sentido a la vida y hasta podría definir si vale la pena vivirla o no. Imagínate viviendo tu vida sin saber lo que Dios quiere para ti, mientras simplemente estás vegetando por la vida y solo tratas de sobrevivir, pagar las cuentas y no morir de aburrimiento. Sin propósito nada importa, podrías pecar a tu antojo porque ¿qué sentido tiene la vida? Cualquier camino es correcto para el que no sabe a dónde va.

Jeremías era muy joven cuando el Señor lo llamó y le dijo: «Antes que Yo te formara en el seno materno, te conocí, y antes que nacieras, te consagré; te puse por profeta a las naciones» (Jeremías 1:5). Nota que Dios no solo le estaba diciendo a Jeremías que Él mismo lo había creado, sino que también le aseguró que lo había escogido para ser profeta, incluso antes de ser concebido. Como David expresó en sus salmos, cada paso de tu vida estaba escrito en el libro de Dios, aun cuando todavía no habías nacido. Tus días estaban escritos mientras eras formado por Dios mismo en el vientre de tu madre. Debemos aprender a orar conforme a las Escrituras, es decir, a orar conforme a la revelación, la voluntad y los propósitos de Dios para nuestros hijos. La oración implica cooperar con Dios buscando su voluntad para el beneficio de nuestros hijos. Por medio de la oración se los entregamos al Señor y le pedimos que los arrebate de los planes del enemigo.

Pensar en el propósito de Dios para nuestros hijos puede sonar muy subjetivo y hasta etéreo o nebuloso, porque la mayoría de las veces estamos pensando solo en su futuro. Sin embargo, existen algunas señales muy claras que nos permiten percibir si nuestros hijos están viviendo conforme al propósito de Dios para sus vidas. Veamos algunas de ellas.

En primer lugar, una vida en pecado que ignora y desobedece los mandamientos del Señor no está caminando hacia el propósito de Dios. Si nuestros hijos desobedecen descaradamente la Biblia, no están viviendo según el propósito de Dios y ciertamente experimentarán un sentido de falta de rumbo en la vida. Lo más probable es que, como el hijo pródigo, vayan de mal en peor en lugar de que sus almas prosperen.

En segundo lugar, la ausencia de gozo también es una señal de una vida que se aleja del propósito de Dios. Si nuestros hijos despiertan llenos de apatía, temor o aburrimiento total, probablemente no estaban haciendo lo que estaban destinados a hacer. Dios nos ha creado de manera única, tiene cosas realmente buenas planeadas para nosotros, y uno de los frutos del Espíritu es el gozo (Gálatas 5:22). Resulta evidente que cuando alguien vive según el propósito de Dios, experimenta una sensación de alegría y emoción que llena sus días.

En tercer lugar, si tus hijos viven habitualmente mostrando poca satisfacción o sin ganas de emprender con fuerza sus días, es posible que estén viviendo fuera del propósito dado por Dios. La realización viene de hacer cosas gratificantes, significativas y con propósito. Mientras no descubras tu propósito, no vivirás una vida satisfecha y siempre te sentirás incompleto.

En cuarto lugar, si tus hijos desean desesperadamente un cambio y se sienten atrapados o estancados, es casi seguro que no están caminando de acuerdo con el propósito de Dios. Una persona que no conoce el propósito de Dios para su vida constantemente se siente como si hubiera perdido el rumbo, como si estuviera vagando de una cosa a otra sin ningún progreso hacia adelante. Nada le emociona y no tiene ninguna meta específica.

Cómo ayudar a mis hijos a encontrar el propósito de Dios para sus vidas

1. Condúcelos a Cristo tan temprano en la vida como sea posible. Ellos son pecadores que necesitan el evangelio y la salvación

que solo ofrece Jesucristo. Enséñales de forma permanente con tu propio ejemplo y testimonio, e instrúyelos todos los días con la Palabra de Dios (Deuteronomio 5:4-9).

2. Bendícelos todos los días. La bendición es una declaración de buena voluntad para nuestros hijos. No tenemos ningún poder para lograr que nuestros hijos alcancen un estado de bienestar o felicidad. Por eso los bendecimos en el nombre del Señor. Es importante que nuestros hijos escuchen que los bendecimos y es más importante aún que los dejemos en las manos de Dios, cubriéndolos en oración todos los días de sus vidas.
3. Asegúrate de que su mayor propósito en la vida sea buscar y servir a Dios. Jesús fue muy claro al decirnos que no debíamos preocuparnos por la satisfacción de nuestras necesidades. Él sabe que todo eso nos produce grandes ansiedades y también nos hace tomar muchas malas decisiones. Por eso coloca claramente el orden de prioridades y dice: «Busquen primero Su reino y Su justicia, y todas estas cosas les serán añadidas» (Mateo 6:33). Todo lo demás en la vida depende de esta decisión fundamental de poner al Señor en el primer lugar. Debes ayudar a tus hijos a entender que la vida no debe centrarse en lo temporal, sino en lo eterno, porque concentrarse solo en lo temporal significa errar el propósito.
4. Recuérdales que Dios los envió con una misión al mundo y que la felicidad consiste en responder afirmativamente a ese llamado. Es importante que entiendan que un llamado no solo es para ser pastor o misionero. El Señor es el dueño de todo y el universo está bajo su poder y soberanía. Por lo tanto, el Señor tiene un llamado particular para sus hijos en todas las esferas y áreas de la vida humana.
5. Hazles saber permanentemente que aun si han equivocado el camino, pueden volver a empezar. El Señor siempre da nuevas oportunidades cuando hay disposición para enmendar el camino en sus manos.

Ora por tus hijos con un propósito. La oración de Ana fue respondida porque ella no solo oraba por un hijo, sino que oraba por un hijo para dedicarlo a Dios y a sus propósitos (1 Samuel 1:11). Muchas de nuestras oraciones quedan sin respuesta porque son egoístas. Quiero un hijo para mí y para que alcance mis propios sueños. Sin embargo, Ana dedicó a Samuel al Señor desde antes de su nacimiento para que estuviera con Él todos los días de su vida. Ana lo consagró al Señor para que fuera un siervo de Dios.

Oración modelo para los padres

Padre nuestro, gracias por tu Palabra que nos dice que en los últimos días derramarás tu Espíritu Santo sobre todos nosotros. Hoy te pido que derrames tu Santo Espíritu sobre mis hijos. Ayúdalos a descubrir los dones y talentos que les has dado para que puedan cumplir el propósito que tú ya has planeado para ellos, incluso antes de que nacieran.

Permite que reconozcan que tú los colocaste en el vientre de su madre y que todo lo que tienen lo has planeado para ellos desde siempre. Ayúdalos a saber quiénes son, por qué están aquí y qué cosas buenas tienes para ellos.

Libra a mis hijos de la confusión, de no saber qué hacer, de no entender su propósito en la vida o de estar perdidos en sus decisiones. Te ruego que tus ojos estén sobre ellos, que les brindes dirección, sabiduría y les muestres el camino que deben seguir.

Padre, capacítalos desde este mismo momento. Dales una visión clara de quién eres tú y quiénes son ellos en ti para que no se comparen con los demás. Que entiendan que son únicos y valiosos para ti. Ayúdalos a descubrir los dones que has puesto en sus vidas y a usarlos para tu gloria.

Te pido que derrames sobre ellos los frutos de tu Espíritu Santo: amor, gozo, paz, paciencia, benignidad, bondad, fe, mansedumbre y dominio propio, de modo que puedan vivir de acuerdo a tu voluntad y ser un reflejo tuyo en todo lo que hagan (Gálatas 5:22-24).

Te ruego, en el nombre de Jesús, que desvíes todo ataque de Satanás y que él no toque a mis hijos, que no robe sus sueños, talentos, ni propósitos. Te pido que el enemigo no toque sus mentes con el desánimo, la duda, la confusión o la falta de fe. Que sus mentes estén llenas de todo tu consejo y sabiduría.

Motívalos, Señor, a desarrollar sus dones y talentos desde temprana edad. Que encuentren su identidad en Cristo y se sientan completos en Él. Que crezcan de tu mano hasta alcanzar todo lo que has preparado para ellos y se conviertan en las personas que has diseñado que sean.

Ayúdalos a confiar en ti con respecto a su futuro, Señor. Llévalos a ser fuertes en su espíritu, cuerpo y mente, para que sean verdaderos vencedores en el cumplimiento de tu plan y propósito. Que tengan éxito y prevalezcan, pero siempre con tu ayuda. En el nombre de Jesús, amén.

VERSÍCULOS PARA REFLEXIONAR:
1 PEDRO 2:9; 1 CORINTIOS 2:9; SALMOS 138:8; JOEL 2:28.

Preguntas de discusión

1. ¿Cómo puedes enseñarles a tus hijos que no son un accidente, sino que Dios los creó con un propósito divino, aun si las circunstancias de su nacimiento fueron difíciles o inusuales?
2. ¿Cómo puedes modelar el ejemplo de vivir según el propósito de Dios para que ellos lo vean reflejado en tu vida?
3. ¿Estás como padre viviendo según el propósito de Dios de manera que puedas ser un ejemplo diario de obediencia a Él para que ellos aprendan a hacer lo mismo?
4. ¿Has conducido a tus hijos a Cristo para que empiecen a conocer su propósito en Él?
5. ¿Estás dedicando tiempo y esfuerzo para que tus hijos establezcan una relación personal con Cristo, enseñándoles la Palabra, orando por ellos y llevándolos a la iglesia?
6. ¿Cómo puedes mostrarles que su propósito no es solo alcanzar logros temporales, sino que deben centrarse en lo eterno y en servir a Dios?
7. ¿Qué palabras salen de sus bocas cuando no han alcanzado todas sus metas o aún están buscando su propósito?
8. ¿Estás asegurándote de que tus hijos entiendan que el propósito no solo se trata de logros, sino de lo que dan al mundo y de regresar a Dios para rendir cuentas?
9. ¿Estás ayudando a tus hijos a entender que para descubrir su propósito deben vivir, en primer lugar, de acuerdo con las enseñanzas de la Biblia?

10. ¿Estás observando con cuidado las señales que podrían mostrar que tus hijos no están viviendo según el propósito de Dios, como la falta de gozo y la sensación de estar estancados o sin dirección?

Orando...

POR SU SALUD EMOCIONAL

Nuestras emociones no le son ajenas a Dios. Vemos cómo Él no solo estuvo atento a las injusticias que experimentaba el pueblo de Israel cuando estaba esclavo en Egipto, sino que también le dice a Moisés: «Ciertamente, he visto la aflicción de Mi pueblo [...] estoy consciente de sus sufrimientos» (Éxodo 3:7). La palabra hebrea encierra la idea de dolor y tristeza, el pesar que había en sus almas por todo lo que estaban pasando. El salmista expresa con sorpresa: «Señor, tú sabes lo que anhelo; oyes todos mis suspiros», y también declara: «Tú [Dios] llevas la cuenta de todas mis angustias y has juntado todas mis lágrimas en tu frasco; has registrado cada una de ellas en un libro» (Salmos 38:9; 56:8, NTV).

Los que disfrutamos de la salvación y la liberación de Dios podemos celebrar la vida eterna que Él nos ha regalado en abundancia:

> «Tú has cambiado mi lamento en danza;
> Has desatado mi ropa de luto y me has ceñido de alegría;
> Para que *mi* alma te cante alabanzas y no esté callada.
> Oh Señor, Dios mío, te daré gracias por siempre» (Salmos 30:11-12).

Dios desea que gocemos de buena salud emocional en un mundo enfermo en el ámbito de sus sentimientos. Las estadísticas mundiales nos demuestran que las generaciones contemporáneas no saben manejar sus emociones y pasan de un extremo a otro con solo unos pocos estímulos: de la tristeza a la alegría, de la ira a la calma, del decaimiento al entusiasmo. La verdad es que hemos perdido el control de nuestras emociones y los daños son inmensos en todo orden de la vida, principalmente en la familia.

La salud emocional no es otra cosa que el manejo adecuado de las emociones. Aunque muchas enfermedades físicas son de carácter congénito o heredadas genéticamente, con las emociones no necesariamente sucede lo mismo. Todos los niños nacen con la raíz del pecado en ellos y propensos e inclinados a toda clase de mal, pero la educación y la crianza pueden hacer que ciertas inclinaciones naturales se trabajen y puedan ser controladas de alguna manera para el bien de la persona. Lo cierto es que durante los primeros años de vida sufrimos heridas que si no son debidamente tratadas nos acompañarán todo el tiempo que vivamos. Muchas de esas heridas son provocadas por los padres o el entorno cercano al niño.

Recuerdo haber visto un estudio reciente que afirma demostrar que las personas que triunfan en la vida no son necesariamente las que tienen un mayor coeficiente intelectual, sino las que manejan mejor las emociones y pueden funcionar bajo presión sin desmoronarse. En otras palabras, a muchas personas las contratan por su currículo, pero las despiden por un carácter deformado. Desarrollar el carácter es sumamente importante, porque es la oportunidad de fortalecer ciertos rasgos de la personalidad que requieren ser ajustados, tanto para fortalecerlos como para debilitarlos. El carácter viene a ser la disposición interna de una persona, que es el resultado del desarrollo a través de la disciplina de virtudes como el dominio propio, o a través del desdén y la apatía que permiten que defectos como la ira desmedida crezcan sin control.

Algunas de esas heridas y debilidades emocionales y de carácter las vamos sanando o cambiando durante el proceso de crecimiento, pero otras se van haciendo cada vez más dañinas y perjudiciales. Hay personas que van adoptando diversos comportamientos con los que piensan que consiguen «evitar» el dolor que producen. Sin embargo, evitar, justificar o negar un asunto no es resolverlo. El problema emocional y de carácter se va enquistando cada vez más dentro de uno. Se podría decir que nos anestesiamos y eso impide que le demos la importancia que requiere y no busquemos ayuda para resolverlo.

Una persona que no ha resuelto sus heridas emocionales suele manifestar patrones negativos en su conducta, tiene dificultades para relacionarse debido a que es muy agresiva o muestra demasiadas inseguridades. En el mismo sentido, las heridas emocionales pueden abrir puertas para la intromisión del enemigo, que «anda *al acecho* como león rugiente, buscando a quien devorar» (1 Pedro 5:8). Los depredadores siempre están atentos a las manadas con el fin de encontrar a la más débil para atacarla y convertirla en su presa. Un alma débil en cualquier sentido puede ser presa del enemigo.

Por el contrario, una persona que está intentando resolver sus heridas emocionales y buscando al Señor, que pide ayuda de otros hermanos en Cristo y hasta de profesionales en la salud mental, empezará a manifestar patrones positivos en su conducta cada vez más frecuentes y prolongados. Los cambios positivos comenzarán con un control mayor de sus sentimientos y emociones de manera asertiva. Esto permitirá que no se sienta tan frustrada consigo misma y empiece a descubrir virtudes que antes estaban oscurecidas por los patrones negativos de conducta.

En segundo lugar, una persona que está trabajando con sus emociones mejorará ostensiblemente sus relaciones personales, buscará pedir perdón por sus malos tratos y palabras hirientes, y también tendrá un mejor entendimiento y mayor disposición para perdonar a los que de alguna manera le hicieron daño en el pasado.

Un cristiano que empieza a trabajar en su carácter no solo procurará mejorar sus tendencias negativas, sino que buscará un cambio infinitamente mayor que solo se consigue bajo el poder y la gracia de Dios: teniendo el carácter de Jesucristo y el fruto del Espíritu Santo. Una de las características fundamentales del carácter de Jesucristo que todo cristiano debe imitar fue resaltada por el apóstol Pablo en la exhortación a los cristianos de Filipos:

> «No hagan nada por egoísmo o por vanagloria, sino que con actitud humilde cada uno de ustedes considere al otro como más importante que a sí mismo, no buscando cada uno sus propios intereses, sino más bien los intereses de los demás. Haya, *pues*, en ustedes esta actitud que hubo también en Cristo Jesús» (Filipenses 2:3-5).

En tercer lugar, un cristiano que se esfuerza en luchar con sus emociones negativas igualmente buscará enfrentar el estrés y los problemas de la vida cotidiana de manera saludable. Podría parecer que estas debilidades son solo comunes a los hombres y las mujeres del siglo veintiuno. Sin embargo, Jesús mismo ya decía hace más de dos milenios:

> «¿Quién de ustedes, por ansioso que esté, puede añadir una hora al curso de su vida? [...] Por tanto, no se preocupen, diciendo: "¿Qué comeremos?" o "¿qué beberemos?" o "¿con qué nos vestiremos?". Porque los gentiles buscan ansiosamente todas estas cosas; el padre celestial sabe que ustedes necesitan todas estas cosas» (Mateo 6:27, 31-32).

Quizás lo más importante de las palabras de Jesús es que descansan en el hecho de que la ansiedad o la preocupación no son aspectos de nuestras vidas que podemos vencer con nuestras propias fuerzas. La ansiedad surge ante la imposibilidad de poder alcanzar aquello que queremos o necesitamos. Las preocupaciones por la satisfacción de nuestras necesidades básicas no nos dejan dormir y nos mantienen en vela. Sin embargo, ni la ansiedad ni la preocupación ayudan para lograr lo que nos quita el sueño. Jesús plantea la solución en Dios, porque ya Él sabe lo que nos hace falta. Entonces, ¿qué nos toca hacer? Jesús mismo entrega la respuesta:

> «Busquen primero Su reino y Su justicia, y todas estas cosas les serán añadidas. Por tanto, no se preocupen por el *día de* mañana; porque el *día de* mañana se cuidará de sí mismo. Bástenle a cada día sus propios problemas» (Mateo 6:33-34).

Es maravilloso saber que tenemos un Dios soberano y amoroso que manifiesta su providencia sobre nuestras vidas y somete nuestra ansiedad y preocupación para convertirlas en una absoluta confianza en Él. Debemos aprender a confiar en Dios y sujetarnos a Él para poder vencer las tantas emociones negativas que gobiernan nuestra vida y nos llevan a la destrucción personal y el daño de los que nos rodean.

Otro aspecto que debemos considerar con cuidado es nuestra propia responsabilidad como padres en el desarrollo o el empeoramiento emocional de nuestros hijos. Nosotros somos responsables de su crianza y formación personal en todas las áreas de sus vidas, incluida la emocional. Lamentablemente, los padres son los responsables directos de los daños emocionales más profundos que experimentan los hijos. Veamos a continuación algunas de las causas que originan las heridas emocionales en los hijos.

Las actitudes frecuentes de rechazo por parte de los padres suelen generar heridas muy profundas en los hijos. El hijo o la hija crece en un ambiente invalidante en el que no se siente tratado con cariño ni aceptado. Los padres que demuestran desprecio por sus hijos van generando la idea de que no son dignos de ser amados y, por lo tanto, tampoco de amar a otros. Esto los puede llevar al autodesprecio.

Si un padre menciona constantemente que su hijo es como «un estorbo» o le manifiesta con enojo «que no es el hijo que él esperaba», entonces ese hijo terminará creyendo que es una molestia y un fracaso desde su nacimiento. Por lo tanto, un niño que se siente rechazado por sus progenitores probablemente durante la adolescencia y la adultez no tenga interés por establecer vínculos con otras personas y se muestre huidizo. También puede vivir bajo un profundo enojo latente que es incapaz de explicar, ya que siente como si todo el mundo estuviera en su contra.

Una característica muy común en nuestros días es la ausencia física y emocional de los padres. Muchos hijos son criados por los abuelos, los empleados de las casas o las guarderías. Esto genera en ellos una sensación de abandono emocional y una profunda carencia de afecto. Los hijos no solo tienen necesidades físicas o intelectuales. También es importante que los padres respondan a las necesidades afectivas de sus hijos. El niño puede tenerlo todo, pero sentirse abandonado.

Muchas veces los padres están físicamente al lado del niño, pero se muestran ausentes porque realmente no le prestan atención. Los niños son como seres invisibles para ellos. La presencia afectiva de los padres no es una responsabilidad secundaria por debajo de la manutención, la provisión de buena educación o la comodidad o seguridad económica. Criar hijos emocional y espiritualmente saludables les dará recursos importantes para lidiar con todo lo que tendrán que enfrentar en la vida cuando los padres ya no estén presentes.

Muchos padres suelen perder la paciencia muy rápido con sus hijos. Ellos se justifican diciendo que están cansados del trabajo, que tienen muchos problemas o simplemente que los hijos son muchachos malcriados que sacan de quicio a cualquiera. Sin embargo, tener actitudes humillantes hacia el niño atenta de manera directa contra su sentido de dignidad y valía. El niño deja de confiar en las personas con las que debería sentirse completamente seguro y empieza a experimentar ansiedad, vergüenza e indefensión. Además, esa humillación favorece que el niño se valore a sí mismo de manera negativa y adopte una actitud sumisa enfermiza, es decir, que se menosprecie a sí mismo y deje que cualquiera le pase por encima.

Los padres también caemos en la anulación de las emociones. Es evidente que los niños no saben controlar bien sus emociones y por eso lloran en momentos inadecuados o tienen un berrinche en una reunión familiar. Claro, eso nos molesta mucho, pero la forma en que corregimos esas malas actitudes resulta fundamental para mantener la salud emocional de nuestros hijos. Buscando soluciones rápidas al imprevisto, solemos usar frases que hacen daño, como no llores, no seas nenita, cuándo vas a madurar, etc. Esas frases hirientes confunden a nuestros hijos, porque vienen de una fuente de autoridad de la que dependen por completo. No dejarnos llevar por el enojo y respirar antes de hablar es fundamental para corregir sin herir, tal como lo enseña el maestro de sabiduría:

> «Hay quien habla sin tino como golpes de espada,
> Pero la lengua de los sabios sana» (Proverbios 12:18).

Por último, otra forma en que los padres hieren emocionalmente a sus hijos es cuando les exigen que asuman responsabilidades de adultos. Solemos ver esa presión como algo sano para que nuestros hijos crezcan y hagan a un lado las «niñerías». Sin embargo, exigirles que dejen de vivir como niños de su edad, o que sean siempre los mejores, o que asuman un lugar en la familia que no les corresponde todavía es arrebatarles su infancia. Ellos deben vivir bien cada etapa para poder pasar a la siguiente con salud. Muchas veces esto también se manifiesta cuando alguno de los padres usa al hijo como un confidente de los problemas maritales. Los hijos no son nuestros paños de lágrimas ni debemos usarlos como «chivos expiatorios» para descargar nuestra frustración con el cónyuge.

Oración modelo para los padres

Padre Eterno, hoy vengo delante de ti para clamar por la salud emocional de mis hijos. Tú conoces cada pensamiento, cada suspiro y cada lágrima que ellos derraman. Nada de lo que sienten te es ajeno, porque tú eres el Dios que ve, que escucha y que sana los corazones quebrantados.

Señor, guarda sus emociones bajo tu cuidado y dales equilibrio, paz, estabilidad y madurez. Líbralos de toda tristeza profunda, de la ansiedad, la depresión, la desesperanza, la confusión o cualquier tormenta interior que quiera robarles la alegría que viene de ti.

Dales, Señor, la gracia de manejar sus emociones con sabiduría y dominio propio. Enséñales a no ser gobernados por el enojo, la impulsividad, el miedo o la frustración. Que tu Espíritu Santo forme en ellos un carácter firme, estable y lleno de tu paz.

Padre, dame sabiduría para no herir sus corazones. Líbrame de palabras o acciones que puedan marcar su alma o afectar su autoestima. Ayúdame a que siempre se sientan vistos, valorados, escuchados y profundamente amados.

Y si en algún momento los he herido, te ruego que los sanes, los restaures y me des la humildad para pedir perdón.

Señor, que mis hijos nunca se sientan rechazados, abandonados ni indignos, sino afirmados por tu amor eterno. Que su identidad esté en Cristo y no en la opinión de los demás. Que sepan que son valiosos, capaces y hechos maravillosamente por ti.

Te pido que desarrolles en ellos el carácter de Jesucristo: humildad, mansedumbre, compasión, paciencia, bondad y dominio propio. Que sepan resolver sus conflictos con amor, perdonar con libertad y relacionarse con madurez, sin agresividad ni inseguridad.

Padre, que tus manos sanadoras toquen cualquier herida emocional escondida: recuerdos dolorosos, palabras hirientes, experiencias de rechazo, injusticias o temores que los hayan marcado. Que tu Espíritu Santo entre donde nadie más puede entrar y restaure lo más profundo de su ser.

Que en nuestro hogar reine la unidad, la armonía, la honra, el respeto y la paz. Que mis hijos se amen entre sí, se apoyen, se bendigan y crezcan juntos reflejando el carácter de Cristo. Quita de nosotros todo espíritu de pleito, violencia, humillación o división.

Haz de mis hijos personas capaces de dar y recibir amor. Llénalos de sensibilidad sana, empatía, fortaleza emocional y madurez espiritual. Cúbrelos con tu presencia y protégelos de toda influencia que dañe su corazón.

Jesús, consérvalos en tu gracia, guárdalos en tu paz y apártalos para tus propósitos eternos. Que toda área de su alma esté bajo tu cuidado perfecto.

Declaro que mis hijos caminarán en sanidad, plenitud, paz y estabilidad emocional todos los días de su vida.

Lo pido y lo creo, en el poderoso nombre de Jesús.

Amén.

VERSÍCULOS PARA REFLEXIONAR:
MATEO 11:28-30; FILIPENSES 4:6-7.

Preguntas de discusión

1. ¿El ambiente que se vive en tu casa fomenta la salud emocional de tus hijos?
2. ¿Qué acciones concretas deberías llevar a cabo como padre para crear un ambiente emocionalmente sano en tu hogar?
3. ¿Crees que el ambiente que viviste en tu casa paterna te afecta en tus relaciones familiares presentes?
4. ¿Qué comportamientos o actitudes has observado en tus hijos que podrían ser señales de heridas emocionales?
5. ¿Consideras que tus hijos gozan de buena autoestima?
6. ¿Piensas que la rebeldía podría ser una forma de llamar la atención de los padres?
7. ¿Has humillado a tu hijo en público en algún momento? Si lo has hecho, ¿le has pedido perdón?
8. ¿Has sido consciente de que el silencio puede ser tan agresivo como un grito o aún peor?
9. ¿Has colocado sobre tus hijos cargas que no les corresponden debido a su edad?

ORANDO...

PARA QUE SE ALEJEN DE LOS VICIOS Y MALAS AMISTADES

El apóstol Pablo estaba escribiéndoles a los corintios sobre la resurrección cuando, de repente, da un giro inesperado para señalar que la vida en esta tierra también debe ser guiada por el poder del Cristo resucitado, y señala: «No se dejen engañar: "Las malas compañías corrompen las buenas costumbres". Sean sobrios, como conviene, y dejen de pecar; porque algunos no tienen conocimiento de Dios. Para vergüenza de ustedes *lo* digo» (1 Corintios 15:33-34).

Lo primero que me llama la atención es que le atribuye un enorme peso a las amistades o las compañías en lo que concierne a su influencia sobre nuestras costumbres, hábitos o estilo de vida. Sabemos que podemos hacer que nuestros hijos escuchen los mejores sermones y asistan a los mejores grupos de jóvenes, pero serán sus amigos cercanos los que ejercerán una mayor influencia positiva o negativa sobre ellos.

Pablo continúa y señala dos factores adicionales que se requieren para mantener una vida que esté de acuerdo con la realidad del poder del Cristo resucitado. En primer lugar, demanda «sobriedad», es decir, que no nos dejemos contaminar por nada que afecte nuestros sentidos y nuestra percepción de la realidad y que mantengamos la responsabilidad sobre nuestros actos y no perdamos el dominio propio. En segundo lugar, enfatiza que hay que dejar de pecar, abandonando las prácticas que no le agradan a Dios de una vez por todas. Por el contexto, podemos advertir que esos pecados cometidos son en parte producto de la influencia de esas malas compañías.

Muchos se preguntan quiénes son los que tienen la mayor influencia sobre nuestros hijos. La respuesta es realmente demasiado simple, porque las personas que más influyen en nuestros hijos son aquellas que pueden estar más cerca de sus corazones. De seguro te preguntas ahora cómo es que esas personas pueden acercarse tanto a sus corazones. Bueno, tengo que reconocer que esa cercanía se logra porque confluyen tanto la capacidad de convencimiento del influyente como los anhelos de nuestros hijos. Nuestro Señor Jesucristo fue muy enfático cuando dijo: «Donde esté tu tesoro, allí estará también tu corazón» (Mateo 6:21).

Nuestro corazón es una fábrica de anhelos y deseos que nos mueven en ciertas direcciones. Siempre tendemos a culpar a las circunstancias por nuestras caídas, pero el Señor nos mostró que no se trata solo del mal de afuera que nos atrae, sino que esa atracción empieza en los lugares más recónditos de nuestro corazón. Las circunstancias son como hierro, pero el imán que lo atrae está en nuestro corazón.

Los padres solemos sentirnos incapaces de ganarnos los corazones de nuestros hijos. Sentimos que estamos pasados de moda, que nuestros hijos ya no nos escuchan, que las influencias son demasiado fuertes o que la cultura los devora. Sin embargo, Salomón en el libro de Proverbios le plantea una solución a su hijo cuando se ve enfrentado a las tentaciones del sexo ilícito, la disolución que produce ingerir bebidas alcohólicas en exceso y la envidia que se puede sentir por los malvados. Esa única solución es la siguiente:

> «Dame, hijo mío, tu corazón,
> Y que tus ojos se deleiten en mis caminos» (Proverbios 23:26).

Notemos que se trata de un pedido y no de una imposición. También le dice: «Escucha a tu padre, que te engendró...» (Proverbios 23:22a). Las Escrituras enseñan que los padres tienen instrucciones y enseñanzas para sus hijos, pues ellos son la primera fuente de conocimiento, por lo tanto, no deben dejar de prestarles atención.

Solo si logramos llegar al corazón de nuestros hijos podremos influenciarlos más que los amigos que los rodean o incluso más que aquellos a quienes admiran. En otras palabras, debemos conquistar sus corazones para llevarlos al sendero deseado antes de pretender ejercer influencia sobre ellos. Podría decirse que los vicios y las malas amistades solo tendrán lugar en el corazón de nuestros hijos si permitimos que exista un vacío con nuestra ausencia en sus vidas.

Ya he mencionado que Pablo nos exhorta a no provocar ira en nuestros hijos, porque si solo los criticamos y regañamos, nosotros mismos fomentaremos una rebeldía hacia nuestras convicciones y finalmente hacia Dios. La mayoría de los jóvenes no se rebelan contra la autoridad de los padres, sino más bien contra el abuso o el uso temperamental de esa autoridad, lo cual se convierte en una deficiencia en la relación parental.

Cuando hay malas relaciones, el enojo, la amargura, el distanciamiento emocional y el rechazo a la autoridad afloran, y finalmente, casi sin darse cuenta, los hijos terminarán rechazando todo lo que provenga de los padres. Los conflictos constantes entre padres e hijos conducen a una ruptura en la comunicación, de manera que ya mantienen cerrados sus oídos a todo lo que venga de parte de sus progenitores. Actitudes tales como la crítica y los regaños constantes, una disciplina mal impartida, la falta de dedicación, la ausencia en momentos importantes de sus vidas, las preferencias entre hermanos, las expectativas irrealistas, la hipocresía y la separación de los padres son algunos factores que cierran sus corazones para no desear escucharnos. Un corazón herido por el mal trato o la falta de atención es un corazón cerrado. Esta situación provocará una guerra fría que lleva al rechazo de todo lo que amamos o valoramos.

Es imposible que nuestros hijos no sean influenciados por el medio que los rodea, pero lo que tenemos que lograr es que nuestra influencia sea mayor.

También tengan cuidado de no distorsionar el amor de Dios al hacerles creer que por su conducta y desempeño obtendrán nuestro amor y el de Dios. Sus amigos los aceptan como son y no están tratando de cambiarlos todo el tiempo o regañándolos constantemente. Nuestro mensaje debe ser claro: «Te amo, no importa lo que hagas o dejes de hacer».

El amor no busca razones para amar. En otras palabras, jamás les digas a tus hijos que los amas porque se comportan de determinada manera o porque hacen esto o aquello. El amor condicional se fundamenta en la aprobación y la aceptación basadas en los méritos. En cambio, el amor incondicional dice: «Te amo y punto». El amor está basado en mi decisión de amar y no en su desempeño.

El amor no se basa en la conducta sino en la identidad, o sea, en quién eres para mí. Muchos de nosotros hemos sufrido el error de nuestros padres, que no supieron diferenciar entre conducta e identidad. Tener que ganarnos el amor a través de nuestro comportamiento y perderlo por completo cuando fallamos ha herido las fibras más profundas de nuestra identidad, haciéndonos creer que no somos merecedores del amor si no nos comportamos de manera apropiada o lo que es peor, que solo nos aman cuando hacemos las cosas correctas.

Lo trágico es que, debido a esto, terminarán pensando que Dios actúa de la misma manera, lo cual los llevará a tratar a Dios como aprendieron de sus padres y solo intentar ganarse su favor para sentirse amados. Pensar así es exactamente lo opuesto a la gracia de Dios.

Entonces, ¿cómo llego al corazón de mi hijo? Tengo que esforzarme por ser un padre presente y no dejar que mis múltiples actividades y responsabilidades hagan que sea un padre ausente que todo lo soluciona proveyendo y con mil justificaciones. Nuestros hijos tienen el enorme deseo de conectarse bien con nosotros. Ellos quieren que seamos sus referentes y anhelan conocer el mundo desde nuestros ojos. Muchos padres perciben el rechazo de sus hijos como si fuera un asunto de ellos y no se dan cuenta de que esto es resultado de que los mismos padres han rechazado a sus hijos por muchos años durante su infancia y pubertad. Somos nosotros los que primeramente nos apartamos y levantamos barreras que les impiden llegar a nuestro corazón.

En términos prácticos, es necesario separar tiempo para salir con cada uno de nuestros hijos a fin de brindarles un tiempo especial a solas con cada uno de ellos. Sabemos que eso no es fácil, por lo tanto, el consejo no es dejarlo al azar y menos que solo se pueda dar cuando aparece una oportunidad en nuestras agendas recargadas. Por otro lado, sabemos que nuestros hijos son pecadores y muchas veces tenemos que llamarles la atención más veces de las que realmente quisiéramos. Sin embargo, aunque es importante ayudarlos a crecer y disciplinarlos, lo importante es cesar de criticarlos y comenzar a escuchar los latidos del corazón de nuestros hijos. Cada hijo es diferente y está creciendo con sus propias virtudes y defectos, y Dios tiene planes particulares para sus vidas que debemos descubrir y fomentar.

Un aspecto importante de la convivencia habitual con nuestros hijos es que los padres debemos aprender a sacar el mayor provecho de las tareas rutinarias de la vida, como la limpieza de la casa, el lavado de la ropa, el arreglo de algún artefacto o mantener el orden en los dormitorios. Todas esas actividades rutinarias son realmente excusas para pasar tiempo con ellos y conversar de lo que les interesa. Esas actividades son las excusas perfectas para conocerlos, que nos conozcan, estrechar nuestros lazos, y crear recuerdos y enseñanzas que perduren por el resto de sus vidas.

Nuestros hijos solo aprenderán el valor de pedir perdón y perdonar a partir de las experiencias vividas con sus propios padres. El perdón no se aprende en la escuela o con los amigos. Los padres debemos tomar la iniciativa de pedir perdón cuando nos equivocamos o los ofendemos. Nosotros debemos ser los primeros en reconocer que no somos perfectos y dar ejemplo de transparencia y vulnerabilidad. Esos momentos íntimos para pedir y entregar perdón quedarán grabados en la mente de nuestros hijos, teniendo como consecuencia que sus corazones sean más sensibles y dispuestos y muestren mayor honra y respeto hacia nosotros.

Nuestro hogar debe ser un lugar de refugio para nuestros hijos. ¿Adónde querrán ir cuando afronten problemas difíciles? ¿Dónde hallarán un consejo sabio sin miedo a la crítica destructiva? Debemos asegurarnos de que sepan que las puertas de nuestra casa y de nuestros corazones permanecerán abiertas y estaremos disponibles para recibirlos bajo cualquier circunstancia y en todo momento.

Cuando su comportamiento sea contrario al que esperábamos de ellos, o incluso cuando escojan rechazar nuestras convicciones, simplemente debemos dejarles en claro que no estamos de acuerdo con su conducta, pero que eso no afecta en nada nuestro amor hacia ellos y que siempre estaremos allí cuando lo necesiten. La disposición a dialogar con la mejor actitud siempre debe ser una cualidad que ellos valoren en nosotros, sin que eso signifique apartarnos de nuestras convicciones más profundas. Finalmente, debemos orar por nuestros hijos sin cesar para que, en medio de las luchas por crecer y establecer sus propias convicciones, puedan entender que los valores inculcados y las creencias afirmadas sobre ellos desde pequeños no provienen de nosotros, sino del Dios creador y salvador, cuyas palabras nunca dejarán de estar vigentes.

Oración modelo para los padres

Padre celestial, hoy oro por mis hijos (menciona sus nombres). Quisiera pedirte que formes en ellos un corazón que te ame y siempre desee obedecerte. Permite que estén dispuestos a buscar tu voluntad en medio de todas sus decisiones, que amen la oración y tu Palabra, y que te sigan fielmente a lo largo de sus vidas.

Señor, ten misericordia y rompe con cualquier influencia dañina a la que le puedan prestar atención (nómbralas si conoces a las personas). Libéralos de cualquier vínculo o dependencia negativa que corrompa su estilo de vida y sus costumbres.

Rodea a mis hijos de personas espiritualmente maduras que los motiven a amarte y servirte. Aparta de ellos a quienes tengan malas intenciones, sean manipuladores o abusadores. Aléjalos de cualquier tipo de vicios o adicciones. Oro para que nuestra familia nunca se vea asociada a cosas destructivas como las drogas, el alcohol, la pornografía, la inmoralidad sexual, las apuestas, el malgasto de dinero o las falsas doctrinas.

Te pido que sus amistades estén llenas de bondad, integridad y rectitud. Aleja de ellos a quienes viven haciendo lo que no te agrada, como el estafador, el traidor, el chismoso, el violento o cualquier persona negativa que los influencie de manera equivocada. Protégelos de las malas influencias y ayúdame a discernir cuándo una amistad es buena o mala.

Instruye a mis hijos para que conozcan el verdadero valor de una amistad, de modo que puedan establecer relaciones profundas, estables y leales. Ayúdalos a cultivar amistades saludables, eliminando cualquier actitud de chisme, ira o discordia en sus corazones.

Derrama sobre ellos la virtud de la mansedumbre, la prudencia y la consideración, para que puedan tener relaciones fuertes, duraderas y sanas. Que siempre sean capaces de reconocer y valorar a los amigos que pongas en su camino y que también sean una bendición para esos amigos.

Te pido, Señor, que cualquier secreto o cosa oculta en sus vidas salga a la luz, sea confrontada y sanada con tu amor. Ayúdame, Padre, a poder ganarme el corazón de mis hijos con confianza, amor y verdad. Permite que como padre sepa manejar estas situaciones con sabiduría. Que mis hijos siempre se sientan comprometidos a decir la verdad en todo momento, sin importar la situación. Desarrolla en ellos un carácter humilde, determinado, lleno de pasión por ti y tu reino.

Todo esto te lo pido en el poderoso nombre de Jesús, amén.

VERSÍCULOS PARA REFLEXIONAR:
PROVERBIOS 12:26; ROMANOS 12:2.

Preguntas de discusión

1. ¿Quiénes son las personas que más influyen en la vida de tus hijos?
2. ¿Cómo puedes asegurarte de que tu influencia sea más fuerte que la de sus amigos o el entorno?

3. ¿Cómo puedes acercarte al corazón de tus hijos de manera que puedan confiar en ti y sentir tu amor incondicional?
4. ¿Cómo puedes demostrarles a tus hijos que los amas sin importar su comportamiento?
5. ¿Cuáles son las actitudes o comportamientos en tu casa que podrían estar cerrando el corazón de tus hijos hacia ti?
6. ¿Cómo puedes asegurarles que sigues amándolos a pesar de no aprobar sus decisiones o actitudes?
7. ¿Qué significa ser un padre «presente»?
8. ¿Cómo puedes ser más intencional con el fin de estar disponible emocionalmente para tus hijos?
9. ¿Crees que el ambiente de tu hogar hace que tus hijos sientan que pueden siempre regresar sin miedo a ser juzgados?
10. Cuando tu hijo se aleja de tus valores o convicciones, ¿cómo puedes hacerle saber que tu amor por él no cambia, pero que de igual manera te importan sus convicciones, comportamiento y bienestar?

ORANDO...

PARA QUE SEAN LIBRES DEL TEMOR

El sentimiento de temor es universal para todos los seres humanos. Sin embargo, no todos lo experimentan de la misma manera y en el mismo grado. El temor generalmente se percibe como un miedo o una inquietud ante la percepción, real o imaginaria, de algún tipo de peligro. Es como una alarma sensorial que nos prepara para enfrentar alguna amenaza o riesgo que podría poner en juego nuestra vida, salud o bienestar. Ese tipo de temor se expresa con variaciones en el pulso, la respiración y la actividad muscular. Definitivamente, sus sensaciones no son placenteras, pero en realidad son útiles para poder enfrentar situaciones que requieren de toda nuestra atención.

También hay otro tipo de temor que sí se considera perjudicial. Es el que nace más bien de una sospecha infundada que desencadena una ansiedad incontrolable y que no responde con facilidad a las razones que existen para descartarla. Esa aprensión puede llegar a ser paralizante, y en lugar de ayudar a resolver los problemas de la vida diaria, complica la vida.

La Biblia también menciona dos tipos específicos de temor. Hay un primer tipo que es beneficioso y debe ser fomentado en la vida del cristiano. Además, se presenta otro tipo de temor que resulta destructivo y por lo tanto debe ser enfrentado y superado. El primer tipo es el «temor del Señor», que se entiende no como un miedo que simplemente amedrenta, sino como un temor reverencial hacia Dios. En otras palabras, es un reconocimiento de todo lo que Dios es, tanto en su carácter santo manifestado en sus atributos divinos y su revelación, como en su grandeza por ser el soberano Señor del universo y el Salvador y Redentor de los suyos. Este temor reverente viene a través del conocimiento de Dios revelado en las Escrituras, y conlleva muchas bendiciones y beneficios:

> «El principio de la sabiduría es el temor del Señor;
> Buen entendimiento tienen todos los que practican Sus
> mandamientos» (Salmos 111:10).

«El temor del SEÑOR es el principio de la sabiduría;
Los necios desprecian la sabiduría y la instrucción» (Proverbios 1:7).

El temor del Señor es una expresión que los cristianos contemporáneos no entienden a cabalidad. El uso de la palabra «temor» suele generar cierto recelo, porque siempre hablamos de un Dios cercano, amoroso, misericordioso y lleno de gracia. Sin embargo, debemos entender que ese Dios que se acerca a nosotros sigue siendo tres veces santo, inconmensurable, y quien sostiene el universo en la palma de su mano. La inmensa grandeza de Dios se manifiesta en todas las Escrituras. Por ejemplo, cuando se presenta delante de Job, le dice:

«Ciñe ahora tus lomos como un hombre,
Y Yo te preguntaré, y tú me instruirás.
¿Dónde estabas tú cuando Yo echaba los cimientos de la tierra?
Dí*melo*, si tienes inteligencia.
¿Quién puso sus medidas? Ya que sabes.
¿O quién extendió sobre ella cordel?
¿Sobre qué se asientan sus basas,
O quién puso su piedra angular
Cuando cantaban las estrellas del alba,
Y todos los hijos de Dios gritaban de gozo?» (Job 38:3-7).

Job tuvo que entender que el Dios que descendía para atender su queja era el Dios del universo y que su cercanía no significaba, de ningún modo, que Él dejaba de estar sentado en su trono de gloria. Por el contrario, el gran milagro es que ese Dios se haya encarnado. Así es como describe Pablo a Jesucristo:

«Él es la imagen del Dios invisible, el primogénito de toda creación. Porque en Él fueron creadas todas las cosas, *tanto* en los cielos *como* en la tierra, visibles e invisibles; ya sean tronos o dominios o poderes o autoridades; todo ha sido creado por medio de Él y para Él. Y Él es antes de todas las cosas, y en Él todas las cosas permanecen. Él es también la cabeza del cuerpo *que es* la iglesia. Él es el principio, el primogénito de entre los muertos, a fin de que Él tenga en todo la primacía» (Colosenses 1:15-18).

Después de estas dos tremendas presentaciones de la grandeza de Dios, no podemos más que reconocer que realmente el temor del Señor es el principio de la sabiduría, porque lo primero que conocemos de Dios es que no hay nadie como Él. Si hay personas que se sobrecogen al conocer a un personaje famoso y hasta lloran al verlo, imaginen estar delante del mismísimo Dios. Por eso Isaías, al ver la visión del Señor, no pudo más que exclamar: «¡Ay de mí! Porque perdido estoy [...] Porque mis ojos han visto al Rey, el SEÑOR de los ejércitos» (Isaías 6:5). Pedro también percibió la grandeza de Jesús y solo pudo decir: «¡Apártate de mí, Señor, pues soy hombre pecador!» (Lucas 5:8). Ese sentimiento de reverencia es el temor del Señor.

Sin embargo, el segundo tipo de temor mencionado en la Biblia no es beneficioso en absoluto. El primer miedo que encontramos en la Escritura es el que surgió como resultado del pecado de Adán y Eva. Por ejemplo, ante la presencia de Dios, Adán dice: «Te oí en el huerto, tuve miedo porque estaba desnudo, y me escondí» (Génesis 3:10). Ese temor es producto del remordimiento y solo busca esconderse. Es un miedo como expresión de cobardía. Es justamente opuesto a lo que Pablo le enseñó a Timoteo: «Porque no nos ha dado Dios espíritu de cobardía, sino de poder, de amor y de dominio propio» (2 Timoteo 1:7).

La Biblia nos advierte para que no nos dejemos vencer por este «espíritu de temor», y el modo de dominarlo es por medio del amor. El apóstol Juan lo explica de la siguiente manera: «En el amor no hay temor, sino que el perfecto amor echa fuera el temor, porque el temor involucra castigo, y el que teme no es hecho perfecto en el amor» (1 Juan 4:18). Ya hemos visto que el miedo no es malo en sí mismo. La función del miedo es advertirnos de la presencia de un peligro y ayudarnos a evaluar si tenemos las herramientas necesarias para enfrentar lo que se nos presenta sin sufrir daños. No obstante, el problema con el temor o el miedo es que muchas veces imaginamos peligros donde realmente no los hay. Las consecuencias de un miedo infundado son muchas y dañinas. Si el miedo no es manejado debidamente, puede ser el mayor obstáculo que se interpone entre nosotros y el cumplimiento de nuestros sueños en todas las áreas de nuestra vida.

Los miedos infundados solo vienen a traernos desgracias porque toman control de nuestra mente y nuestras emociones. Será muy difícil que nuestros hijos cumplan sus propósitos si son víctimas del miedo, pues el temor carcomerá su pasión para llevar a cabo sus sueños debido a que socava el gozo al tener un poder paralizante que roba la capacidad de disfrutar la vida.

Aunque el miedo se presenta de muchas formas, se podría decir que generalmente los adolescentes y jóvenes son atacados por los mismos miedos. Ya que tienen toda la vida por delante, el futuro incierto siempre será una causa fundamental de temor, por eso más que todo le temen a fracasar en sus planes y objetivos de vida. A ninguno de nosotros nos agrada fracasar. Fallar o equivocarse conlleva un cierto grado de vergüenza. Así que a nuestros hijos les cuesta entender que el aprendizaje viene como resultado de varios intentos fallidos. Como alguien dijo con mucha sabiduría: «A veces se gana; otras veces se aprende». Jesús también nos enseñó a enfrentar este temor al fracaso en el futuro incierto:

> «Así que no se preocupen por el mañana, porque el día de mañana traerá sus propias preocupaciones. Los problemas del día de hoy son suficientes por hoy» (Mateo 6:34, NTV).

Jesús no dice que solo nos olvidemos del mañana, sino que nos advierte que de nada vale temer lo que todavía no ha llegado a nuestras vidas. Sin embargo, esto no significa simplemente dejar de pensar en el mañana, sino reconocer que nuestro Dios es eterno y que «Jesucristo *es* el mismo ayer y hoy y por los siglos» (Hebreos 13:8). Mientras estemos tomados de su mano no debemos temerle al futuro, ¡porque Él ya estuvo allí!

Otro temor latente en nuestros hijos es el temor al rechazo y a no ser aceptados. Los adolescentes y jóvenes siempre manifiestan una excesiva preocupación por ser incluidos en los grupos formados por gente de su edad. Este miedo ha llevado a muchos a hacer cosas indebidas con tal de ser admitidos. Debemos enseñarles a nuestros hijos a reconocer que su identidad no descansa en la aceptación grupal o en parecerse o actuar dentro de una categoría cultural determinada. La seguridad de nuestra aceptación radica en que el Señor nos conoce por nuestro nombre y nuestra vida «está escondida con Cristo en Dios» (Colosenses 3:3).

Otro miedo muy relacionado al anterior es el temor a no ser amados o correspondidos en el amor. La adolescencia es la etapa en la que el amor suele aparecer, y llega con una mezcla de emociones difíciles de definir. Además, en este período los jóvenes experimentan grandes desequilibrios emocionales y se preguntan si serán capaces de amar o si alguien los amará. Los padres no nos damos cuenta de que nuestros hijos nos tienen como el primer modelo de romance y amor de pareja. Es probable que ellos no hagan muchas preguntas al respecto, pero sí observan con mucho cuidado, por lo que no debemos pensar que no están atentos a los detalles. Muchas veces los hijos se van a buscar otros modelos de amor y romance porque el de sus padres es inexistente o tumultuoso. En el mismo sentido, a los padres también nos toca ser los primeros en darles la seguridad a nuestros hijos de que son amados, teniendo además conversaciones buenas y distendidas con ellos para hablar del amor en todas sus dimensiones.

Por último, nuestros hijos también pueden manifestar un temor relacionado con el futuro, pero en el sentido de que sienten que no tienen todo lo que se requiere para triunfar en la vida. Ellos temen no estar a la altura de las expectativas de los padres o de las exigencias de la vida. Las comparaciones son determinantes en esta área. Nuestros hijos tienden a medirse con sus pares y generalmente terminan sintiéndose descalificados, más aún en estos tiempos de redes sociales en los que todos los logros se exageran o se miente. Debemos asegurarnos de que tengan claro que la vida no es una competencia contra otros, sino que cada uno está corriendo su propia carrera a su propio ritmo y con sus propios obstáculos. El apóstol Pablo, hablando de su propia carrera personal, dijo lo siguiente:

> «Pero en ninguna manera estimo mi vida como valiosa para mí mismo, a fin de poder terminar mi carrera y el ministerio que recibí del Señor Jesús, para dar testimonio solemnemente del evangelio de la gracia de Dios» (Hechos 20:24).

Nuestros hijos deben saber que no solo las personas que cumplen tareas religiosas a tiempo completo sirven al Señor. Todos los seres humanos son siervos de Dios en sus empleos, ocupaciones y profesiones. La vocación debe ser una respuesta al llamado de Dios para una tarea que debe hacerse de acuerdo con su voluntad y para la cual nos capacita. Buscar una carrera para la gloria de Dios y la bendición del prójimo es fundamental para que nuestros hijos encuentren el gozo y el propósito en los trabajos a los que dedicarán las mejores horas de sus vidas durante el tiempo más productivo de su existencia.

Oración modelo para los padres

Querido Padre celestial, hoy vengo ante ti para poner la vida de mis hijos (menciona sus nombres) en tus manos. Tu Palabra nos dice que tu perfecto amor echa fuera el temor y por eso te pido que llenes a mis hijos de tu amor perfecto.

Ayúdame a mostrarles ese amor para que ellos también aprendan a amarte y a no tener miedo. Llénalos de tu amor, aleja de ellos toda duda, temor o mentira del mundo y el enemigo. Que sepan que tú los amas y que la mejor muestra de tu amor es que enviaste a tu Hijo Jesucristo a morir y resucitar por ellos.

Te pido que les des una mente clara y un corazón lleno de confianza en ti, incluso cuando todo a su alrededor parezca temblar. Ayúdalos a discernir el peligro, aunque esté escondido.

Guíalos en todo momento hacia la verdad y enséñales el camino que deben seguir. Que amen tu Palabra y que tu revelación los ayude a quitar todo temor de sus corazones.

También te pido, Padre, que mis hijos puedan descansar bien. Que no tengan pesadillas ni terrores nocturnos, que no oigan voces perversas ni vean cosas malas mientras duermen. En el nombre de Jesús, te pido que alejes todo aquello que pueda perturbarlos. Permite que tu presencia los cubra completamente y que tengan paz y descanso mientras duermen.

Mi gran deseo que pongo delante de ti es que mis hijos crezcan seguros y felices en tu presencia. Te pido que elimines de ellos toda timidez y vergüenza. Que no se sientan inseguros ni se encierren en sí mismos. Concédeles una sonrisa grande y un corazón alegre. Que puedan hablar con confianza frente a los demás. Quítales todo sentimiento de inseguridad en el nombre de Jesús.

Hoy, como padre, confío en tus promesas, porque sé que escuchas mi oración. Gracias por la victoria que me das. Confío en ti, Padre, y sé que lo harás.

En el poderoso nombre de Jesús, amén.

VERSÍCULOS PARA REFLEXIONAR: ISAÍAS 41:10; SALMOS 27:1-8; 91:4-6.

Preguntas de discusión

1. ¿Cómo puedes fomentar el temor de Dios en la vida de tus hijos cada día?
2. ¿En qué áreas de tu vida, o la vida de tus hijos, el miedo se ha vuelto un obstáculo para alcanzar sueños y metas?

3. ¿Cómo puedes enfrentar el temor de manera efectiva?
4. ¿Sabes cuáles son los miedos específicos que afectan más a tus hijos en esta etapa de su vida? ¿Saben ellos con certeza que cuentan con tu apoyo?
5. ¿Crees que tus hijos saben que cometer errores no es fracasar y que el aprendizaje conlleva cometer equivocaciones?
6. ¿Qué ejemplos de tus propios errores puedes compartir para motivarlos a no rendirse ni temer ante las dificultades?
7. ¿Cómo puedes ayudar a tus hijos a entender que son realmente amados sin necesidad de encajar en expectativas externas?
8. ¿Les has advertido a tus hijos del peligro de buscar la aprobación de los demás y que no necesitan cumplir con las expectativas de otros para ser valiosos porque son únicos en su propósito?

ORANDO...

PARA QUE SEAN LIBRES DE LAS DISFUNCIONES FAMILIARES

Es muy posible que hayamos sentido algunas veces como si los cielos se hubieran cerrado y nuestra tierra estuviera tremendamente seca por falta de lluvia. Nos sentimos estancados o pareciera que los ciclos de frustración o derrota se repitieran en cualquier área de nuestra vida, terminando siempre en el mismo lugar por más que nos esforcemos.

Muchos de nosotros crecimos en hogares con situaciones similares y casi nos acostumbramos a vivir de esa manera. Ese es justamente el peligro que queremos evitar e identificar para no dejarles como herencia a nuestros hijos disfunciones que heredamos de nuestras familias de origen o que creamos en nuestras propias familias, las cuales conllevan estancamiento o daño en muchas áreas de la vida.

Para poder orar en ese sentido, en primer lugar, quisiera animarte a abrir los ojos y observar tu vida y tu familia con sumo cuidado para identificar posibles desajustes, fisuras y situaciones en ellas a las cuales te puedes haber acostumbrado a pesar del mal que producen en ti y tus hijos.

Muchas cosas que hemos recibido de nuestros padres no fueron correctas y las hemos incorporado a nuestra vida sin objeción o evaluación, simplemente porque nos acostumbramos a ellas. En gran medida somos el resultado de la crianza de nuestros padres, ya que ellos, conscientemente o no, han moldeado nuestros corazones por medio de palabras y ejemplos. Las costumbres, tradiciones, religiones, ritos y paradigmas de pensamiento que hemos heredado deben ser cuidadosamente observados bajo la lupa de la Palabra de Dios para descubrir su origen y validez, siguiendo el consejo paulino: «Antes bien, examínenlo todo *cuidadosamente*, retengan lo bueno» (1 Tesalonicenses 5:21).

En el mismo sentido, muchas de las costumbres de nuestras naciones son contrarias a la Palabra de Dios, pero debido a que crecimos en medio de ellas y han permanecido por generaciones, las vemos como normales.

Sin embargo, hay muchas creencias y prácticas populares que, en primer lugar, se oponen al consejo de Dios en la Biblia y, en segundo lugar, son dañinas porque pueden causar enfermedades, miseria económica, muertes prematuras, desgracias familiares, destrucción de la familia, vicios y muchas cosas negativas más. Por lo tanto, asegurémonos de evaluar nuestra cultura y no estar siguiendo dichas costumbres nefastas.

Las causas primarias para las disfunciones familiares son el pecado y la ignorancia. Debemos reconocer que somos pecadores y que la pecaminosidad —que no es otra cosa que la desobediencia a los mandamientos de Dios— no solo nos hace daño, sino que también nos lleva a hacerles daño hasta a las personas que más dependen de nosotros y a las que más queremos, es decir, nuestra propia familia. Lo que debemos saber es que solo podemos ser libres del pecado por la obra de Cristo en la cruz del Calvario. El apóstol Pablo lo explica muy claramente:

> «Sabemos esto, que nuestro viejo hombre fue crucificado con *Cristo*, para que nuestro cuerpo de pecado fuera destruido, a fin de que ya no seamos esclavos del pecado; porque el que ha muerto, ha sido libertado del pecado.
>
> Y si hemos muerto con Cristo, creemos que también viviremos con Él, sabiendo que Cristo, habiendo resucitado de entre los muertos, no volverá a morir; la muerte ya no tiene dominio sobre Él. Porque en cuanto a que Él murió, murió al pecado de una vez para siempre; pero en cuanto Él vive, vive para Dios. Así también ustedes, considérense muertos para el pecado, pero vivos para Dios en Cristo Jesús» (Romanos 6:6-11).

Las buenas noticias de Jesucristo son maravillosas. Cristo murió para que viviéramos con Él en su resurrección, es decir, en su victoria sobre el pecado y su consecuencia mayor, la muerte. El Padre ya no nos ve con ira, sino que por medio de Jesucristo ahora tenemos paz con Dios (Romanos 5:1). Ya no hay condenación para los que están en Cristo Jesús (Romanos 8:1). Por lo tanto, Pablo puede decir en otra de sus cartas: «Cristo en verdad nos ha liberado. Ahora asegúrense de permanecer libres y no se esclavicen de nuevo a la ley» (Gálatas 5:1, NTV).

Somos libres y ahora nos toca vivir en esa libertad. No obstante, para lograrlo, debemos pasar de la ignorancia al conocimiento de la

Palabra de Dios, porque bien dijo Jesús mismo: «Si ustedes permanecen en Mi palabra, verdaderamente son Mis discípulos; y conocerán la verdad, y la verdad los hará libres [...] Así que, si el Hijo los hace libres, ustedes serán realmente libres» (Juan 8:31b-32, 36).

Los que nos hemos arrepentido de nuestros pecados y hemos creído en el Señor Jesucristo y su obra hemos sido hechos hijos de Dios, somos nuevas criaturas, pero aún debemos aprender a vivir bajo los principios bíblicos que nos llevarán a poder librarnos de viejas prácticas, pecados y disfunciones de nuestra antigua vida. Debemos escoger el camino de la obediencia liberadora que se sujeta a los mandamientos de Dios para dejar atrás toda esclavitud del pasado.

El profeta Oseas lo dejó bien claro, cuando dijo: «Mi pueblo es destruido por falta de conocimiento» (Oseas 4:6). Muchos han pensado que mudándose de ciudad o dejando a sus familias dejarán sus disfunciones y prácticas pasadas. Eso es un grave error. Lo que debemos hacer es buscar la libertad del Señor y empezar a conocer sus mandamientos y a vivir según ellos. Los que tenemos a Jesucristo como Señor y Salvador debemos eliminar toda costumbre o tradición que ofenda la santidad de Dios, pues ahora poseemos una nueva ciudadanía con un nuevo código moral y civil (Filipenses 3:20).

Como dije más arriba, si estás en Cristo, eres realmente libre y puedes cambiar tu vida por completo de la mano del Señor, pero si escoges vivir en desobediencia, habrá consecuencias sobre tu vida y la de tus seres queridos que están bajo tu cuidado. Todo lo que hacemos impacta de una manera u otra a nuestra descendencia. Sin embargo, no todo es irreversible o una sentencia definitiva, siempre habrá una nueva oportunidad en el Señor. Al que no le debemos dar ninguna oportunidad es al diablo (Efesios 4:27). Dios te levanta como cristiano para que rompas el legado de rebeldía de tu familia en contra de Él, de modo que les dejes a las generaciones venideras un futuro brillante en Cristo. Lo que no eliminamos en el presente lo transferimos a la siguiente generación.

Oración modelo para los padres

Padre amado, en este momento me presento ante ti reconociendo mis pecados y los de mi familia. Te pido perdón por todo lo que hemos hecho en contra de tu voluntad.

Confieso que, sabiéndolo o no, hemos caído en delitos, idolatrías y corrupción de diversas formas. Reconozco que en el pasado hemos dado lugar al enemigo, participando algunos en prácticas ocultas y en todo aquello que tú aborreces. Nos hemos alejado de ti y como resultado hemos sufrido el peso de nuestras malas decisiones.

Hoy, me postro ante tu trono de gracia asumiendo como padre la responsabilidad por mi familia y reconociendo las disfunciones heredadas de mi familia de origen. Te pido perdón por todo lo malo hecho en el pasado y te ruego que nos liberes y nos restaures en este momento. Pongo delante de ti mi vida y la de mis hijos.

Dios, decido apartarme del pecado y consagrarme totalmente a ti. Perdona la iniquidad y la rebelión que hemos causado. Me arrepiento de mis delitos y mi desobediencia y te suplico que me liberes y me restaures. Transforma mi vida y la de mis seres queridos.

En este momento, en el nombre de Jesús, rompo con todo vínculo de pecado que se haya transmitido a través del comportamiento familiar. Todo lo que nos ha mantenido atados, todo lo que ha causado sufrimiento y dolor, derrótalo, Señor, y déjalo sin poder sobre nosotros. (En este momento, menciona cualquier situación específica que se haya repetido en tu familia: vicios, divorcios, enfermedades, fracasos, pobreza, etc.).

Con la autoridad que me has dado como padre, rechazo y echo fuera de mi vida y la de mis hijos todo pecado, toda influencia negativa y todo lo que no forme parte de tu voluntad para nosotros. Padre, tú nos hiciste aptos para participar en la herencia de los santos en luz y te pido que esa herencia se haga real en nuestras vidas.

Hoy me levanto con Cristo y busco dejar atrás toda atadura familiar, toda rebelión, toda iniquidad que haya afectado a mis hijos. Te pido que no repita las ataduras del pasado para que mis hijos no las hereden, sino que adquieran a través de mi guía como padre las virtudes de aquel que nos llamó de las tinieblas a su luz admirable.

Te doy gracias, Señor, porque tu obra y tu poder nos han hecho libres y hoy renovamos la decisión de caminar en tu propósito y bendición.

En el poderoso nombre de Jesús, amén.

VERSÍCULOS PARA REFLEXIONAR: 2 CORINTIOS 5:17; 1 PEDRO 1:3-5.

Preguntas de discusión

1. ¿Has notado alguna vez que ciertos patrones o dificultades se repiten de generación en generación en tu familia?
2. ¿Qué aspectos de sus vidas están dispuestos a cambiar para romper con esos patrones negativos?
3. ¿Cuáles son las áreas donde más necesitan la intervención de Dios?
4. La ignorancia solo se puede romper con el conocimiento de la verdad. ¿Están tú y tu familia creciendo en la Palabra de Dios en su vida cotidiana para evitar caer en la ignorancia y las prácticas contrarias a la voluntad de Dios?
5. ¿Hay costumbres, tradiciones o maneras de pensar que has heredado de tus padres y que no se alinean con los principios de Dios?
6. ¿Qué pasos puedes dar como padre para revisar y eliminar lo que no honra a Dios en tu familia?
7. ¿Hay situaciones pasadas, especialmente relacionadas con tus padres o abuelos, que necesitas perdonar para poder dejarlas atrás de una vez por todas?
8. ¿Cómo puedes empezar hoy a construir un legado de bendición en lugar de uno de maldición?
9. ¿Están orando juntos diariamente como matrimonio y familia?
10. ¿Qué cambios específicos puedes hacer en tus palabras diarias para fortalecer tu fe y restaurar tu hogar?

ORANDO...

PARA QUE OIGAN LA VOZ DE DIOS

Una de las responsabilidades principales que el Señor pone sobre los hombros de los padres creyentes es enseñar a sus hijos a escuchar y amar la voz de Dios. Aprender a escuchar la voz de Dios no es un privilegio para unos pocos «superespirituales», sino un llamado para todo su pueblo, sin distinciones. Jesús dijo:

> «Mis ovejas oyen Mi voz, Yo las conozco y me siguen» (Juan 10:27).

Dios desea hablar a nuestros hijos para darles a conocer cuánto los ama y cuáles son sus propósitos para sus vidas. Él no es un Dios distante ni silencioso; es un Padre que se deleita en hablar, guiar, corregir, consolar y afirmar la identidad de sus hijos y para hacerlo desea usarnos a nosotros los padres. Dios espera que tengamos los oídos dispuestos para oír su voz con claridad y sin dificultad para luego enseñar esa habilidad espiritual a nuestros hijos, con el fin de que ellos disfruten por sí mismos de esa enorme bendición.

El Señor le dijo a Israel:

> «Las enseñarás diligentemente a tus hijos, y hablarás de ellas cuando te sientes en tu casa y cuando andes por el camino, cuando te acuestes y cuando te levantes. Las atarás como una señal a tu mano, y serán por insignias entre tus ojos. Las escribirás en los postes de tu casa y en tus puertas» (Deuteronomio 6:7-9).

Es decir, debemos saturar nuestras vidas y nuestros hogares con la Palabra de Dios: cada conversación importante, cada decisión familiar, cada momento cotidiano (levantarse, acostarse, ir por el camino, sentarse a la mesa).

No queremos que nuestros hijos piensen que la voz de Dios se limita al domingo en la iglesia o a ciertos eventos «espirituales». Más bien, debemos mostrarles que Dios está presente y actuando todos los días y que no se mantiene en silencio. Dios siempre tiene algo que decirnos para cada experiencia de la vida; no hay área que su Palabra no pueda iluminar.

El gran desafío para los padres es que la Palabra de Dios no salga solo de nuestros labios, sino de lo profundo de nuestro corazón. Debe ser una verdad que ya hemos digerido, vivido y comprobado. No somos meros «parlantes religiosos», sino testigos vivos que, como dice Pedro:

> «...anuncian las virtudes de Aquel que los llamó de las tinieblas a Su luz admirable» (1 Pedro 2:9).

Salomón anima a los hijos a no descuidar la instrucción de sus padres. Pero deja claro que esa enseñanza no proviene de la mera experiencia humana, sino de Dios mismo:

> «Oigan, hijos, la instrucción de un padre,
> Y presten atención para que ganen entendimiento,
> Porque les doy buena enseñanza;
> No abandonen mi instrucción.
> Cuando yo fui hijo para mi padre,
> Tierno y único a los ojos de mi madre,
> Entonces él me enseñaba y me decía:
> "Retenga tu corazón mis palabras,
> Guarda mis mandamientos y vivirás.
> Adquiere sabiduría, adquiere inteligencia;
> No te olvides ni te apartes de las palabras de mi boca"»
> (Proverbios 4:1-5).

Salomón reconoce que la enseñanza que recibió es buena, un alimento que no debe desecharse. A su vez, él la transmite a la siguiente generación. Así debe ocurrir con nosotros: lo que recibimos de Dios, lo pasamos a nuestros hijos.

Cuando la Palabra está atesorada en el corazón, el oído espiritual se vuelve más sensible a la voz de Dios.

Jesús relacionó directamente la comunión con Él con la capacidad de oírlo:

«Ustedes no creen porque no son de Mis ovejas. Mis ovejas oyen Mi voz; Yo las conozco y me siguen» (Juan 10:26-27). El primer requisito para escuchar la voz de Dios es sencillo: debemos ser ovejas suyas.

¿Cómo saber si soy oveja? También es sencillo: pregúntate si lo estás siguiendo. No podré ser su oveja ni ser capaz de escucharlo y seguirlo si Él primero no abre mis oídos. Lo primero que debo oír de parte de Dios es el evangelio: las buenas noticias de Jesucristo, quien siendo Dios vino a dar su vida por nosotros en la cruz del Calvario, para pagar el precio de nuestros pecados y darnos una vida completamente nueva.

Desde el momento en que me arrepiento de mis pecados y le entrego mi vida al Señor, nazco de nuevo, me convierto en una nueva criatura, una oveja de su redil. Jesús le dijo a Nicodemo:

> «El que no nace de nuevo no puede ver el reino de Dios» (Juan 3:3).

Sin este nuevo nacimiento, el espíritu está muerto, desconectado de Dios e incapaz de oírlo. Esta es una de las primeras cosas que debemos explicar a nuestros hijos: escuchamos a Dios porque Él primero nos dio vida en Cristo.

Así como las ovejas se alimentan de pasto, las ovejas del Señor se alimentan de la Palabra de Dios, que es inmensamente nutritiva. Pablo reconoció que Timoteo fue alimentado espiritualmente desde niño:

> «Tú, sin embargo, persiste en las cosas que has aprendido y *de las cuales* te convenciste, sabiendo de quiénes *las* has aprendido. Desde la niñez has sabido las Sagradas Escrituras, las cuales te pueden dar la sabiduría que lleva a la salvación mediante la fe en Cristo Jesús» (2 Timoteo 3:14-15).

Dios ama hablar a su pueblo, y hay varias razones por las que lo hace:

- Para corregirnos. Nos muestra el pecado, los caminos equivocados o las actitudes que debemos abandonar.
- Para decirnos que nos ama. Afirma nuestra identidad como hijos amados.
- Para guiarnos. Nos muestra qué hacer, dónde ir, qué decisiones tomar.
- Porque le gusta hablar. Dios es un Dios relacional; le agrada tener comunión con sus hijos.

Por eso no basta con oír; es muy importante atender y responder a lo que Él dice.

La Biblia está llena de ejemplos de personas que escucharon la voz de Dios. Algunos obedecieron y fueron bendecidos; otros despreciaron lo que oyeron y sufrieron las consecuencias. Los hijos del sacerdote Elí, por ejemplo, despreciaron la voz del Señor y terminaron pagando con sus vidas (1 Samuel 2:22-25). En contraste, el joven Samuel escuchó la voz de Dios y respondió correctamente. La conclusión sobre su vida es poderosa:

> «Samuel creció, y el Señor estaba con él. No dejó sin cumplimiento ninguna de sus palabras» (1 Samuel 3:19).

Este contraste nos recuerda el enorme impacto que tiene cómo respondemos a la voz de Dios.

Impedimentos para oír la voz de Dios

Tomemos como ejemplo la parábola del sembrador. La semilla era buena, el sembrador perfecto; el problema estaba en el terreno, es decir, en el corazón que recibe la Palabra. Corazones duros, distraídos, superficiales o ahogados por las preocupaciones y los afanes resumen a la mayoría. Por eso Jesús advirtió:

> «Tengan cuidado de cómo oyen» (Lucas 8:18).

Nuestra responsabilidad como padres es ayudar a que el corazón de nuestros hijos esté apto y preparado para oír y recibir la Palabra de Dios. Algunos de los obstáculos más comunes son:

- **Un espíritu muerto**

Sin nuevo nacimiento no hay sensibilidad espiritual.
Sin arrepentimiento y fe en Jesucristo, la persona está muerta espiritualmente y desconectada de Dios, incapaz de oír.

- **Falta de familiaridad con Dios**

Jesús se levantaba muy de madrugada para estar con el Padre (Marcos 1:35).

La intimidad con Dios se cultiva a diario. Si casi nunca hablamos con Él ni abrimos su Palabra, su voz nos resultará extraña.

- **Demasiado ruido alrededor**

El salmo 46:10 (RVR1960) nos llama: «Estad quietos, y conoced que yo soy Dios».

Vivimos rodeados de ruidos: redes sociales, entretenimiento, amistades, trabajo, incluso ministerio. Juan, en Apocalipsis 1:12 (RVR1960), dijo: «Me volví para ver la voz»; él tuvo que volverse hacia donde Dios estaba. Para escuchar a Dios, necesitamos hacer pausas, apagar ruidos y volver nuestro corazón hacia Él.

- **Falta de intimidad con el Espíritu Santo**

En este tiempo, Dios nos habla por medio de su Espíritu (Juan 14:26). En Hechos vemos ejemplos claros:

- «El Espíritu dijo a Felipe: "Ve y júntate a ese carruaje"» (Hechos 8:29).
- «Mientras Pedro meditaba sobre la visión, el Espíritu le dijo...» (Hechos 10:19).
- «Y el Espíritu Santo me dijo que fuera con ellos sin dudar» (Hechos 11:12).
- «Mientras ministraban al Señor y ayunaban, el Espíritu Santo dijo: "Aparten a Bernabé y a Saulo..."» (Hechos 13:2).

Sin comunión con el Espíritu Santo, la voz de Dios se nos hará lejana.

- **No me gusta lo que voy a oír**

A veces queremos que Dios confirme lo que ya decidimos, no que nos corrija.

En Números 22 leemos la historia de Balaam, a quien no le agradó la respuesta de Dios, y siguió adelante con su locura hasta que el Señor tuvo que hablarle por medio de una burra. Debemos aprender a decir: «Señor, acepto tu voluntad por adelantado», aunque no siempre coincida con nuestros deseos.

- **Pecado sin confesar**

El salmista reconoció: «Si en mi corazón hubiese yo mirado a la iniquidad, el Señor no me habría escuchado» (Salmos 66:18).

El profeta Isaías recién pudo responder al llamado de Dios después de ser limpiado (Isaías 6). El pecado acariciado endurece el corazón y tapa los oídos espirituales. Necesitamos permitir que Dios quite de en medio aquello que se interpone entre Él y nosotros.

- **Dios ya habló... y está esperando obediencia**

En muchos casos, no es que Dios no diga nada nuevo, sino que ya nos habló y aún no obedecimos. A veces pedimos más dirección, pero el Señor está esperando que demos el siguiente paso con lo que ya nos mostró.

El corazón tiene «puertas de acceso» a través de los oídos y los ojos. Lo que nuestros hijos escuchan y ven continuamente moldea su sensibilidad hacia la voz de Dios. Por eso debemos:

- Cuidar lo que consumen (música, series, redes, conversaciones).
- Enseñarles momentos de silencio y quietud delante del Señor (Salmos 46:10).
- Mostrarles, con nuestro ejemplo, cómo buscamos la voz de Dios en oración y en la Palabra.

Dios abre su boca cuando nosotros abrimos nuestra Biblia. Ayudemos a nuestros hijos a disciplinarse en la lectura y el estudio de las Escrituras. Y recalquemos siempre que el propósito principal no es «saber mucha Biblia», sino conocer al Dios de la Biblia y aprender a reconocer su voz. Dios quiere hablarles a nuestros hijos. Quiere que sepan cuánto los ama, que conozcan su propósito y que aprendan a seguir a Jesús con oídos atentos y corazones obedientes. Como padres, pidamos la gracia de formar hijos que no solo oigan, sino que atiendan y respondan a la voz de Dios.

Oración modelo para los padres

Padre celestial, hoy me presento delante de ti para interceder por la vida de mis hijos.

Padre, tú has dicho que tu Palabra es lámpara a nuestros pies y lumbrera a nuestro camino. Te ruego que mis hijos amen las Escrituras, que encuentren deleite en leerlas y que las atesoren en su corazón. Que tu Palabra sea su alimento diario, la fuente de su sabiduría, corrección y dirección. Haz que en nuestro hogar se hable de ti cuando nos sentemos en casa, cuando andemos por el camino, cuando nos acostemos y cuando nos levantemos.

Perdóname cuando he sido un mal ejemplo o he descuidado mi responsabilidad de enseñar diligentemente tu Palabra. Dame la gracia de ser un testigo vivo, coherente con lo que predico, para que mis hijos vean en mí a alguien que escucha tu voz y la obedece. Que mis palabras y mi estilo de vida les muestren que tú estás presente y actuando cada día, y que no te mantienes en silencio.

Espíritu Santo, abre los oídos espirituales de mis hijos. Líbralos de un corazón duro, distraído o superficial. Guarda sus ojos y oídos de contenidos que ensucian, confunden y los alejan de ti. Enséñanos como familia a hacer pausas, a apagar los ruidos de este mundo y a estar quietos para conocerte. Que aprendan a distinguir tu voz por encima de todas las demás voces: la del miedo, la del orgullo, la de la presión social o la del enemigo.

Señor, que mis hijos no busquen que tú confirmes sus caprichos, sino que aprendan a decir: «Sí, Señor, acepto tu voluntad por adelantado». Que no vivan guiados por el azar, las emociones o la opinión de los demás, sino por tu Palabra y la dirección del Espíritu Santo. Revela tu voluntad en cuanto a su identidad, su carácter, sus amistades, su vocación, su futuro y tu llamado específico para sus vidas.

Padre, te ruego que en nuestra casa tu voz sea la más importante, la más respetada y la más obedecida. Que mis hijos lleguen a conocerte tan profundamente que ninguna voz extraña pueda seducirlos ni apartarlos de tu propósito. Haz de ellos hombres y mujeres que escuchan, aman y obedecen tu voz todos los días de su vida.

Todo esto te lo pido con gratitud y confianza, en el nombre de Jesucristo, mi Señor y Salvador. Amén.

VERSÍCULOS PARA REFLEXIONAR:
JUAN 10:27; ROMANOS 8:14.

Preguntas de discusión

1. ¿Qué crees que podría estar impidiendo que tus hijos deseen escuchar a Dios?
2. ¿Consideras que tus hijos están respondiendo de manera correcta a lo que Dios les dice?
3. ¿Cómo podemos ayudar a nuestros hijos a preparar su corazón para recibir la Palabra de Dios?
4. ¿Qué ejemplos de «ruido» en tu vida o en la vida de tus hijos pueden estar dificultando escuchar a Dios?
5. ¿Cómo podemos reducir este «ruido» a fin de crear espacio para su voz?
6. ¿Crees que eres lo suficientemente intencional en tu responsabilidad de enseñarles la Palabra de Dios a tus hijos?
7. ¿Qué cambios deberías hacer en tu vida para cultivar una relación más cercana con el Espíritu Santo?
8. ¿Cómo reaccionas cuando no te gusta lo que Dios te dice?
9. ¿Crees que hay pecado en tu vida que puede dificultar que escuches a Dios?
10. ¿Hay cosas en tu vida sobre las cuales Dios ya te ha hablado, pero todavía no has obedecido sus instrucciones?

ORANDO...

POR SU SALUD FÍSICA

La liberación del pueblo de Israel de Egipto es una de las expresiones más maravillosas del poder y del amor de Dios. El Señor mostró que el clamor, el dolor y la amargura de su pueblo no le eran indiferentes y que no los dejaría sin redención. El libro de Éxodo nos narra cómo el Señor coronó esa epopeya abriendo el mar Rojo para que su pueblo pasara en seco y cerrándolo sobre el ejército egipcio. Israel sería el pueblo del pacto. Dios mismo les dijo:

> «Los tomaré a ustedes por pueblo Mío, y Yo seré su Dios. Sabrán que Yo soy el Señor su Dios, que los sacó de debajo de las cargas de los egipcios» (Éxodo 6:7).

En ese pacto, el Señor no solo prometió liberación y provisión, sino también salud. Después de sacar a Israel de Egipto, les declara:

> «Si escuchas atentamente la voz del Señor tu Dios, y haces lo que es recto ante Sus ojos, y escuchas Sus mandamientos, y guardas todos Sus estatutos, no te enviaré ninguna de las enfermedades que envié sobre los egipcios. Porque Yo, el Señor, soy tu sanador» (Éxodo 15:26).

Y más adelante afirma:

> «Ustedes servirán al Señor su Dios. Él bendecirá tu pan y tu agua. Yo quitaré las enfermedades de en medio de ti» (Éxodo 23:25).

Bajo este pacto, Dios cuidó a su pueblo en el desierto de una manera sorprendente. El salmista lo resume así:

> «Los sacó con plata y oro;
> y no hubo en sus tribus enfermo» (Salmos 105:37, RVR1960).

Si esto fue verdad bajo el antiguo pacto, ¡cuánto más podemos confiar hoy bajo el nuevo pacto en Cristo, sellado con su sangre!

Un Dios que sana integralmente

Siglos después, el rey David seguía reconociendo a Dios como el gran sanador y benefactor de su pueblo:

> «Bendice, alma mía, al Señor,
> Y *bendiga* todo mi ser Su santo nombre.
> Bendice, alma mía, al Señor,
> Y no olvides ninguno de Sus beneficios.
> Él es el que perdona todas tus iniquidades,
> El que sana todas tus enfermedades;
> El que rescata de la fosa tu vida,
> El que te corona de bondad y compasión;
> El que colma de bienes tus años,
> *Para que* tu juventud se renueve como el águila» (Salmos 103:1-5).

Aquí vemos a un Dios que perdona y que sana, que cuida del alma y del cuerpo, que restaura y renueva. No es un Dios lejano, sino uno que «sana a los quebrantados de corazón y venda sus heridas» (Salmos 147:3). Cuando oramos por la salud de nuestros hijos, lo hacemos confiando en este mismo Dios: fiel, compasivo y poderoso para sanar en todas las áreas de la vida.

Jesús, cumplimiento de las promesas de sanidad

Durante el ministerio de Jesús, la sanidad divina fue una parte central de su obra. Él no solo predicaba, sanaba. No lo hacía para impresionar, sino para mostrar el corazón del Padre y confirmar que Él era el Mesías prometido. Mateo conecta las sanidades de Jesús con la profecía de Isaías:

> «Para que se cumpliera lo dicho por el profeta Isaías: "Él cargó con nuestras enfermedades y soportó nuestros dolores"» (Mateo 8:17, NVI).

Entre tantos milagros, el encuentro con el leproso es uno de los más conmovedores:

> «He aquí vino un leproso y se postró ante él, diciendo: «Señor, si quieres, puedes limpiarme». Jesús extendió la mano y le tocó, diciendo: «Quiero; sé limpio». Y al instante su lepra desapareció» (Mateo 8:2-3, RVR1960).

En ese breve diálogo se revela la voluntad de Dios: «Si quieres» —la pregunta del enfermo.

«Quiero; sé limpio» —la respuesta del Señor.

Gran parte del ministerio de Jesús fue así: perdonar pecados y sanar cuerpos. La salvación de Dios es una obra completa que toca al ser humano de manera integral. La palabra griega muchas veces traducida como «salvar» es *sōzō*, que significa ser salvo por completo: perdón de pecados, liberación, sanidad del cuerpo y del alma. En Cristo encontramos esa salvación total.

¿Cómo entró la enfermedad... y cómo entra la sanidad?

La Biblia enseña que la enfermedad entró al mundo a través del pecado: «Tal como el pecado entró en el mundo por medio de un hombre, y por medio del pecado la muerte...» (Romanos 5:12).

La desobediencia de Adán abrió la puerta al pecado, a la enfermedad y a la muerte. La creación fue afectada, y el ser humano perdió la perfección original. Sin embargo, Dios no nos dejó sin esperanza. La buena noticia es que Cristo vino a recuperar lo que se había perdido:

> «Él nos libró del dominio de las tinieblas y nos trasladó al reino de Su amado Hijo, en quien tenemos redención: el perdón de los pecados» (Colosenses 1:13-14).

Al iniciar su ministerio en Nazaret, Jesús leyó en la sinagoga:

> «El Espíritu del Señor está sobre Mí,
> Porque me ha ungido para anunciar buenas nuevas a los pobres;
> Me ha enviado a proclamar libertad a los cautivos,
> Y la recuperación de la vista a los ciegos;
> Para poner en libertad a los oprimidos;
> Para proclamar el año favorable del Señor» (Lucas 4:18-19).

Esta referencia al «año favorable del Señor» evoca el jubileo de Levítico 25, un tiempo de liberación, restauración y devolución. En Cristo, Dios nos da derecho a reclamar la vida que Él pensó para nosotros, incluyendo la sanidad de nuestros cuerpos.

Por eso Jesús nos enseñó a orar:

«Hágase Tu voluntad, así en la tierra como en el cielo» (Mateo 6:10).

En el cielo no hay enfermedad; al pedir que su voluntad se haga aquí, estamos pidiendo que su reino —con su salvación, paz y sanidad— se manifieste también sobre nuestras vidas y la de nuestros hijos.

Sanidad y voluntad de Dios

Es muy difícil que una persona reciba sanidad física si en el fondo duda de que sea la voluntad de Dios sanarla. La fe se activa cuando conocemos la voluntad del Señor. No podemos reclamar con valentía una promesa que no sabemos si Dios ha hecho. Solo podemos reclamar por fe aquello que sabemos que Él ha prometido. El proceso es simple:

1. Dios da una promesa.
2. Esa promesa, al ser creída, produce fe en el corazón.
3. Dios, fiel a su Palabra, cumple lo que ha dicho.

La sanidad divina, como expresión de la voluntad de Dios, no es una idea nueva. Está presente en el Antiguo Testamento, se amplía en el Nuevo y seguirá fluyendo hasta la consumación de los siglos.

Nuestro llamado como padres es conocer esas promesas, creerlas y enseñarlas a nuestros hijos, para que ellos también sepan acudir a Dios como su sanador.

Medios bíblicos por los que Dios sana

A lo largo de la Biblia vemos distintas maneras en que Dios extiende su sanidad. Todas apuntan al mismo origen: su gracia, y al mismo centro: Jesús.

1. ***La autoridad del nombre de Jesús***
   Jesús declaró:

> «Toda autoridad me ha sido dada en el cielo y en la tierra» (Mateo 28:18).

El Padre le dio el Nombre sobre todo nombre. Ese Nombre representa a la persona y a la autoridad de Jesús.

En Hechos 3 leemos cómo Pedro y Juan, al encontrarse con un cojo de nacimiento, le dicen:

> «No tengo plata ni oro, pero lo que tengo te doy: en el nombre de Jesucristo el Nazareno, ¡anda!» (Hechos 3:6).

Y el hombre fue sanado. Satanás y sus demonios deben reconocer esta autoridad. Como creyentes, ese Nombre nos ha sido dado para orar, reprender y pedir sanidad.

2. ***Orar al Padre en el nombre de Jesús***
   Jesús dijo:

> «Si piden algo al Padre en Mi nombre, Él se *lo* dará [...] pidan y recibirán, para que su gozo sea completo» (Juan 16:23-24).

Cuando oramos por la salud de nuestros hijos, lo hacemos al Padre, en el nombre de Jesús, confiando en su amor y en su poder.

3. ***Orar de común acuerdo***
   Jesús prometió:

> «Si dos de ustedes se ponen de acuerdo sobre cualquier cosa que pidan *aquí* en la tierra, les será hecho por Mi Padre que está en los cielos» (Mateo 18:19).

Como padres, podemos unirnos con otros hermanos y líderes espirituales para interceder por la sanidad de nuestros hijos, de acuerdo con la Palabra.

4. ***Unción con aceite***
   Santiago instruye a la iglesia:

«¿Está alguien entre ustedes enfermo? Que llame a los ancianos de la iglesia y que ellos oren por él, ungiéndolo con aceite en el nombre del Señor. Y la oración de fe restaurará al enfermo, y el Señor lo levantará» (Santiago 5:14-15).

El aceite no tiene poder en sí mismo, pero representa la presencia y la obra del Espíritu Santo. La oración de fe es la que sana; el acto de ungir expresa nuestra dependencia de Dios.

5. *Imposición de manos*
   Jesús dijo:

   «Sobre los enfermos pondrán las manos, y se pondrán bien» (Marcos 16:18).

La imposición de manos es un canal por medio del cual Dios comunica su poder sanador. No se trata de un gesto mágico, sino de un acto de obediencia y fe en sus promesas.

6. *Dones de sanidades*
   En 1 Corintios 12 se mencionan los dones de sanidades y la operación de milagros. Son manifestaciones sobrenaturales del poder de Dios a través de personas usadas por el Espíritu Santo. No son controlables ni manipulables; se manifiestan cuando Él quiere y como Él quiere. Pero su existencia nos recuerda que Dios sigue sanando hoy.

Fe para recibir la sanidad

La mejor manera de recibir sanidad es por medio de un conocimiento revelado: entender que, gracias al sacrificio de Cristo, la sanidad forma parte de lo que Él ganó en la cruz.

Isaías anuncia: «Ciertamente llevó él nuestras enfermedades, y sufrió nuestros dolores» (Isaías 53:4, RVR1960).

Y Pedro confirma: «Por Sus heridas fueron ustedes sanados» (1 Pedro 2:24).

Mientras exista duda en el corazón acerca de si es la voluntad de Dios sanar, será difícil disfrutar plenamente de esa gracia. Hebreos 11:6 nos recuerda: «Sin fe es imposible agradar *a Dios*. Porque es necesario que el que se acerca a Dios crea que Él existe, y que recompensa a los que lo buscan».

No se trata de «obligar a Dios» ni de manipularlo, sino de acercarnos con confianza a un Padre que ha revelado su corazón sanador y que nos invita a pedir, creer y descansar en su bondad.

Pasajes para meditar con tus hijos

A lo largo de la Biblia, Dios se revela como sanador. Algunos textos que puedes leer, orar y memorizar con tus hijos son:

- «Yo, el Señor, soy tu sanador» (Éxodo 15:26).
- «El Señor apartará de ti toda enfermedad» (Deuteronomio 7:15).
- «Señor, Dios mío, a Ti pedí auxilio y me sanaste» (Salmos 30:2).
- «Él es el que [...] sana todas tus enfermedades» (Salmos 103:3).
- «Envió Su palabra y los sanó» (Salmos 107:20).
- «Sana a los quebrantados de corazón» (Salmos 147:3).
- «Por Sus heridas hemos sido sanados» (Isaías 53:5).
- «El ladrón no viene sino para hurtar y matar y destruir; yo he venido para que tengan vida, y para que la tengan en abundancia» (Juan 10:10, RVR1960).
- «Jesús iba [...] sanando toda enfermedad y toda dolencia en el pueblo» (Mateo 4:23).

Estos versículos puedes usarlos como base para tus oraciones por la salud física de tus hijos, declarando la Palabra de Dios sobre sus cuerpos, sus mentes y su futuro.

Dios sigue siendo el mismo Dios que sanó a Israel en el desierto, que restauró al leproso, que levantó al cojo y que consoló a los quebrantados. Cuando oramos por la salud física de nuestros hijos, no lo hacemos desde el miedo, sino desde la confianza en un Padre que sabe, puede y quiere obrar en sus vidas.

Oración modelo para los padres

Padre bueno, hoy te entrego la vida de mis hijos y oro por su salud integral, tanto física como espiritual. Ayúdalos a entender que su cuerpo es el templo del Espíritu Santo y que deben cuidarlo con responsabilidad.

Te pido que traigas sanidad sobre toda enfermedad hereditaria que pueda afectar su cuerpo, cualquier mal funcionamiento o debilidad. Concédeles sanidad sobre cualquier problema físico que les afecte y te pido que si estuvieran enfermos, restaures su salud y fortaleza. Que toda enfermedad genética o congénita quede anulada en el nombre de Jesús.

Te suplico que les des conciencia de la libertad que les has dado para tomar decisiones saludables y que elijan cuidar lo que les has provisto por tu sola providencia. Ayúdalos a ser sabios al elegir su alimentación y a optar por realizar ejercicios que les permitan mantenerse en buen estado físico. Que tengan dominio propio y se alejen de hábitos que dañan sus cuerpos.

En el nombre de Jesús, no permitas ningún tipo de desorden alimenticio: bulimia, anorexia, compulsión por comer, gula, adicción a la comida chatarra, dietas destructivas y cualquier práctica que afecte su salud.

Ayúdalos a entender qué hábitos son dañinos para su salud y haz que se cuiden como tú deseas. Que recuerden siempre que sus cuerpos son templo de tu Espíritu Santo y que deben tratarlos con respeto. Que su identidad esté firmemente anclada en ti, sabiendo que lo que realmente atrae a las personas es su corazón y no su apariencia.

Bendigo a mis hijos con sabiduría y determinación para que amen y cuiden sus cuerpos, siendo conscientes de que estos finalmente le pertenecen a Dios.

En el nombre poderoso de Jesús, amén.

VERSÍCULOS PARA REFLEXIONAR: SALMOS 103:3; 1 CORINTIOS 6:19-20.

Preguntas de discusión

1. Dios nos dice que nuestro cuerpo es templo de Dios (1 Corintios 3:17). ¿Has sido responsable en lo que respecta a cuidar la salud y la alimentación de tus hijos?
2. Cuando tus hijos enferman, ¿corres al médico o primero los invitas a orar para buscar la sanidad de parte de Dios?

3. ¿Son tus hijos conscientes de que Dios sana de acuerdo con su voluntad, cuando quiere y de la manera que Él quiere?
4. ¿Cómo podrías enseñarles a tus hijos desde pequeños que la sanidad física es parte de las bendiciones prometidas por Dios?
5. ¿Qué diferencia puede hacer en la vida de tus hijos saber que Jesús vino para sanar tanto el cuerpo como el alma?
6. Pablo explica cómo la enfermedad llegó al mundo por el pecado, pero también nos dice que Jesús vino a restaurar lo que Adán perdió (Romanos 5:12). ¿Cómo puedes orar con confianza sabiendo que tenemos derecho a la sanidad gracias al sacrificio de Cristo?
7. ¿Cómo puedes ayudar a tus hijos a entender que, aunque a veces las sanidades tomen tiempo, la promesa de Dios sigue siendo válida?
8. ¿Qué tipo de oraciones puedes enseñarles para fortalecer su fe mientras esperan en Dios?
9. ¿Cómo puedes enseñarles a tus hijos que la sanidad no solo es física, sino también espiritual y emocional?
10. ¿Cómo puedes orar para que Dios sane no solo sus cuerpos, sino también sus corazones y mentes?

Versículos para profundizar en el tema

¿Qué dice la Biblia con respecto a la sanidad?

Yo soy el Señor Dios tu sanador.

- Éxodo 15:26
- Deuteronomio 7:15
- Deuteronomio 23:5
- Nehemías 13:2
- Salmos 30:2
- Salmos 29:11
- Salmos 41:2-3
- Salmos 91:10, 16
- Salmos 103:3
- Salmos 107:20
- Salmos 118:17
- Salmos 147:3
- Proverbios 4:10
- Proverbios 3:8

- Isaías 35:5
- Isaías 38:16
- Isaías 53:4; Isaías 53:10
- Isaías 57:19
- Jeremías 30:17
- Jeremías 33:6
- Yo quiero: Sé sano.
- Mateo 8:17
- Mateo 14:14
- Mateo 4:23
- Mateo 9:28-30
- Mateo 10:1
- Mateo 12:15
- Marcos 7:37
- Marcos 9:25; 11:23-24
- Marcos 16:18
- Lucas 4:18
- Lucas 9:11
- Lucas 10:19
- Lucas 13:12, 16
- Juan 10:10
- Juan 14:14

Orando...

PARA QUE AMEN LA OBRA DE DIOS

Dos de los casos más tristes en la Escritura se relacionan con hijos de sacerdotes que servían también en los asuntos de Dios como sus padres.

Nadab y Abiú eran hijos de Aarón, el primer sumo sacerdote, y sobrinos de Moisés, el líder de Israel. Ellos fueron testigos de las obras de Dios y reconocidos por el pueblo entre los líderes de Israel.

> «Y subió Moisés con Aarón, Nadab y Abiú, y setenta de los ancianos de Israel; y vieron al Dios de Israel. Debajo de sus pies *había* como un embaldosado de zafiro, tan claro como el mismo cielo. Pero Él no extendió Su mano contra los príncipes de los israelitas. Ellos vieron a Dios, y comieron y bebieron» (Éxodo 24:9-11).

¡Imaginen ustedes participar de tal visión celestial! Estos dos hombres jóvenes gozaron de ese momento sublime. Dios mismo los escogió como los primeros sacerdotes que servirían al Señor y al pueblo de Israel: «Entonces harás que se acerque a ti, de entre los israelitas, tu hermano Aarón, y con él sus hijos, para que me sirva como sacerdote: Aarón, *con* Nadab, Abiú, Eleazar e Itamar, hijos de Aarón» (Éxodo 28:1).

Lamentablemente, Nadab y Abiú pecaron contra Dios porque descuidaron el servicio que hacían al Señor. La historia dice que prepararon sus incensarios, pero «ofrecieron delante del SEÑOR fuego extraño, que Él no les había ordenado» (Levítico 10:1b). Ellos murieron en el acto producto de su pecado y fueron sustituidos por sus hermanos Eleazar e Itamar, quienes sirvieron al Señor por el resto de sus vidas.

El otro caso es el del sacerdote Elí y sus hijos Ofni y Finees. Ellos despreciaron el servicio al Señor y se aprovecharon impunemente de las ofrendas, tomando para sí lo que no les correspondía y actuando inmoralmente. Como consecuencia, «el pecado de los jóvenes era muy grande delante del SEÑOR, porque despreciaban la ofrenda del SEÑOR» (1 Samuel 2:17). Ofni y Finees murieron en batalla contra los filisteos y su padre murió al recibir la noticia de la muerte de sus hijos y enterarse de que el arca de Dios había sido tomada por los enemigos de Israel (1 Samuel 4). Entonces el Señor levantó al joven Samuel para cubrir el servicio dejado por Elí y sus hijos.

Estas dos historias nos estremecen como padres, porque lo que menos quisiéramos es que nuestros hijos se alejaran de Dios, actuaran contra sus mandamientos o abandonaran el servicio al Señor. Ahora ya no hay una casta sacerdotal como la de los hijos de Aarón o los levitas, sino que todos los cristianos somos «linaje escogido, real sacerdocio» (1 Pedro 2:9), habiendo sido designados por Dios para que le sirvamos como un cuerpo, donde cada uno de los cristianos cumple una función para el bien común (1 Corintios 12). Si nosotros hemos llevado a nuestros hijos a los pies de Cristo, entonces también debemos llevarlos a servir al Señor por el resto de sus vidas.

Ahora bien, es importante hacer una diferencia radical entre lo que es ser un creyente y un discípulo de Jesucristo. Somos creyentes o venimos a ser cristianos cuando el Señor nos presenta el evangelio, cambia nuestro corazón con la verdad, nos arrepentimos de nuestros pecados y lo confesamos como nuestro Señor y Salvador. Esta es la decisión más importante de nuestra vida, tal como lo dice Pablo: «Si confesares con tu boca que Jesús es el Señor, y creyeres en tu corazón que Dios le levantó de los muertos, serás salvo» (Romanos 10:9, RVR1960). Jesús resumió el llamado a la iglesia con las siguientes palabras:

> «Por tanto, id, y haced discípulos a todas las naciones, bautizándolos en el nombre del Padre, y del Hijo, y del Espíritu Santo; enseñándoles que guarden todas las cosas que os he mandado; y he aquí yo estoy con vosotros todos los días, hasta el fin del mundo» (Mateo 28:19-20, RVR1960).

Un creyente se convierte en discípulo cuando asume el compromiso de seguir a Jesús, aprendiendo sus mandamientos, modelando su carácter según el de Él y sirviéndole con todo el corazón. Jesús no vino a buscar seguidores, simpatizantes o fans. Vino a buscar gente que estuviera a su lado, lo reconociera como Señor y estuviera dispuesta a dar su vida por Él. Le entregamos nuestras vidas al Señor porque creemos lo que Jesús mismo dijo: «Si tratas de aferrarte a la vida, la perderás, pero si entregas tu vida por mi causa, la salvarás» (Mateo 16:25, NTV).

Nuestro amor por Dios nos debe llevar a amar a la familia de Dios en la que hemos sido admitidos por gracia (Efesios 2:19). La iglesia es la manifestación visible del cuerpo de Cristo en la tierra. Nos corresponde enseñar a nuestros hijos a comprometerse con una iglesia local, servir en ella y permitir que Dios establezca su reino a través de la contribución que hagan a su congregación.

Aunque es importante recalcar que un creyente debería convertirse en discípulo porque es el camino establecido por el Señor para su propio crecimiento espiritual, algunas veces los creyentes ven debilitado ese compromiso por diferentes razones. En primer lugar, no buscan ser discípulos porque piensan que la iglesia debe suplir sus necesidades. Solo están enfocados en recibir, en ser servidos. Por el contrario, el discípulo quiere que otros experimenten lo que ha vivido en Cristo y se enfoca más en dar que en recibir. Toda esta confusión se da porque después de su conversión no se ha expuesto realmente a las enseñanzas de Jesucristo a cabalidad:

> «En esto es glorificado Mi Padre, en que den mucho fruto, y *así* prueben que son Mis discípulos. Como el Padre me ha amado, *así* también Yo los he amado; permanezcan en Mi amor. Si guardan Mis mandamientos, permanecerán en Mi amor, así como Yo he guardado los mandamientos de Mi Padre y permanezco en Su amor.
>
> Estas cosas les he hablado, para que Mi gozo esté en ustedes, y su gozo sea perfecto. Este es Mi mandamiento: que se amen los unos a los otros, así como Yo los he amado. Nadie tiene un amor mayor que este: que uno dé su vida por sus amigos. Ustedes son Mis amigos si hacen lo que Yo les mando» (Juan 15:8-14).

Nosotros queremos y le pedimos a Dios que nuestros hijos sean verdaderos discípulos de Jesucristo. Ningún cristiano llega a edificarse realmente si solo permanece entre las multitudes anónimas. La multitud hoy está y mañana no. Uno de entre la multitud viene a la iglesia hoy, pero si mañana no viene, nadie se dará cuenta de su ausencia. Sin embargo, el verdadero discípulo está comprometido con Dios en lo que respecta a su tiempo, recursos, obediencia y servicio continuo, es decir, toda su vida. En algún momento tendremos que confrontar a nuestros hijos con esta pregunta que los llevará a tomar una decisión: «Hijo, ¿quieres ser uno más del montón o un discípulo de Jesucristo que influencie a su generación y las siguientes?».

Debemos enseñarles a nuestros hijos que algún día todos estaremos delante de Dios rindiendo cuenta de nuestra mayordomía y de qué hicimos con lo que Él nos entregó. Muchos van de iglesia en iglesia solo porque están interesados en recibir algo novedoso, entretenido o que les llame la atención. Sin embargo, los cristianos no debemos olvidar que cada iglesia local es una representación del cuerpo de Cristo, por lo tanto, los cristianos no saltamos de una congregación en otra para satisfacer nuestras necesidades, sino que nos quedamos en la iglesia local que el Señor tenga designada en su voluntad para nosotros, un lugar donde servirle y ser servido por la familia de Dios.

Es nuestra responsabilidad como padres poder enseñarles a nuestros hijos a permanecer y dar fruto en la iglesia local en donde Dios los ha puesto. Para poder permanecer en esa iglesia, no solo es necesario que veamos lo que ella nos brida, como por ejemplo una predicación que sea acorde con el mensaje de la Biblia, una adoración que reconozca la grandeza y la obra de nuestro Dios, y ministerios que sirvan para la edificación del pueblo en sus diferentes situaciones y edades. Muchos se quedan o se van de la iglesia por esos factores, pero se olvidan de que también hay condiciones personales que necesitamos considerar y que debemos exhortar a nuestros hijos a desarrollarlas en sus vidas.

Uno de los cambios esenciales que el Señor dijo que se producirían en sus discípulos es la capacidad de negarse a uno mismo. Esta negación tiene que ver con la liberación de la arrogancia y el egoísmo que puebla nuestro corazón, pero por sobre todo tiene como objetivo que podamos ser imitadores de Jesucristo y seamos modelados por su carácter.

> «Entonces Jesús dijo a sus discípulos: Si alguno quiere venir en pos de mí, niéguese a sí mismo, y tome su cruz, y sígame. Porque todo el que quiera salvar su vida, la perderá; y todo el que pierda su vida por causa de mí, la hallará. Porque ¿qué aprovechará al hombre, si ganare todo el mundo, y perdiere su alma? ¿O qué recompensa dará el hombre por su alma?» (Mateo 16:24-26, RVR1960).

Jesús está haciendo un llamado que no es popular en nuestro tiempo. Está exhortándonos a decirle «no» a nuestros deseos y agenda personal.

La palabra griega que se traduce como «vida» se refiere al alma: el asiento de los sentimientos, deseos y emociones. Esto significa que ya no somos más motivados y controlados por el «yo quiero», «yo siento» o «yo pienso». Estas cosas controlan y motivan al hombre y la mujer que no tienen comunión con Dios, cuyos corazones no han sido cambiados.

Debemos crucificar esa vieja naturaleza de pecado para que podamos vivir en obediencia a la Palabra. «Tomar la cruz» es una frase que también expresa nuestra decisión de aceptar, sin duda y con gozo, todas las dificultades que puedan surgir por ser un seguidor de Cristo. Tomar nuestra cruz implica hacer la voluntad de Dios y no la nuestra, porque la del Señor es buena, agradable y perfecta (Romanos 12:2).

Podemos asistir a muchos servicios en la iglesia y a conferencias, leer cantidad de libros, escuchar a los mejores predicadores y pasar por un sinnúmero de liberaciones, pero todavía así no cambiar ni dar fruto. El problema radica en que para dar mucho fruto debemos morir, como el grano de trigo. Jesús lo explicó así: «De cierto, de cierto os digo, que si el grano de trigo no cae en la tierra y muere, queda solo; pero si muere, lleva mucho fruto» (Juan 12:24, RVR1960). Puedes darte cuenta de cómo Jesús enfatiza esta idea con el doble «de cierto», que es la palabra en griego «amén», lo cual significa que lo que estaba diciendo es de absoluta confianza y seguridad. Por lo tanto, así como una semilla muere en la tierra para volver a tener una vida multiplicada, también los cristianos para ver la obra de Dios en nosotros debemos morir a nosotros mismos para resucitar y que la vida gloriosa de Jesucristo se manifieste por completo.

> «Con Cristo estoy juntamente crucificado, y ya no vivo yo, mas vive Cristo en mí; y lo que ahora vivo en la carne, lo vivo en la fe del Hijo de Dios, el cual me amó y se entregó a sí mismo por mí» (Gálatas 2:20, RVR1960).

Oración modelo para los padres

Padre nuestro, no me cansaré nunca de darte gracias por cada uno de mis hijos (menciona sus nombres). Sé que tú los enviaste al mundo con un gran ministerio y propósito.

Quisiera pedirte específicamente hoy que ellos se apasionen por tu obra. Que te glorifiquen y te hagan brillar dondequiera que los llames a servirte. Que entiendan que su primer ministerio es glorificarte y servirte. Líbralos de la religiosidad y la tibieza. Te pido que hagan uso de sus dones, talentos y recursos con el fin de que tu reino se extienda aquí en la tierra.

Haz que ellos entiendan desde temprana edad que deben comprometerse con la comunión y el servicio en su iglesia local. Revélales el lugar en el ministerio en que los quieres para servir a tu reino. Permíteles descubrir los dones que les has dado y que desarrollen los talentos que les has regalado para glorificarte y servirte con excelencia y esfuerzo.

Oro para que sean la mano derecha de sus pastores y líderes. Que nunca anden saltando de congregación en congregación, sino que amen y se sientan parte de la familia de su iglesia local. Líbralos de ser usados por el enemigo para traer división a sus iglesias y causarles quebrantamiento a sus pastores y líderes.

Te pido que sus vidas sean instrumentos útiles en tus manos para esta generación y que tu nombre sea conocido en el mundo por medio de ellos. En el nombre de Jesús, amén

VERSÍCULOS PARA REFLEXIONAR:
ROMANOS 12:6-8; 1 CORINTIOS 12:4-7; 1 PEDRO 4:10.

Preguntas de discusión

1. ¿Te consideras a ti mismo un verdadero discípulo activo del Señor?
2. ¿Ven tus hijos que realmente estás comprometido con tu iglesia local o es simplemente un lugar al cual vas cuando puedes y que has cambiado muchas veces?
3. ¿Has contribuido esforzadamente al establecimiento del reino de Dios a través de tu iglesia local?
4. ¿Qué crees que pasaría con tu iglesia local si todos los miembros tuvieran tu nivel de compromiso e involucramiento?
5. ¿Cómo crees que pudieras ayudar a tus hijos a profundizar su compromiso con la iglesia local y a amar la obra de Dios?
6. ¿Podrán señalar tus hijos y nietos una contribución específica que has dejado al reino a través de tu servicio al Señor?
7. ¿Qué cambios necesitas hacer en tu propia vida para ser un ejemplo de discípulo para tus hijos?

8. ¿Cómo puedes enseñarles a tus hijos a aceptar la voluntad de Dios y ser obedientes a su llamado aunque eso implique sacrificios personales?
9. ¿Has ayudado a tus hijos a comprender que para vivir una vida plena en Cristo deben renunciar a sus propios deseos y vivir para Él?
10. ¿Qué cambios pueden hacer como familia para asegurarse de que todos estén comprometidos con la obra de Dios y que tus hijos no vean a la iglesia como un lugar al que solo van cuando lo necesitan, sino como una comunidad en la que conviven, sirven y crecen?

ORANDO...

PARA QUE HABLEN LA VERDAD

La mentira se instaló en las mentes y los corazones humanos desde el momento en que Adán y Eva escucharon a la serpiente tergiversar lo que Dios les había dicho con tanta claridad. El Señor les había dicho: «De todo árbol del huerto podrás comer, pero del árbol del conocimiento del bien y del mal no comerás, porque el día que de él comas, ciertamente morirás» (Génesis 2:16-17). El enemigo de la humanidad distorsionó la verdad de Dios y la convirtió en una pregunta mentirosa: «¿Conque Dios les ha dicho: "No comerán de ningún árbol del huerto"?» (Génesis 3:1b).

La mentira del diablo hizo que la frase de Dios «de todo árbol» pasara a convertirse en «de ningún árbol». No era una media verdad, ni tampoco una mentira piadosa, sino el horrendo engaño que hizo que la primera pareja cayera en un espiral de falsedades que terminó con la mentira más inmensa y devastadora que la humanidad pudo creer: «Dios sabe que el día que de él coman, se les abrirán los ojos y ustedes serán como Dios» (Génesis 3:5). Ellos creyeron esa mentira, fueron incrédulos y desobedientes a la verdad, y entonces el pecado y la muerte se apoderaron de la humanidad.

A los humanos nos cuesta hablar la verdad, pero se nos hace muy fácil mentir. Solemos pensar equivocadamente que una mentira puede salvarnos de muchos problemas. La mentira fluye de un corazón engañoso y perverso que no ignora la verdad, sino que se rebela ante ella porque le pertenece a Dios. El rey David describe así las palabras de los hombres y mujeres de todos los tiempos:

> «Tu lengua trama destrucción
> Como afilada navaja, oh artífice del engaño.
> Amas el mal más que el bien,
> La mentira más que decir lo que es justo.
> Amas toda palabra destructora,
> Oh lengua de engaño» (Salmos 52:2-4).

Esa es nuestra realidad, porque en todo corazón sin Dios prevalecerá la mentira. El apóstol Pablo lo explica con las siguientes palabras:

> «Pues aunque conocían a Dios, no lo honraron como a Dios ni *le* dieron gracias, sino que se hicieron vanos en sus razonamientos y su necio corazón fue entenebrecido [...] Porque ellos cambiaron la verdad de Dios por la mentira, y adoraron y sirvieron a la criatura en lugar del Creador, quien es bendito por los siglos. Amén» (Romanos 1:21, 25).

Nuestra realidad natural está llena de oscuridad y mentira. Sin embargo, cuando vino Jesucristo hace más de dos mil años, el apóstol Juan nos dice que «el Verbo se hizo carne, y habitó entre nosotros, y vimos Su gloria, gloria como del unigénito del Padre, lleno de gracia y verdad» (Juan 1:14). Jesús no solo vino trayendo la verdad, sino que vino lleno de ella. Y no solo eso, sino que Él mismo afirmó: «Yo soy el camino, la verdad y la vida; nadie viene al Padre sino por Mí» (Juan 14:6).

Jesús sabía muy bien que éramos esclavos de nuestras propias mentiras y por eso nos dijo claramente que la verdad nos haría libres (Juan 8:32). Sin embargo, no se trata de que simplemente encontremos la verdad escondida en algún rincón de nuestros corazones. Eso no es lo que la Biblia enseña. Ya vimos que el engaño resulta natural para la humanidad. Entonces, con el fin de encontrar la verdad necesitamos ser enseñados en la verdad, y no solo eso, sino que necesitamos hacer valer la verdad para poder dejar la mentira atrás.

Lo primero que debemos saber es que no solo «hablamos» mentiras, sino que «practicamos» la mentira. Hablar y practicar mentiras esclaviza en vez de libertar. Por eso Jesús dice: «En verdad les digo que todo el que comete pecado es esclavo del pecado [...] Así que, si el Hijo los hace libres, ustedes serán realmente libres» (Juan 8:34, 36). Jesucristo nos hace libres de nuestras mentiras cuando nos arrepentimos y creemos que Él pagó por ellas en la cruz del Calvario.

Lo segundo que debemos saber es que la Palabra de Dios es la verdad y que nosotros, como padres, debemos dedicarnos con diligencia a llenar nuestro corazón con la verdad de Dios para que no haya lugar para las mentiras humanas. Nos toca obedecer a Jesús cuando dijo: «Si ustedes permanecen en Mi palabra, verdaderamente son Mis discípulos; y conocerán la verdad, y la verdad los hará libres» (Juan 8:31b-32).

Es nuestra responsabilidad darles a conocer a nuestros hijos la verdad que hemos aprendido en las Escrituras y además enseñarlos a llenar sus corazones con tal verdad divina, para que así cuiden el poder de sus palabras y hablen verdad en cuanto a sí mismos y los demás.

Debemos aprender a hablar en el lenguaje de Dios que está revelado en la Biblia. Tenemos muchas ideas aprendidas de la cultura, el pensamiento popular o nuestros propios pensamientos creados en lo profundo de nuestro corazón. Eso significa que nos mentimos o aceptamos muchas mentiras acerca de nuestras circunstancias y familias. Existe tanta confusión a nuestro alrededor que debemos orar como el salmista: «No quites de mi boca en ningún tiempo la palabra de verdad, porque en tus juicios espero» (Salmos 119:43, RVR1960). No debemos confiar en las opiniones, valoraciones o veredictos humanos, sino en los juicios de Dios, que siempre serán justos y verdaderos.

El diablo, como lo hizo al principio con Adán y Eva, busca constantemente usar situaciones de nuestra vida para que nos esclavicemos de nuevo a las mentiras que suele crear, porque él es el padre de la mentira (Juan 8:44). Por lo general, en situaciones de debilidad emocional, enojo, rencor o tristeza, aprovecha nuestra vulnerabilidad para llevarnos a pensar cosas negativas o engañosas sobre nosotros mismos o nuestros seres queridos. El problema es que esos pensamientos negativos y engañosos se convierten en palabras hirientes y oscuras que nos dañan y afectan a las personas que están a nuestro alrededor. Tanto Salomón como nuestro Señor Jesucristo tienen consejos muy oportunos con respecto a la forma en que nos expresamos:

> «El que guarda su boca, preserva su vida;
> El que mucho abre sus labios, termina en ruina» (Proverbios 13:3).

> «Pero Yo les digo que de toda palabra vana que hablen los hombres, darán cuenta de ella en el día del juicio. Porque por tus palabras serás justificado, y por tus palabras serás condenado» (Mateo 12:36-37).

Nunca olvides que cada vez que abrimos nuestra boca, estamos sembrando vida o muerte en nosotros y en nuestros seres queridos. A las palabras no se las lleva ningún viento. Por el contrario, nuestras palabras darán fruto de vida o muerte. Debemos prestar más atención a la manera en la que se expresan nuestros hijos sobre ellos mismos y las situaciones que viven, pues muchas veces se hacen daño con comentarios inadecuados. Veamos algunos ejemplos de engaños autoimpuestos.

Palabras engañosas con relación a terceras personas

- Sin ti me muero.
- Sin ti mi vida no tiene sentido.
- Nunca seré feliz con otra persona.
- Prefiero morir a vivir sin ti.
- Nunca podré amar a nadie más.

Palabras engañosas en cuanto al fracaso personal

- Yo no puedo.
- Nadie me quiere.
- Todos me rechazan.
- No sirvo para nada.

Palabras engañosas en el área emocional

- Estoy volviéndome loco.
- No puedo aguantar más.

Palabras engañosas sobre la salud

- Cuando hay un virus rondando, yo siempre lo encuentro.
- Probablemente voy a ser el próximo.
- En mi familia todos mueren de ____________________.

Palabras engañosas acerca del matrimonio y la vida familiar

- Mi papá me dijo que mi esposa va a dejarme.
- Siempre sabía que mi esposo iba a encontrar otra mujer.
- En nuestra familia siempre peleamos como perros y gatos.

Palabras engañosas con respecto a las finanzas

- Nunca me alcanza el presupuesto, mi padre era igual.
- No gano suficiente para diezmar.
- En mi familia nunca nadie tuvo nada.
- Siempre fuimos pobres y siempre lo seremos.
- Nunca saldremos de las deudas.

Estas palabras engañosas suelen producir mucho daño, ya que son mentiras que nunca confrontamos con la verdad de Dios. Para liberarse de las palabras falsas que esclavizan el alma debemos aferrarnos a las palabras de verdad que Dios ha pronunciado y que nunca dejarán de ser, porque son eternas. El gran consejo de Pablo es la mejor conclusión para esta reflexión:

> «Así que dejen de decir mentiras. Digamos siempre la verdad a todos porque nosotros somos miembros de un mismo cuerpo [...] No empleen un lenguaje grosero ni ofensivo. Que todo lo que digan sea bueno y útil, a fin de que sus palabras resulten de estímulo para quienes las oigan» (Efesios 4:25, 29, NTV).

Oración modelo para los padres

Amado Padre celestial, vengo delante de ti reconociendo que tú eres Dios de verdad y que no hay mentira en ti. Hoy quiero pedirte perdón por todas las palabras equivocadas, negativas o mentirosas que he pronunciado sobre mi vida, sobre mi familia y sobre mis hijos (menciona sus nombres). Perdóname por haber hablado conforme a mis emociones, al temor o a la cultura de este mundo, y no conforme a tu Palabra. Te ruego que anules todo efecto de esas palabras que no estuvieron de acuerdo con la verdad de Cristo.

Señor Jesús, tú eres el camino, la verdad y la vida. Te pido que tu verdad gobierne nuestra casa. Renuncio a toda mentira que haya creído sobre mí mismo, sobre mis hijos, sobre nuestro futuro, nuestras finanzas, nuestra salud y nuestra familia. Elijo hoy creer lo que tú dices y no lo que el enemigo, mis emociones o las circunstancias quieren imponer.

Padre, oro especialmente por el corazón y la boca de mis hijos. Tu Palabra dice que de la abundancia del corazón habla la boca. Te ruego que limpies sus corazones de toda mentira, engaño, resentimiento, amargura, baja autoestima, miedo y confusión. Arranca de raíz toda semilla de mentira que el enemigo haya logrado sembrar en ellos, ya sea a través de palabras escuchadas, experiencias dolorosas o pensamientos repetidos.

Espíritu Santo, tú eres el Espíritu de verdad. Te pido que guíes a mis hijos a toda verdad. Enséñales a discernir la voz del enemigo que miente, acusa y distorsiona, y la voz de Jesús que afirma, corrige y libera. Cuando aparezca una mentira en su mente —del tipo «no valgo», «nadie me quiere», «nunca podré», «siempre seré así»— haz que tu verdad resuene con fuerza en su interior y la derribe.

Señor, pon un freno en sus labios. Que tus ojos estén atentos a cada palabra que ellos dicen. Te pido que sus bocas no sean instrumentos de destrucción, chisme, queja, grosería, burla o crítica, sino canales de bendición, ánimo y esperanza. Que aprendan a guardar su boca para preservar su vida.

Que mis hijos amen la verdad más que quedar bien, más que evitar un problema, más que satisfacer un impulso. Líbralos de la costumbre de mentir, de exagerar, de manipular, de aparentar. Que comprendan que decir la verdad agrada tu corazón y trae verdadera libertad.

Señor, enséñanos como familia a hablar el lenguaje de tu Palabra. Que en nuestra casa se escuchen declaraciones llenas de fe y no de derrota, de gratitud y no de queja, de bendición y no de maldición. Ayúdame a ser ejemplo para ellos: que yo hable verdad, me arrepienta cuando falle, pida perdón cuando hiera y modele con mi vida lo que les enseño con mis labios.

Padre, que mis hijos sean conocidos como personas veraces, confiables, íntegras, cuyos labios reflejen el carácter de Cristo. Que sus palabras traigan vida donde haya muerte, luz donde haya oscuridad y paz donde haya contienda. Que todo lo que digan sea bueno y útil, de manera que resulte de edificación para quienes los escuchen.

Te doy gracias, Señor, porque en Jesús ya nos has hecho libres de la esclavitud del pecado y de la mentira. Hoy declaro por fe que mi casa te pertenece, y que tú levantarás en esta generación hijos e hijas que aman la verdad, hablan la verdad y caminan en la verdad.

En el poderoso nombre de Jesús, la Verdad hecha carne, oro y te doy gracias. Amén.

VERSÍCULOS PARA MEMORIZAR:
PROVERBIOS 18:21; MATEO 12:36-37; 1 PEDRO 3:10-12.

Preguntas de discusión

1. ¿Están influyendo las palabras que usan en la casa de manera positiva o negativa sobre tus hijos?
2. ¿Has reconocido algunas palabras engañosas autoimpuestas mencionadas en este capítulo que tus hijos o tú digan continuamente?
3. ¿Qué hábitos de comunicación en tu familia pueden estar llevando a tus hijos a hablar de manera negativa sobre sí mismos o los demás? (queja, crítica, chisme, murmuración).
4. ¿Abunda en tu casa la Palabra de Dios a través de la música, la lectura de la Biblia y las conversaciones edificantes?
5. Cuando tus hijos se sienten frustrados o tristes, ¿les hablas de sus emociones y de qué manera construyen o destruyen sus palabras?
6. ¿Tienen como familia un momento para orar juntos a fin de romper con los patrones de mentiras autoimpuestas y proclamar las verdades de Dios sobre sus vidas?
7. ¿En qué áreas de tu propia vida debes cambiar la forma en que hablas sobre tus circunstancias, finanzas, salud o familia?
8. ¿Estás hablando más sobre tus problemas o hablando de ellos al Padre en el nombre de Jesús?
9. ¿Estás hablando con esperanza sobre el futuro de tus hijos o permitiendo que las circunstancias presentes dicten tus palabras sobre ellos?
10. ¿Estás enseñando a tus hijos que, a través de sus palabras, pueden traer sanidad y bendición, en lugar de maldición o destrucción?

ORANDO...

PARA QUE TOMEN BUENAS DECISIONES

Tomar decisiones es una de las prácticas más comunes y también de las más difíciles que enfrentan todos los seres humanos. Desde muy pequeños nos vemos envueltos en la encrucijada de comernos una o dos galletas, de obedecer a mamá o seguir viendo televisión. La vida avanza y las decisiones se van volviendo más complejas y determinantes, y sus efectos recaen no solo sobre nosotros, sino también sobre los que nos rodean.

Los animales, a diferencia de los humanos, son instintivos, es decir, sus conductas son automáticas, programadas biológicamente, y solo responden a un deseo innato y vital de sobrevivir. Los animales no necesitan de un aprendizaje previo, no dudan ni procuran caminos alternativos, solo buscan el alimento que su cuerpo reclama, la posibilidad de apareamiento y huir del peligro que ponga en riesgo sus vidas. En el mismo sentido, estos comportamientos son idénticos en todos los animales de una misma especie.

Por el contrario, las personas toman un promedio de 35.000 decisiones durante el día, aunque tan solo son completamente conscientes de una pequeña parte de ellas.[1] Concretamente, nuestro cerebro toma el 99,74 % de las decisiones de manera automática, es decir, sin que seamos conscientes de ellas en realidad. Esa gran cantidad de decisiones son más bien rutinarias y repetitivas, por lo que no tienen un valor mayor. La importancia del otro 0,26 % de las decisiones radica en el hecho de que son decisiones conscientes que requieren conocimiento, racionalidad, recuerdos, emociones, valores, ética, sentido de responsabilidad, cálculos a futuro y una disposición de la voluntad para poder tomarlas. Las decisiones que tomamos hacen que nos diferenciemos radicalmente unos de otros, ya que esas determinaciones particulares siempre harán que los resultados sean diversos y variables.

---

1. https://www.clarin.com/internacional/ocurre-cerebro-toman-decisiones-experto-harvard_0_HVxV8TU5MS.html.

Las Escrituras nos muestran a muchos hombres y mujeres tomando decisiones buenas y malas que cambian radicalmente sus vidas. Lot, el sobrino de Abraham, creció hasta hacerse un hombre poderoso bajo el amparo de su tío. Sin embargo, cuando pudo tomar sus propias decisiones, lo hizo pensando solo en sus propios intereses, sin tener consideración con su tío ni tampoco pensar en el impacto moral en su propia vida y la de su familia. La Biblia nos cuenta que escogió a Sodoma como lugar de residencia, y lo último que sabemos de este hombre que tuvo muchos bienes y riquezas es que perdió a su esposa, sus hijas tomaron decisiones inmorales e incestuosas y terminó habitando en una cueva (Génesis 19:30).

Es indudable que nuestras decisiones importan y tienen un peso innegable sobre nuestro presente y futuro. El joven rico estuvo muy cerca de Jesús, pero cuando el Señor le ordenó tomar una decisión radical, «se fue triste, porque era dueño de muchos bienes» (Mateo 19:22). Por el contrario, Zaqueo, un recaudador de impuestos corrupto, tuvo un encuentro con Jesús y tomó una decisión que nadie creía posible. «Zaqueo, puesto en pie, dijo a Jesús: "Señor, la mitad de mis bienes daré a los pobres, y si en algo he defraudado a alguien, *se lo* restituiré cuadriplicado"» (Lucas 19:8).

Los proverbios son justamente frases instructivas muy cortas que están marcadas por una decisión fundamental que se debe tomar. El Señor nos encuentra en la encrucijada del camino, donde podemos escoger ir a la derecha o a la izquierda, tomar el sendero de la sabiduría o el de la necedad. Por ejemplo, muchos tienen deseos de conseguir grandes cosas en la vida, pero nunca se esfuerzan lo suficiente para alcanzarlas:

> «El alma del perezoso desea mucho, pero nada *consigue*,
> Sin embargo, el alma de los diligentes queda satisfecha»
> (Proverbios 13:4).

Todo el libro de Proverbios es un gran manual que nos prepara para tomar decisiones que nos hagan sabios y nos permitan alejarnos de nuestra propia necedad. Tenemos que ejercitarnos en el conocimiento de la Palabra de Dios a fin de lograr que las buenas decisiones sean tomadas casi de forma automática debido a que estamos ejercitados en la verdad. Debemos lograr que hacer lo correcto —como por ejemplo, obedecer a Dios, leer la Biblia y orar— sea algo a lo que estemos tan acostumbrados que resulte casi como respirar.

La vida está conformada por decisiones, porque hoy somos el fruto de lo que decidimos ayer. Si queremos un mejor futuro, debemos elegir hoy lo mejor. Y lo mejor para nosotros no es simplemente lo que nuestro corazón desea, como tanto anuncia la cultura popular. Somos seres humanos finitos que nos equivocamos, pecamos y muchas veces tenemos los valores trastocados y hasta la conciencia endurecida. Por eso, con el fin de tomar las mejores decisiones, tenemos que buscar a nuestro Hacedor para escuchar su voz y sus recomendaciones.

> «Él te ha declarado, oh hombre, lo que es bueno.
> ¿Y qué es lo que demanda el Señor de ti,
> Sino solo practicar la justicia, amar la misericordia,
> Y andar humildemente con tu Dios?» (Miqueas 6:8).

Dios no quiere jugar a la suerte con nosotros. Él nos ha dejado su Palabra para mostrarnos claramente el camino por el que debemos andar y las mejores decisiones que debemos tomar. En Dios está la sabiduría para una vida buena, y en nosotros debe haber la disposición a obedecer y seguir el camino que nos manda transitar.

> El Señor dice: «Te guiaré por el mejor sendero para tu vida;
> te aconsejaré y velaré por ti.
> No seas como el mulo o el caballo, que no tienen entendimiento,
> que necesitan un freno y una brida para mantenerse controlados».
> Muchos son los dolores de los malvados,
> pero el amor inagotable rodea a los que confían en el Señor»
> (Salmos 32:8-10, NTV).

Muchos se preguntan cómo tomar decisiones que estén de acuerdo a la voluntad de Dios en el futuro. La respuesta es muy sencilla, simplemente debes estar haciendo la voluntad de Dios en el presente. La voluntad de Él para tu vida es que lo obedezcas. En otras palabras, cuando vivimos en obediencia dentro de los parámetros establecidos por Dios en su Palabra, estaremos encaminados en su perfecta voluntad.

Nosotros somos seres finitos que vivimos sometidos al tiempo lineal de 24 horas por día y 365 días al año. Dios no nos mostrará el camino completo debido a nuestra pequeñez y temporalidad. Sin embargo, sí podemos depender de Él, porque es el mismo ayer, hoy y siempre (Hebreos 13:8). Es decir, Dios nunca te dará un mapa para que transites solo, sino que tendrás una relación con Él bajo la promesa de que te acompañará todos los días de tu vida. Más que conocer el futuro, Dios quiere que lo conozcas a Él. La fe no significa conocer el futuro, sino que más bien implica confiar en aquel que controla el futuro.

Santiago nos ofrece una enseñanza muy práctica que nos permite ver cómo podemos exhibir en la vida el hecho de buscar tomar decisiones de acuerdo con la voluntad de Dios.

> «Oigan ahora, ustedes que dicen: "Hoy o mañana iremos a tal o cual ciudad y pasaremos allá un año, haremos negocio y tendremos ganancia". Sin embargo, ustedes no saben cómo será su vida mañana. *Solo* son un vapor que aparece por un poco de tiempo y luego se desvanece.
>
> Más bien, *debieran* decir: Si el Señor quiere, viviremos y haremos esto o aquello. Pero ahora se jactan en su arrogancia. Toda jactancia semejante es mala. A aquel, pues, que sabe hacer *lo* bueno y no lo hace, le es pecado» (Santiago 4:13-17).

Siempre que le preguntemos a Dios acerca de su voluntad, debemos considerar algunos puntos esenciales. En primer lugar, es importante que estés sumergido de forma habitual en la Palabra de Dios. Muchos se desesperan en el último momento y abren sus Biblias buscando la respuesta que necesitan en el siguiente minuto. Esa nunca será una buena práctica para encontrar la voluntad de Dios. Buscar al Señor todos los días y aprender a escuchar su voz y reconocer su carácter es fundamental en nuestra vida.

En segundo lugar, es importante que pidamos en oración un constante deseo por hacer la voluntad de Dios (Salmos 119:10). Esta oración debe ir acompañada de una entrega personal y un anhelo por sujetarse a la Palabra de Dios. Sin duda, el apóstol Pablo dio el consejo más certero con respecto a cómo hacer la voluntad de Dios.

> «Por tanto, hermanos, les ruego por las misericordias de Dios que presenten sus cuerpos *como* sacrificio vivo y santo, aceptable a Dios, *que es* el culto racional de ustedes. Y no se adapten a este mundo, sino transfórmense mediante la renovación de su mente, para que

verifiquen cuál es la voluntad de Dios: lo que es bueno y aceptable y perfecto» (Romanos 12:1-2).

En tercer lugar, Dios nunca tomará decisiones por nosotros. Él solo nos pone delante las opciones para que hagamos la elección. Decidir de acuerdo a la voluntad de Dios no implica que no habrá problemas. Sin embargo, debes saber que la voluntad de Dios no te llevará a donde el Señor no te acompañe y su poder no te sostenga. Santiago vuelve nuevamente en nuestra ayuda con un consejo extraordinario: «Y si a alguno de ustedes le falta sabiduría, que se *la* pida a Dios, quien da a todos abundantemente y sin reproche, y le será dada. Pero que pida con fe, sin dudar [...] No piense, pues, ese hombre, que recibirá cosa alguna del Señor, *siendo* hombre de doble ánimo, inestable en todos sus caminos» (Santiago 1:5-6a, 7-8).

Finalmente, es importante recalcar que la decisión más importante de todas es rendirle la vida a Cristo con arrepentimiento y fe, reconociendo su obra a nuestro favor en la cruz para el perdón de nuestros pecados y el regalo de una vida nueva y eterna. Esa es la decisión fundamental que da origen a todas las buenas decisiones de la vida.

He aquí algunos consejos que podemos darles a nuestros hijos cuando tengan que tomar decisiones relevantes con el fin de que los ayuden correctamente:

- No decidan nada sin antes consultar con Dios (Proverbios 3:5-6).
- Escucha a tus mentores y consejeros (Proverbios 11:14). Deberías detenerte si dos o tres personas que te aman te amonestan sobre una decisión que estás por tomar (considera las señales de alerta).
- Nunca tomes decisiones «en caliente» (alterado emocionalmente).
- Nunca tomes decisiones apresuradas. «Los planes bien pensados producen ganancias; los apresurados traen pobreza» (Proverbios 21:5, NVI).
- Considera el costo de tus decisiones, es decir, ¿cuáles serán las consecuencias de esta decisión? Salomón dijo: «Hay camino que al hombre le *parece* derecho, pero al final, es camino de muerte» (Proverbios 14:12).
- Equivocarse no es fracasar. Quedarse derribado sí lo es. Decidir mal no es el fin. A veces se gana, a veces se aprende. Aprende de tus errores y, si es posible, de los errores de los demás.

- No permitas que tus errores te definan.
- Debes darles permiso a las personas maduras para que te aconsejen y guíen.
- No tomar una decisión cuando es necesario, es decir, mantenerse indeciso, también es muy peligroso.

Oración modelo para los padres

Amado Padre celestial, confieso que muchas veces he pensado, creído y hablado cosas que no están de acuerdo con tu Palabra. Te pido perdón por todas las palabras de mentira, exageración, negatividad o maldición que he pronunciado sobre mi vida, sobre mi familia y sobre mis hijos (menciónalos por nombre). Cancela, Señor, todo efecto de esas palabras que no reflejan tu corazón ni tu verdad.

Señor Jesús, tú dijiste que la verdad nos hará libres. Hoy traigo a tus pies toda mentira que yo y mis hijos hayamos creído acerca de ti, de nosotros mismos, de nuestra familia, de nuestro futuro, de nuestra salud, de nuestras finanzas o de nuestras relaciones. Te pido que tu luz exponga y deshaga todo engaño del enemigo. Renuncio a la mentira y elijo creer lo que tú dices, aunque a veces mis emociones digan lo contrario.

Padre, te ruego que limpies el interior de mis hijos de todo resentimiento, enojo, envidia, baja estima, temor, complejos, orgullo o amargura, que pueden alimentar palabras torcidas. Arranca de raíz cada semilla que el padre de la mentira haya logrado sembrar en ellos a través de burlas, rechazos, comparaciones, palabras hirientes o pensamientos repetitivos.

Espíritu Santo, Espíritu de verdad, toma el control de sus pensamientos y de su boca. Enséñales a discernir claramente cuando un pensamiento no viene de ti: cuando se digan «no valgo», «no sirvo», «siempre seré así», «nunca cambiaré», «nadie me quiere» o cualquier otra frase que no coincide con lo que tú dices. Que en ese mismo momento tu Palabra les venga a la mente y sustituyan la mentira por la verdad.

Señor, pon un guardia en la puerta de sus labios. Que no sean instrumentos de chisme, crítica, burla, grosería, sarcasmo ni destrucción. Que aprendan a callar cuando es sabio callar y a hablar cuando es necesario defender la verdad y la justicia. Que sus palabras no sean dagas que hieren, sino semillas que bendicen.

Te pido que mis hijos amen la verdad, incluso cuando decir la verdad les cueste reconocimiento, comodidad o ventajas temporales. Líbralos de acostumbrarse a «mentiras pequeñas», medias verdades, justificaciones o manipulaciones. Que entiendan que toda mentira viene del diablo y que cada vez que eligen decir la verdad te honran a ti y abren puertas a la libertad.

Señor, haz de nuestra casa una escuela de verdad. Ayúdame a ser ejemplo para ellos: que yo mismo hable con integridad, pida perdón cuando me equivoco, rectifique cuando digo algo injusto y esté dispuesto a cambiar mi manera de hablar conforme tú me corrijas. Que mis hijos puedan aprender más de lo que ven en mí que de lo que oyen de mí.

Te ruego que sus conversaciones, sus mensajes, sus publicaciones, sus bromas y sus oraciones estén llenas de gracia y verdad. Que lo que digan sobre sí mismos, sobre los demás y sobre las circunstancias esté alineado con tus pensamientos y no con el pesimismo del mundo. Que sus palabras traigan ánimo, dirección, consuelo y vida a quienes los rodean.

Padre, en el nombre de Jesús rompo sobre mis hijos toda cadena formada por palabras engañosas que ellos mismos hayan dicho, como: «no puedo», «nunca voy a salir de esto», «siempre seré así», «mi familia siempre fue así», «nunca voy a lograr nada». Declaro que en Cristo ellos son nuevas criaturas, bendecidos, escogidos, amados, perdonados y llamados a vivir en la verdad.

Gracias, Señor, porque en Jesús ya nos has librado del dominio de las tinieblas y de la esclavitud de la mentira. Hoy te pido que mis hijos caminen en la luz, hablen la verdad con amor y sean instrumentos tuyos para traer libertad a otros con sus palabras.

Lo pido confiando en tu fidelidad, en el nombre de Jesús, la Verdad hecha carne. Amén.

VERSÍCULOS PARA REFLEXIONAR: SALMOS 32:8; ROMANOS 8:14.

Preguntas de discusión

1. ¿Les has enseñado a tus hijos a buscar la voluntad de Dios antes de tomar cualquier decisión importante en sus vidas?

2. ¿Cómo puedes enseñarles a no tomar decisiones apresuradas cuando están alterados o emocionalmente agitados?
3. ¿Cómo les enseñas a analizar las consecuencias de sus decisiones antes de actuar?
4. ¿Qué ejemplos puedes darles de momentos en tu vida en los que buscaste la guía de Dios y cómo eso te ayudó a tomar decisiones sabias?
5. ¿Cómo puedes ayudarlos a ver que una equivocación no significa fracasar, sino que puede convertirse en una oportunidad para aprender y mejorar?
6. ¿Tienes una buena relación con tus hijos de modo que ellos deseen consultar contigo decisiones importantes de la vida?
7. ¿Cómo puedes guiar a tus hijos a no temer equivocarse, pero también a no procrastinar, sino actuar con sabiduría y fe en el Señor?
8. ¿Tienen tus hijos consejeros confiables a los cuales puedan pedirles alguna opinión antes de tomar decisiones?

Preguntas adicionales

Cuestionario para la toma de decisiones

- ¿Esta decisión es la voluntad de Dios y le traerá gloria?
- ¿Hará crecer mi vida espiritual?
- ¿Es conveniente?
- ¿Afectará mi santidad?
- ¿Esta decisión irá de acuerdo con el plan de Dios para mi vida?
- ¿Me edificará el resultado de esta decisión?
- ¿Cómo afectará esta decisión a mis seres queridos?

ORANDO...

PARA QUE SEAN LIBRES DEL ORGULLO

Se podría decir que el orgullo es la madre de todos los pecados. El orgullo hizo caer a Satanás al querer ser igual a Dios. El enemigo incentivó el orgullo en Adán y Eva, y también intentó usarlo para tentar a Jesús. La Biblia es muy clara en señalar que «Dios se opone a los orgullosos, pero da gracia a los humildes» (Santiago 4:6, NVI). La soberbia es justamente la altivez y el envanecimiento que hacen que uno se sienta superior y menosprecie a los demás. El Señor declara por medio de Salomón, la personificación de la sabiduría, que detesta a los presuntuosos:

> «El temor del SEÑOR es aborrecer el mal.
> El orgullo, la arrogancia, el mal camino
> Y la boca perversa, yo aborrezco» (Proverbios 8:13).

No solo Dios resiste a los soberbios, altivos y orgullosos, sino que también nosotros, como seres humanos, resistimos a las personas arrogantes y orgullosas.

Aunque la Biblia no dice exactamente que el primer pecado humano fue el del orgullo, sí podríamos deducir que la desobediencia de nuestros primeros padres se origina en un desprecio a Dios y sus mandamientos, así como en un deseo arrogante de pensar que ellos, que solo habían sido tomados del polvo, podrían ser como Dios (Génesis 3:1-7). Definitivamente, detrás del orgullo se esconde el deseo de ser adorado y reconocido como superior al resto. Fue ese orgullo el que llevó a Lucifer a ser echado fuera de la presencia de Dios:

> «¡Cómo has caído del cielo,
> Oh lucero de la mañana, hijo de la aurora! [...]
> Pero tú dijiste en tu corazón:
> "Subiré al cielo,
> Por encima de las estrellas de Dios levantaré mi trono,

Y me sentaré en el monte de la asamblea,
En el extremo norte [...]".
Sin embargo, serás derribado al Seol,
A lo más remoto del abismo» (Isaías 14:12a, 13-15).

El problema de Satanás fue que en algún momento dejó de mirar a Dios y empezó a mirarse a sí mismo. Desde ese instante, vemos a Satanás obsesionado por un trono. Por el contrario, Jesús estuvo dispuesto a dejar su trono en el cielo. Esa es la mayor diferencia entre el humilde y el orgulloso. Este mismo patrón se repite una y otra vez en la historia de la humanidad. Incluso dos de los apóstoles más cercanos a Jesús, Jacobo y Juan, fueron capaces de pedirle al Señor que ellos fueran designados para sentarse a la derecha y la izquierda del trono de Jesús (Mateo 20:20-28).

Todos llevamos un orgulloso dentro y luchamos mucho con el ego. La verdad es que todos queremos vernos bien, ser reconocidos, caerles bien a la gente, lo cual no está mal; el problema surge cuando ese deseo de ser apreciado nos lleva a despreciar o sentirnos superiores a los demás. Los orgullosos convierten su arrogancia en el centro movilizador de todos sus actos, apetitos y anhelos de sus vidas. Finalmente, todo lo bueno que pudieran tener se mancha y queda teñido con el orgullo. Si el orgullo inocula todo lo que tenemos y somos, entonces aun las cosas buenas que Dios nos da pueden ser la causa de nuestra caída, como los dones, recursos, talentos o hasta algo tan superficial como la apariencia.

Dios detesta el orgullo porque es un deseo de independencia que nos aleja de Él. El orgullo nos conduce a ser nuestros propios dioses y a desechar el gobierno de Dios sobre nuestra vida. El orgullo lleva implícitas las mentiras de la autonomía y la autosuficiencia. La autonomía afirma que eres un ser independiente con el derecho de hacer lo que se te antoja con tu vida. Esta mentira lleva a nuestros hijos a resistirse a la autoridad. Si no logramos doblegar esta actitud en la infancia, ellos tendrán problemas con todo tipo de autoridad a lo largo de sus vidas.

Por otro lado, la mentira de la autosuficiencia les dice a nuestros hijos que cuentan con todo lo necesario para ser y hacer lo que deseen independientemente de Dios. Llegan a creer que no necesitan nada o a nadie, y terminan despreciando a los demás. Esa es una de las razones por las que nos cuesta tanto pedir ayuda y consejo. La realidad es que no fuimos creados para ser independientes y mucho menos para hacer lo que nos venga en gana. Fuimos creados para ayudarnos mutuamente y depender y descansar en el Señor.

El orgullo es aborrecible y Dios lo desprecia, ya que nos damos el crédito a nosotros mismos por algo que le pertenece al Señor. El orgullo toma la gloria que solo le corresponde a Dios y hace que la guardemos para nosotros mismos. El orgullo es, en esencia, una autoadoración que nos convierte en idólatras de nuestra propia imagen. Sin embargo, lo que desconocemos es que cualquier cosa que logremos en este mundo, no habría sido posible si no fuera por Dios, quien nos capacita, nos sostiene y nos da la vida.

Radiografía de un corazón orgulloso y sus consecuencias

A continuación, expongamos a la luz las características de un corazón orgulloso. Por favor, no te sorprendas si encuentras en ti algunas de las cosas mencionadas. Mi deseo es exponer nuestro orgullo para sanar y no solo para mostrar un defecto del carácter. Debemos considerar el consejo del maestro de sabiduría:

> «Delante de la destrucción *va* el orgullo,
> Y delante de la caída, la arrogancia de espíritu» (Proverbios 16:18).

Si descubrimos orgullo en el corazón, vayamos a Jesucristo, quien nos perdona y nos transforma al cambiar un corazón de piedra por uno de carne.

En primer lugar, un orgulloso no puede soportar que le llamen la atención o lo corrijan sin defenderse, pues no puede aceptar que está equivocado, por lo tanto, siempre se pone a la defensiva. Lo que sucede es que el orgulloso se tapa los ojos frente a sus propios errores, pero sus ojos son como un telescopio frente a los errores de los demás. En lugar de permitir que el Espíritu Santo le hable, se la pasa pensando a quién señalarle los errores. Por eso, debemos orar como David:

> «¿Cómo puedo conocer todos los pecados escondidos en mi corazón?
> Límpiame de estas faltas ocultas» (Salmos 19:12, NTV).

En segundo lugar, el arrogante no es enseñable. Le cuesta mucho pedir ayuda o reconocer su propia ignorancia, debilidad o necesidad.

Por el contrario, siempre desea mostrarle a todo el mundo lo que sabe y lo que tiene. El orgulloso evita estar cerca de personas que son mejores o más hábiles para que no le hagan sombra. Lo cierto es que el orgulloso se queda muy solo, pero «¡ay del que cae y no tiene quien lo levante!» (Eclesiastés 4:10, NVI).

En tercer lugar, el altivo tiende a justificar el pecado en lugar de confesarlo. Siempre tendrá una excusa o a alguien a quien culpar de su propia realidad. El orgulloso puede hasta reconocer en cierto grado su pecado, pero eso no significa exactamente que se apartará de la maldad. Se podría decir que le declara la guerra a los pecados que dañan su imagen frente a los demás, pero hace la paz con aquellos que mantiene en secreto. Lo que sucede es que se preocupa más por lo que los otros opinan de él o ella que por la condición real de su propio corazón.

En cuarto lugar, el orgulloso piensa que es merecedor de las bendiciones de Dios y se enoja cuando Él bendice a otro primero. Esa es la razón por la que difícilmente compartirá su fe en Cristo, ya que las demás personas le interesan muy poco, pues se considera el «centro del universo». Si evangeliza, es para ser visto, porque lo hace con la motivación incorrecta. Difícilmente puede sentir empatía por el sufrimiento de los demás.

Finalmente, el orgulloso busca ser dios para sí mismo, por eso Dios lo rechaza y resiste. Un orgulloso se quedará solo debido a que su actitud y maneras hacen que otros hombres y mujeres lo eviten y que los amigos y hasta los familiares se alejen.

> «Por la soberbia solo viene la contienda,
> Pero con los que reciben consejos está la sabiduría» (Proverbios 13:10).

El resultado natural de un comportamiento orgulloso finalmente será caer en la amargura, porque el orgulloso se llenará de disgusto, pesadumbre y tristeza cada vez que tenga o reciba menos de lo que cree merecer.

Cómo ser libre del orgullo

El mejor antídoto contra el orgullo es la gratitud. Cuando das gracias, estás diciéndole a Dios que todo lo que tienes se lo debes a Él. La advertencia que Dios le dio al pueblo de Israel al entrar a la tierra prometida es justamente la mejor prevención para el orgullo.

> «Cuídate de no olvidar al Señor tu Dios dejando de guardar Sus mandamientos, Sus ordenanzas y Sus estatutos que yo te ordeno hoy; no sea que cuando hayas comido y te hayas saciado, y hayas construido buenas casas y habitado *en ellas*, y cuando tus vacas y tus ovejas se multipliquen, y tu plata y oro se multipliquen, y todo lo que tengas se multiplique, entonces tu corazón se enorgullezca, y te olvides del Señor tu Dios que te sacó de la tierra de Egipto de la casa de servidumbre. Él te condujo a través del inmenso y terrible desierto, *con sus* serpientes abrasadoras y escorpiones, tierra sedienta donde no había agua; Él sacó para ti agua de la roca de pedernal. En el desierto te alimentó con el maná que tus padres no habían conocido, para humillarte y probarte, y para finalmente hacerte bien. No sea que digas en tu corazón: "Mi poder y la fuerza de mi mano me han producido esta riqueza". Pero acuérdate del Señor tu Dios, porque Él es el que te da poder para hacer riquezas, a fin de confirmar Su pacto, el cual juró a tus padres como en este día» (Deuteronomio 8:11-18).

Es muy importante también seguir el consejo de Pablo y dejar a un lado para siempre ese sentido de falsa superioridad que solo nos ahoga y nos deja solitarios: «Porque en virtud de la gracia que me ha sido dada, digo a cada uno de ustedes que no piense de sí mismo más de lo que debe pensar, sino que piense con buen juicio, según la medida de fe que Dios ha distribuido a cada uno» (Romanos 12:3).

Lo contrario a la cordura es la locura. A una persona se le considera «loca» cuando pierde el juicio o el uso de la razón, de tal manera que no habla con lucidez, claridad o de acuerdo a la realidad. Un caso de los más extremos es, por ejemplo, cuando un hombre se percibe a sí mismo como Napoleón, pero también una persona está enajenada cuando piensa que es superior a todos los demás que la rodean. No hay peor cosa que encontrarnos con alguien que cree de sí mismo algo que no es. Por el contrario, la humildad es simplemente reconocer quiénes somos, lo que podemos y no podemos hacer, es decir, aceptar nuestro lugar y estar dispuestos a reconocer a los demás como lo hizo el mismísimo Jesucristo, el Hijo de Dios, el dueño del universo.

«No hagan nada por egoísmo o por vanagloria, sino que con actitud humilde cada uno de ustedes considere al otro como más importante que a sí mismo, no buscando cada uno sus propios intereses, sino más bien los intereses de los demás. Haya, *pues*, en ustedes esta actitud que hubo también en Cristo Jesús» (Filipenses 2:3-5).

Si Jesucristo fue capaz de humillarse hasta la muerte de cruz por nosotros, entonces nosotros no debemos olvidar nunca que somos simplemente instrumentos en las manos de Dios y que ya eso es una tremenda bendición inmerecida, de modo que no necesitamos recibir créditos, aplausos o premios. Ya no nos importa lo que la gente diga de nosotros, porque lo más importante es la opinión de nuestro Dios. Si recibimos alguna alabanza, simplemente debemos dejarla en el trono de nuestro Dios para gloria de su nombre.

Para vencer el orgullo, debemos vivir de rodillas delante de Dios. Desde esa posición, reconoceremos que estamos delante del Dios soberano y miraremos a los que nos rodean como superiores a nosotros mismos, que es lo contrario a mirar a los demás desde arriba con ojos altaneros.

Oración modelo para los padres

Bendito Dios y Señor de nuestras vidas, hoy me acerco a ti con un corazón humilde para interceder por la vida de mis hijos. Te ruego, Señor, que los libres de todo espíritu de soberbia, orgullo, arrogancia y prepotencia. Que no haya lugar en sus corazones para la vanidad ni para la autoglorificación, sino que sean llenos de mansedumbre y humildad, como la de Cristo.

Guárdalos, Padre, de ser cautivados por la necesidad de ser vistos, admirados o aplaudidos. Que no vivan persiguiendo la aprobación de las personas, sino buscando, por encima de todo, tu aprobación y tu sonrisa. Que entiendan que la verdadera grandeza no está en ser el centro de atención, sino en servir y amar como Jesús lo hizo.

Pon en ellos un corazón dócil, enseñable y sensible a tu voz. Que puedan reconocer que todo lo que tienen, todo lo que son y todo lo que logren proviene de ti. Que nunca olviden que sin ti nada pueden hacer, y que no hay mérito en su esfuerzo si tu gracia no los sostiene. Enséñales a devolverte a ti toda la gloria por los dones, talentos, recursos y oportunidades que les das.

Te pido que cuando se equivoquen, no se escondan detrás del orgullo, ni justifiquen su conducta, ni culpen a otros, sino que tengan el valor y la humildad de reconocer sus faltas, arrepentirse sinceramente y pedir perdón. Que entiendan que la verdadera madurez no es nunca equivocarse, sino dejarse corregir, aprender y cambiar.

Líbralos, Señor, de la mentira de la autosuficiencia y de la falsa idea de que no necesitan a nadie. Recuérdales que fueron creados para depender de ti y caminar en amor con los demás. Que no menosprecien a nadie, que no vivan comparándose, ni buscando ser «mejores que otros», sino que aprendan a ver el valor de cada persona sin envidia ni egoísmo.

Enséñales a poner los intereses de los demás por encima de los propios, a alegrarse por las bendiciones de otros y a honrar a quienes los rodean. Que puedan ver a sus hermanos, amigos y familiares no como una competencia, sino como un regalo tuyo.

Padre, que en vez de orgullo, sus corazones estén llenos de gratitud. Que cada día recuerden que tú eres quien les da la vida, quien los guarda, quien los provee y quien los levanta. Que su boca se llene más de agradecimiento que de queja, y que la gratitud sea el muro que los proteja del orgullo.

Y que, sobre todo, en la mente y el corazón de mis hijos se forme la misma actitud que hubo en Cristo Jesús: que no busquen exaltarse a sí mismos, sino humillarse delante de ti, servir a otros y vivir para tu gloria.

Te lo pido en el nombre de Jesús. Amén.

VERSÍCULOS PARA REFLEXIONAR:
SALMOS 138:6; PROVERBIOS 29:23; 1 PEDRO 5:5.

Preguntas de discusión

1. ¿Has identificado actitudes de orgullo en el comportamiento de tus hijos? ¿Cómo puedes guiarlos para que lo superen?
2. ¿Les has enseñado a tus hijos que todas las bendiciones provienen de Dios y no de sus propios esfuerzos?
3. ¿Estás como padre dando ejemplo de humildad en tu vida diaria o tus propios comportamientos orgullosos afectan la forma en que tus hijos te ven?

4. ¿Qué cambios puedes hacer en tu hogar para demostrar tu dependencia de Dios?
5. ¿Cómo puedes enseñarles a tus hijos que no son independientes de Dios y que deben reconocer su necesidad de Él en todo momento?
6. ¿Estás mostrándoles a tus hijos que todo lo que tienen es un regalo de Dios o de alguna manera promueves la idea de que lo que poseen es por mérito propio?
7. ¿Están expresando como familia su generosidad por medio del dar y siendo fieles en sus diezmos y ofrendas?
8. ¿Has ayudado a tus hijos a no dejarse influenciar por amigos cercanos que luchan con el orgullo?
9. ¿Modelas una actitud humilde cuando te equivocas como padre o tiendes a justificarte o defenderte?
10. ¿En qué áreas de tu vida puedes ser más enseñable y cómo puedes enseñarles a tus hijos a ser humildes y estar dispuestos a aprender?
11. ¿Estás fomentando en tus hijos un sentido de autosuficiencia que los haga pensar que pueden vivir sin necesidad de Dios?

ORANDO...

POR UN HIJO PRÓDIGO

La parábola del hijo pródigo es una de las historias más hermosas de Jesús (Lucas 15:11-32). Un joven decide pedir por adelantado su herencia, una decisión que involucraba romper con su familia y hasta declarar muerto a su propio padre. El padre accede a su decisión sin mediar mayor comentario, y con esas riquezas que no había ganado y tampoco merecía en ese momento, el joven se aleja de su padre y la casa familiar para vivir de una manera disoluta, malgastando todo lo que había recibido en muy poco tiempo.

Él lo pierde todo y termina viviendo como un mendigo, sin quedarle más remedio que apacentar cerdos, un trabajo considerado inmundo para un judío. Su pobreza había llegado al extremo de desear el alimento de los cerdos, pero ni eso le permitían comer. Mientras estaba en ese estado de profunda aflicción, recordó lo bien alimentados que estaban los criados de su padre. Ese pensamiento lo hizo volver en sí y desear regresar a casa. Sin embargo, decide no reclamar ningún derecho como hijo, sino solamente ser aceptado como un trabajador más de su padre.

En uno de los pasajes más emotivos de los Evangelios, Jesús cuenta que el padre estaba mirando hacia el camino cuando vio a lo lejos a su hijo, sintió una enorme compasión, se lanzó a correr a su encuentro, y no dudó en abrazar y echarse al cuello de su hijo, mientras el joven trataba de decirle lo que había preparado. Pero el padre no le hizo caso y ordenó que le volvieran a poner las ropas que le correspondían como hijo y prepararan una gran celebración, «porque este hijo mío estaba muerto y ha vuelto a la vida; estaba perdido y ha sido hallado» (Lucas 15:24).

¿Qué hacer con un hijo pródigo?

Dolor, confusión, vergüenza y angustia son solo algunos de los sentimientos que embargan el corazón de los padres de un hijo pródigo.

Muchos padres sienten una enorme culpa por las acciones de un hijo pródigo, pero es primordial que entendamos que no importa cuán bien hagamos las cosas, al final, nunca podremos tomar decisiones por nuestros hijos. Ellos son los que tomarán las decisiones que marcarán su futuro. Podremos aconsejarlos mucho, haberles dado buenos ejemplos en distintos aspectos, pero ellos tomarán su propio rumbo y asumirán las consecuencias de sus decisiones.

Muchos padres que hoy tienen un pródigo en la familia no pueden sobreponerse a la culpa y se preguntan constantemente: «¿Qué hicimos mal? ¿Qué error cometimos?». Cada vez que me encuentro con personas que están pasando por esta situación, les recuerdo el caso de Adán y Eva. Ellos tuvieron al mejor Padre del mundo, sin embargo, tomaron decisiones equivocadas. Por lo tanto, debemos saber que nuestro llamado como padres incluye:

- Guiarlos lo mejor posible.
- Descansar en Dios, que los guardará del mal.
- Nunca desentendernos de ellos, aunque se encuentren lejos de Dios.

Las razones para la rebeldía o el abandono de los principios y valores familiares pueden ser múltiples. Podrían culpar a los padres por ejercer una disciplina mal impartida o excesiva, haber permanecido ausentes emocionalmente, ser inconsistentes entre lo que creen y hacen, o haberse divorciado. No obstante, en última instancia, el comportamiento que nuestros hijos adopten será el resultado de su libre albedrío y sus propias decisiones. Digo esto porque a lo largo de los años hemos visto familias maravillosas, con padres que han hecho un excelente trabajo, pero sus hijos optaron por apartarse de la fe y los valores de sus progenitores.

Quisiera compartir contigo algunos consejos de posibles acciones que podrías llevar a cabo si tuvieras hijos que se han apartado del camino correcto.

No tengas temor de pedir oración

He conocido a muchos padres que se sienten tan avergonzados, que no se atreven a pedir oración por sus hijos apartados de Dios. Sin embargo, el consejo del Señor para cualquier circunstancia de nuestra vida es: «Lleven los unos las cargas de los otros, y cumplan así la ley de Cristo» (Gálatas 6:2). Es necesario abrir el corazón delante de amigos confiables y compartir con ellos el dolor por la situación de tu hijo o hija. El padre del hijo pródigo no se avergonzó de su hijo delante de sus siervos, ya que siempre estuvo motivado por un profundo amor hacia él. Tu hijo pródigo necesita saber que lo sigues amando, pero tus amigos también pueden saberlo y compartir el dolor contigo. Hay una realidad en cuanto a la iglesia, la cual no debes olvidar y puedes aprovechar:

> «Si un miembro sufre, todos los miembros sufren con él; *y* si *un* miembro es honrado, todos los miembros se regocijan con él» (1 Corintios 12:26).

No busques simplemente culpables

Todos tenemos la tendencia a buscar culpables cuando nos enfrentamos a situaciones difíciles. El comportamiento de un hijo pródigo y sus malas decisiones no son el mejor momento para culpar a tu cónyuge, a ti mismo o a ambos como padres; tampoco es el momento de quedarnos mirando el pasado, sino de enfocarnos en prepararnos para su regreso. Buscar culpables nos separa, y eso es lo que el enemigo desea.

En lugar de andar buscando culpables y lanzando veredictos, lo que los padres deben hacer es ponerse de acuerdo y clamar a Dios por la restauración de su hijo pródigo. No olvidemos las palabras de Jesús: «Si dos de ustedes se ponen de acuerdo sobre cualquier cosa que pidan *aquí* en la tierra, les será hecho por Mi Padre que está en los cielos» (Mateo 18:19).

Ayuda, pero no consientas

Muchos corren el riesgo de consentir y permitir ciertas actitudes que no ayudan a la restauración, solo porque desean que sus hijos vuelvan al Señor. El amor debe ser firme, solía decir el Dr. James Dobson, es decir, debemos poner límites saludables y no tratar de solucionar los problemas que nuestros hijos pudieran haber ocasionado con su rebeldía. He sabido de padres que hasta han pagado fianzas costosas para sacar a sus hijos de la cárcel. Deja que asuman las consecuencias de sus malas decisiones, pues muchas veces Dios obra por medio de ellas.

Este tipo de «ayuda» puede llegar a interrumpir la obra de Dios y las lecciones que nuestros hijos necesitan para dejar la necedad en el pasado de una vez por todas (Proverbios 26:11). Es interesante notar que el hijo pródigo de la Biblia no volvió por amor a su Padre, sino porque se encontraba en una inmensa necesidad y dolor. Muchas veces debemos simplemente retirarnos, permitir que las consecuencias de sus decisiones los alcancen y orar para que puedan aprender la lección y que no endurezcan sus corazones.

Ten cuidado con la manipulación

Los hijos pródigos suelen ser especialistas en el arte de la manipulación. Es muy posible que hayan aprendido esas malas artes porque nunca dijimos que «no» a sus pedidos. Debemos aprender a decir «no» a algunos de sus requerimientos, porque consentir no es sinónimo de amar.

La manipulación incluye que nos culpen de su conducta errada a través de frases como: «Ustedes no tuvieron tiempo para mí», «Ustedes aman más a mi hermano que a mí». Estas y otras frases similares se usan para distorsionar la verdad y lograr que los padres hagan lo que sea mejor para sus intereses. Pero aunque sus demandas se vuelvan muy desafiantes, los padres deben aprender a decir «no» por más doloroso que pueda ser. Un hijo consentido se convertirá en un cónyuge berrinchudo. Salomón nos da un par de buenos consejos milenarios:

> «La vara y la reprensión dan sabiduría,
> Pero el niño consentido avergüenza a su madre» [...]
> «Disciplina a tu hijo y te dará descanso,
> Y dará alegría a tu alma» (Proverbios 29:15, 17).

No descuides al resto de tu familia

El dolor producido por las acciones de un hijo pródigo hace que tendamos a olvidar al resto de la familia. No permitas que el dolor te prive de disfrutar de los otros miembros de tu familia y que solo el pródigo se convierta en el centro de tu atención. Decide compartir con los que sí están presentes, oren juntos por el pródigo, y no dejes que su comportamiento impida que celebres los logros de tus otros hijos y familiares.

Nunca desistas, porque nuestros hijos le pertenecen al Señor

El mismo Salomón que nos entregó los consejos de la sección anterior ahora nos recuerda algo muy importante:

> «Un don del Señor son los hijos,
> Y recompensa es el fruto del vientre.
> Como flechas en la mano del guerrero,
> Así son los hijos *tenidos* en la juventud» (Salmos 127:3-4).

Nuestros hijos le pertenecen al Señor y son un regalo de Dios que debemos cuidar con responsabilidad y amor. Pidámosle al Señor sabiduría para guiarlos, pero también que Dios mismo los proteja de las drogas, la promiscuidad y los vicios, llevándolos a sus pies y lejos de la indiferencia espiritual. Haz que te acompañen y que te vean sirviendo al Señor para que se motiven a imitarte.

Satanás tratará de hacerlos volver atrás cuando estemos buscando firmemente la restauración de nuestros hijos pródigos. Quizás intente crear conflictos, porque sabe que si nos mantenemos firmes en nuestra confesión, tendrá que salir huyendo (Santiago 4:7). Recuerda siempre que andamos por fe y no por vista, que confiamos en las promesas de un Dios que llama a existencia lo que todavía no existe (2 Corintios 5:7; Romanos 4:17). En otras palabras, no te dejes guiar por lo que tus ojos ven, en lugar de ello, cree en las promesas de Dios y en el Dios de las promesas.

Toda restauración es intencional, es decir, nunca se da por casualidad, sino por «causalidad». Esto nos lleva a la conclusión de que toda restauración es producto de un arduo trabajo en equipo. Finalmente, nos estamos encomendando al Señor y, como les dijo Jesús a sus discípulos: «Para los hombres eso es imposible, pero para Dios todo es posible» (Mateo 19:26).

Demuestra un amor evidente y profundo

Nunca olvides que Dios sigue amando a nuestro pródigo. El amor del Señor no está basado en logros o desempeños, por eso su amor es redentor y transformador. Podría decirse que amar a un hijo obediente es agradable y fácil, pero amar a un hijo pródigo requiere quererlo con dolor. Tendremos que amarlo a pesar de la vergüenza que nos producen sus malas decisiones. Aunque no podremos librarlos de las consecuencias de sus errores, sí podremos abrazarlos y conducirlos a la restauración por medio de la misericordia.

Siempre me llamaron la atención las palabras «misericordia» y «gracia» en la Biblia. La misericordia conlleva la idea de no darle su merecido a quien comete una falta. Dios nos amó y no nos pagó conforme a nuestros pecados. En lugar de ello nos dio su «gracia», es decir, lo que no merecíamos, el perdón, la salvación y la reconciliación. Es de suma importancia expresarle nuestro amor a un hijo pródigo de manera clara, aunque no aprobemos su conducta. Ellos necesitan saber que siempre serán recibidos en casa.

Entrégaselo a Dios

Muchos padres cometen el error de creer que son los responsables de hacer regresar a sus hijos pródigos. Más bien, debemos orar sin cesar por ellos, porque el milagro del retorno viene de Dios. En otras palabras, no son nuestros regaños y constantes «sermones» los que lograrán el cambio, sino que debemos descansar en las promesas de Dios y esperar por el milagro del Señor. Ellos saben que están viviendo fuera de la voluntad de Dios y por eso debemos entregárselos y dejar que Él pueda obrar en ellos (Salmos 46:10).

Pide perdón

Pide perdón si eres consciente de cualquier error que cometiste con tu hijo pródigo. Somos pecadores y sin duda ha habido momentos en que hemos lastimado el corazón de nuestros hijos. No justifiques tu mal proceder, solo reconócelo. Pedir perdón abre las puertas a la reconciliación y también abre el camino por el que ellos mismos deberían transitar hacia Dios.

El resentimiento es el alimento preferido de la rebeldía. Nuestras faltas no confesadas alimentan en nuestros hijos el deseo de apartarse de lo que nosotros amamos y creemos. Quizá una de las oraciones que deberíamos hacer antes de pedir un cambio en nuestros hijos es: «¡Señor cámbianos!».

Oración modelo para los padres

Padre amado, te doy gracias por cada uno de mis hijos. Gracias porque son un regalo tuyo, una bendición para mi vida y para este mundo. Te pido que los guardes de todo mal y los protejas de los planes del enemigo que buscan alejarlos de ti.

Te pido perdón por los errores que he cometido en su crianza y que hayan podido endurecer su corazón. Si he sido negligente, injusto, duro o indiferente, muéstramelo y ayúdame a restaurar toda relación dañada con ellos. Dame humildad para acercarme, pedir perdón y amar mejor.

Señor, te ruego que quites toda tibieza espiritual y toda ceguera que el enemigo haya puesto en su entendimiento para que no te vean. Abre sus ojos espirituales para que tengan un encuentro real y genuino contigo (2 Corintios 4:4). En el nombre de Jesús, derribo todo argumento y toda altivez que se levanta contra el conocimiento de Dios, y llevo cautivo todo pensamiento a la obediencia de Cristo (2 Corintios 10:5).

Padre santo, si todavía no te conocen como Señor y Salvador, toca sus corazones para que se vuelvan a ti y tengan una experiencia personal contigo. Que reciban la salvación que solo tú puedes dar por medio de Jesucristo. No permitas que tomen decisiones equivocadas cuyas consecuencias carguen por el resto de sus vidas.

Rodea a mis hijos de personas que te amen y te teman, que los guíen hacia ti y los animen a rendir sus vidas a tu voluntad. Aparta de ellos toda influencia que quiera alejarlos de tu camino y hazlos invisibles a las trampas del enemigo.

Te pido que tu Espíritu Santo les hable cuando pequen: que los convenza de pecado, de justicia y de juicio; que los incomode en el mal camino y los atraiga con cuerdas de amor hacia tu verdad. Que ningún placer pasajero apague en ellos el llamado de tu voz.

Señor, pongo a mis hijos en tus manos. Reconozco que tú los amas más de lo que yo los puedo amar y que tu poder es mayor que cualquier rebeldía. Confío en que tú puedes traerlos de regreso, restaurarlos y levantar sus vidas para tu gloria.

Oro y declaro todo esto en el nombre de Jesús. Amén.

VERSÍCULOS PARA REFLEXIONAR: ISAÍAS 65:23; HECHOS 16:31.

Preguntas de discusión

1. ¿Le has dado gracias a Dios por tu hijo pródigo, aunque hoy te esté causando frustración y dolor?
2. ¿Has compartido con tus amigos íntimos la necesidad de oración por la restauración de tu hijo?
3. ¿Eres consciente de la importancia de compartir tus luchas y dolores con otros creyentes?
4. ¿Frente a la situación prevaleciente de rebeldía, has bajado los brazos y dejado de orar por él?
5. ¿Tú y tu cónyuge se han culpado el uno al otro por las decisiones que su hijo ha tomado, o están reconociendo que cada ser humano tiene finalmente la libertad de elegir su propio camino?
6. ¿Estás mostrando un amor profundo por tu hijo, como el amor del padre del hijo pródigo, incluso cuando sus decisiones te duelan profundamente?
7. ¿Estás dispuesto a sufrir la vergüenza y el dolor de las malas decisiones de tu hijo mientras le extiendes gracia y misericordia?
8. ¿Cómo podrías demostrarle a tu hijo que, aunque no apruebas su comportamiento, siempre lo amarás y lo recibirás cuando regrese?
9. ¿Has aprendido a decir «no» con amor, aunque se sienta difícil y doloroso?
10. ¿Estás dispuesto a permitir que tu hijo enfrente las consecuencias naturales de sus decisiones para que Dios pueda obrar en su vida?
11. ¿Crees que has descuidado a los demás miembros de la familia debido a tu hijo pródigo?
12. ¿Te has dejado llevar por lo que tus ojos ven en la situación actual de tu hijo o tienes la mirada puesta en las promesas de Dios para su restauración?
13. ¿Tienes identificadas ciertas promesas de Dios con respecto a tu hijo pródigo y estás esperando su cumplimiento en su vida?

14. ¿Has sido consciente de que consentir todas las demandas de tu hijo no es lo mismo que amarlo?
15. ¿Estás descansando en Dios para la restauración de tu hijo como una obra de Dios y no como algo que depende de tus esfuerzos personales?
16. ¿Estás demostrándole a tu hijo el amor de Dios, recordándole que aunque pueda estar apartado, siempre será bienvenido a la casa del Padre?

ORANDO...

POR EL FAVOR DE DIOS SOBRE MIS HIJOS

Podría decirse que caminar por la vida con el favor de Dios es como caminar bajo cielos abiertos y sin temor de una tormenta repentina que sea letal. Una de las frases más conmovedoras de la Biblia es «el Señor estaba con él». Esta es una frase de solo cinco palabras, pero tiene un poder que David describió en términos personales de la siguiente manera:

> «Aunque pase por el valle de sombra de muerte,
> No temeré mal alguno, porque Tú estás conmigo;
> Tu vara y Tu cayado me infunden aliento»
> (Salmos 23:4).

José, el hijo de Jacob, es un claro ejemplo de un hombre que gozó de la presencia de Dios durante todos los días de su vida, lo que le permitió transitar por momentos en extremo difíciles sin perder literalmente la vida, la esperanza o la fe. Veamos a continuación algunos de esos momentos trascendentales de su vida.

José prosperó cuando fue vendido por sus propios hermanos como esclavo:

> «Cuando José fue llevado a Egipto, Potifar, un oficial egipcio de Faraón, capitán de la guardia, lo compró a los ismaelitas que lo habían llevado allá. Pero el Señor estaba con José, que llegó a ser un hombre próspero, y vivía en la casa de su amo el egipcio. Vio su amo que el Señor estaba con él y que el Señor hacía prosperar en su mano todo lo que él hacía» (Génesis 39:1-3).

José incluso fue próspero cuando cayó preso producto de una acusación falsa:

> «Entonces el amo de José lo tomó y lo echó en la cárcel, *en* el lugar donde se encerraba a los presos del rey. Allí permaneció en la cárcel.

> Pero el Señor estaba con José, le extendió *Su* misericordia y le concedió gracia ante los ojos del jefe de la cárcel [...] El jefe de la cárcel no supervisaba nada que estuviera bajo la responsabilidad de José, porque el Señor estaba con él, y todo lo que él emprendía, el Señor lo hacía prosperar» (Génesis 39:20-21, 23).

Dios nos ama a todos, pero no todos son favorecidos. La Biblia dice que Dios hace salir el sol sobre buenos y malos, pero afirma que solo a los íntimos dará a conocer su pacto (Mateo 5:45; Salmos 25:14). Los que caminan con Dios no se dejan influenciar por las circunstancias ni tampoco por las prácticas o ideas populares de la cultura de moda. Por ejemplo, se nos dice que durante la antigüedad hubo un tiempo en que «el Señor vio que era mucha la maldad de los hombres en la tierra, y que toda intención de los pensamientos de su corazón era solo *hacer* siempre el mal» (Génesis 6:5). Sin embargo, en medio de esas multitudes malvadas había un hombre que se describe con las siguientes palabras: «Noé siempre andaba con Dios» (Génesis 6:9).

Lo que aprendemos a partir de la frase «andar con Dios» es que los hombres que lo hicieron se caracterizaban por una vida de obediencia al Señor. Noé lo demuestra cuando Dios le pide que construya un arca para salvar su vida, la de su familia y la de los animales. La respuesta de Noé no fue con palabras, sino con hechos obedientes: «Así lo hizo Noé; conforme a todo lo que Dios le había mandado, así lo hizo» (Génesis 6:22). Ese doble «así lo hizo» solo indica la disposición firme de obedecer por parte de Noé.

Contar con el favor de Dios implica primeramente que el Señor se pone de nuestro lado. Veamos solo algunos ejemplos de la Biblia que nos ayudan a entender esa realidad que viene de Dios. José estaba sufriendo el mayor drama injusto de su vida, llegó a Egipto como un esclavo y para añadir mayor calamidad a su situación, termina preso por una acusación falsa. Sin embargo, Dios estaba con él y llegó a ser, contra todo pronóstico, el gobernador de Egipto.

Abraham era ya un hombre anciano y su mujer era estéril cuando Dios le promete un hijo. Sara se rió al escuchar la promesa de Dios, por eso al niño que le nació lo llamaron Isaac, que significa «risa». Ni Abraham ni Sara tenían el poder o la fuerza para poder tener descendencia, pero Dios estaba con ellos y el Señor le dijo a Abraham:

> «"No temas, Abram, Yo soy un escudo para ti; Tu recompensa será muy grande" [...]

El SEÑOR lo llevó fuera, y *le* dijo: "Ahora mira al cielo y cuenta las estrellas, si te es posible contarlas". Y añadió: "Así será tu descendencia"» (Génesis 15:1b, 5).

David era solo un jovencito con un corazón valiente que estaba dispuesto a hacer grandes cosas para Dios. Sin embargo, Goliat era un gigante y un veterano de múltiples batallas. David había cuidado las ovejas de su padre y las había defendido con sus propias manos de las fieras del campo, pero eso no significaba que podría ganarle en un combate cuerpo a cuerpo a Goliat. No obstante, la confianza de David no estaba en su fuerza, agilidad o estrategia, sino que él mismo proclama con absoluta confianza:

«El SEÑOR, que me ha librado de las garras del león y de las garras del oso, me librará de la mano de este filisteo» (1 Samuel 17:37a).

Saúl refrenda las palabras de David y le dice: «Ve, y que el SEÑOR sea contigo» (v. 37b). Esa frase podría haberse considerado simplemente como un buen deseo para una empresa casi imposible, pero la misma representaba no solo un anhelo, sino la gran verdad de que David solo podría triunfar si Dios estaba de su lado. Él era todavía un joven inexperto con cero experiencia como guerrero, pero conocía a su Dios. Años más tarde, cuando fue librado de la mano de Saúl y de sus enemigos, David alabó así al Señor que estaba con él:

«"Yo te amo, SEÑOR, fortaleza mía".
El SEÑOR es mi roca, mi baluarte y mi libertador;
Mi Dios, mi roca en quien me refugio;
Mi escudo y el poder de mi salvación, mi altura inexpugnable.
Invoco al SEÑOR, que es digno de ser alabado,
Y soy salvo de mis enemigos» (Salmos 18:1-3).

David ya era entonces un hombre experimentado y había ganado muchas batallas, pero quiero resaltar que él no encuentra todos los elementos propios de la victoria en batalla en sus estrategias militares, sino en el Señor que está presente en su propia vida. Dios es la fortaleza, la roca, el baluarte, el libertador, el escudo, el refugio y la altura inexpugnable, a quien David invoca en medio de su angustia, y es oído y socorrido (v. 6).

Deberíamos notar también que todos los personajes bíblicos no eran hombres o mujeres perfectos. Sus proezas no eran producto de sí mismos, sino que alcanzaron cosas extraordinarias porque gozaron del favor de Dios en sus vidas.

Moisés era un hombre que había huido de Egipto luego de cometer un asesinato y llevaba muchas décadas escondido en el desierto. Ni siquiera había podido levantar su propio rebaño y seguía pastoreando las ovejas de su suegro. Sin embargo, Dios se le presenta y a pesar de todas sus objeciones le dice: «Ciertamente Yo estaré contigo» (Éxodo 3:12).

Todas las proezas y grandes señales que Moisés realizó no son de su propia autoría ni el resultado de su poder. En realidad, todo fue producto del plan perfecto y el poder soberano del Dios de Israel, que estaba con Moisés para librar a su pueblo de la esclavitud. No fue Moisés quien sacó a Israel de Egipto, sino que «aquel mismo día, el Señor sacó a los israelitas de la tierra de Egipto por sus ejércitos» (Éxodo 12:51).

Quizás el ejemplo supremo de alguien que caminó con Dios es nuestro Señor Jesucristo. Él vivió mostrando una obediencia perfecta que le llevó a decir: «Mi comida es hacer la voluntad del que me envió y llevar a cabo Su obra» (Juan 4:34). Jesucristo vivía en comunión perfecta con el Padre y el Espíritu Santo (Mateo 3:16-17). Solo afirmó que hubo una separación cuando cargó con todos nuestros pecados en la cruz del Calvario y recibió sobre Él todo el derramamiento de la ira de Dios que justamente merecíamos. Sin embargo, ahora que su obra está completa, Jesucristo ha vuelto al Padre y está «sentado a la diestra de Dios» en comunión perfecta (Colosenses 3:1).

Finalmente, el deseo de nuestro corazón es que nuestros hijos vayan por la vida gozando del favor de Dios, y como ya hemos visto, este favor no es el resultado de nuestras obras, sino que, como la propia palabra lo indica, se trata de una gracia de Dios inmerecida. No obstante, también es cierto que el Señor anda buscando hombres y mujeres que se acerquen a Él con corazón sincero y ánimo dispuesto.

> «Porque los ojos del Señor recorren toda la tierra para fortalecer a aquellos cuyo corazón es completamente Suyo» (2 Crónicas 16:9).

> «¡Tú guardarás en perfecta paz a todos los que confían en ti, a todos los que concentran en ti sus pensamientos!» (Isaías 26:3, NTV).

Cómo es una vida bajo el favor de Dios

Vivir bajo el favor de Dios significa mucho más que tener momentos aislados de bendición. Es un estilo de vida en el que su presencia se hace evidente de manera constante. Cuando el Señor mira con agrado a una persona, su vida se alinea con el propósito de Dios, y eso se nota en al menos tres dimensiones:

- Dios mira con agrado a quien cuenta con su favor: su sonrisa descansa sobre esa vida, incluso en medio de procesos y pruebas.
- Quienes caminan con ese favor viven bajo cielos abiertos, experimentando una lluvia continua de bendiciones espirituales que los sostienen y los direccionan.
- Ese favor abre puertas delante de los hombres, otorgando oportunidades que no se explican solo por la capacidad humana, sino por la mano de Dios obrando a su favor.

Este es precisamente el anhelo que deberíamos tener para nuestros hijos: que no solo sean «buenas personas», sino hombres y mujeres que caminan bajo el agrado de Dios, sostenidos por su mano y guiados por su propósito.

Cómo recibir el favor de Dios

El amor de Dios se recibe; el favor de Dios se provoca, en el sentido de que respondemos a su amor con un corazón rendido. El texto que ya hemos citado lo declara con claridad: los ojos del Señor recorren toda la tierra buscando a quienes tienen un corazón por completo para Él (2 Crónicas 16:9).

No compramos el favor de Dios, pero sí podemos posicionarnos para recibirlo cuando:

- Rendimos nuestro corazón por completo al Señor.
- Buscamos su presencia de manera intencional en la Palabra y la oración.
- Obedecemos su voz, aunque eso implique ir contra la corriente de la cultura.

Ese tipo de entrega mueve el corazón de Dios. Él se agrada de aquellos que lo honran con su vida y, como respuesta, se manifiesta con poder a favor de ellos. Eso es lo que queremos enseñar a nuestros hijos: que aprendan a vivir de tal manera que el favor de Dios no sea algo esporádico, sino una marca constante sobre sus vidas.

Podemos perder el favor de Dios

También es importante enseñarles que el favor de Dios no debe darse por sentado. La Escritura nos muestra que es posible apartarse de ese camino. Saúl es un ejemplo trágico: fue escogido por Dios, pero su desobediencia persistente lo llevó a perder ese lugar de favor. Entonces el Señor levantó a otro.

Después de quitarlo, «les levantó por rey a David, del cual Dios también testificó y dijo: "He hallado a David, *hijo* de Isaí, un hombre conforme a Mi corazón, que hará toda Mi voluntad"» (Hechos 13:22).

Esaú, que despreció su primogenitura, y el sacerdote Elí, que no estorbó la maldad de sus hijos, son otros ejemplos de cómo se puede menospreciar la oportunidad de vivir bajo el favor de Dios. No se trata de errores aislados, sino de una actitud continua de indiferencia y desobediencia.

Por eso debemos enseñar a nuestros hijos a valorar la presencia de Dios, a guardar su Palabra y a cuidar su corazón, entendiendo que el favor divino no es un permiso para vivir sin límites, sino un llamado a una obediencia más profunda.

El favor de Dios puede ser heredado

La Biblia también nos muestra que el favor de Dios se extiende de generación en generación. Salomón tuvo una visitación especial del Señor, y parte de esa experiencia estuvo ligada al favor que David, su padre, tenía delante de Dios (2 Crónicas 1:7).

Una y otra vez encontramos esta expresión en la Escritura: «Por amor a David mi siervo» (por ejemplo, en 1 Reyes 11:13; 1 Reyes 15:4; 2 Reyes 19:34). Dios decidió mostrar misericordia y preservar a su pueblo, en parte, por el pacto y el agrado que tenía con David.

Esto nos anima como padres: nuestra fidelidad hoy puede abrir camino de favor para nuestros hijos mañana. No podemos creer por ellos ni obedecer por ellos, pero sí podemos dejarles una herencia espiritual: un nombre asociado a integridad, obediencia y amor por Dios. Es una manera poderosa de bendecir su futuro.

Cuando oramos por el favor de Dios sobre nuestros hijos, no solo pedimos que Él los acompañe en todo lo que hagan, sino que también nos comprometemos a vivir de tal manera que ellos reciban, como legado, una historia marcada por la fidelidad al Señor. De esta forma, el favor de Dios no solo los alcanza a ellos, sino que continúa fluyendo a lo largo de toda la familia y de las generaciones venideras.

Oración modelo para los padres

Padre amado, hoy me presento delante de ti para rogarte una vez más por la vida de mis hijos. Clamo para que hallen favor delante de ti. Que tu favor nunca se aparte de ellos. Te pido que se cumpla literalmente la bendición mosaica sobre mis hijos, la cual ahora repito por ellos delante de tu presencia:

> «El Señor te bendiga y te guarde;
> El Señor haga resplandecer Su rostro sobre ti,
> Y tenga de ti misericordia;
> El Señor alce sobre ti Su rostro,
> Y te dé paz» (Números 6:24-27).

Ruego que sus vidas sean de agrado a tus ojos. Que tu favor sea incrementado sobre mi familia de generación en generación.

Permite que mis hijos hallen gracia y favor delante de las personas con las cuales tengan que relacionarse. Que sus rostros brillen por la luz de tu presencia todos los días de su vida.

Ayúdame a dejarles como padre una herencia de cielos abiertos debido a mi obediencia. Sé que he cometido errores y te he fallado, pero acudo a tu gracia, te pido perdón y te ruego por nuevas oportunidades para caminar contigo.

Te agradezco porque mi pasado fue perdonado y hoy decido por medio de Cristo empezar una nueva historia con un linaje redimido. En el nombre de Jesús, amén

VERSÍCULOS PARA REFLEXIONAR:
PROVERBIOS 12:2; SALMOS 5:12; 2 TIMOTEO 1:9.

Preguntas de discusión

1. ¿Crees que los cielos están abiertos sobre tu vida y tu familia?
2. ¿Son tus hijos conscientes de que los hijos de Dios podemos prosperar aun en las circunstancias más difíciles, tal como lo hizo José?
3. ¿Qué significa para ti contar con el favor de Dios y cómo ves esa manifestación en la vida de tus hijos?
4. ¿Qué cambios debes hacer en tu vida y hogar para vivir conforme al favor de Dios?
5. Dios les mostró su favor a personas como Moisés, David y José a pesar de sus limitaciones. ¿Les has enseñado a tus hijos que a pesar de sus limitaciones Dios puede usarlos para propósitos extraordinarios?
6. La Biblia dice que el favor de Dios abre puertas delante de los hombres. ¿Qué ejemplos puedes compartir con tus hijos sobre cómo el favor de Dios ha abierto puertas en tu propia vida?
7. ¿Cómo puedes ayudar a tus hijos a entender que el favor de Dios no solo depende de su relación íntima con Él y su disposición a vivir conforme a Su voluntad?

ORANDO...

POR PROTECCIÓN CONTRA EL ABUSO

Una de las historias familiares más tristes de la Biblia ocurrió en el seno familiar del mismísimo rey David. El abuso sexual perpetrado por Amnón contra su hermana Tamar es escalofriante y doloroso. Tamar era una jovencita hermosa y Amnón, su medio hermano, estaba obsesionado con ella. «Y Amnón estaba tan atormentado a causa de su hermana Tamar que se enfermó, porque ella era virgen, y le parecía difícil a Amnón hacerle cosa alguna» (2 Samuel 13:2).

Sin embargo, estos pensamientos y emociones siniestros no surgieron de la nada. Al parecer, Amnón no tenía buenas compañías. Jonadab le sonsacó a Amnón la verdad sobre las pasiones que albergaba por su hermana, y como era muy astuto, planeó un ardid para que el hijo de David pudiera satisfacer sus oscuros deseos. Así que Amnón se hizo el enfermo y le pidió a Tamar que le trajera algunos alimentos. Ella le llevó su comida preferida, pero él buscó abusar de ella aprovechando que estaban solos. El pedido de súplica de la joven todavía resuena por el dolor que transmite:

> «¡No, hermano mío! —imploró ella—. ¡No seas insensato! ¡No me hagas esto! En Israel no se hace semejante perversidad. ¿Adónde podría ir con mi vergüenza? Y a ti te dirán que eres uno de los necios más grandes de Israel» (2 Samuel 13:12-13, NTV).

Sin embargo, Amnón estaba enceguecido por su pasión enfermiza y no quiso escucharla, y «como era más fuerte que ella, la forzó, y se acostó con ella» (2 Samuel 13:14). En cuanto satisfizo su perversidad, sus emociones cambiaron radicalmente. «Entonces Amnón la aborreció con un odio muy grande; porque el odio con que la aborreció fue mayor que el amor con que la había amado» (2 Samuel 13:15). Él la echó de su presencia y ella nuevamente le suplicó que no lo hiciera, porque quedaría marcada para siempre por lo que le había sucedido. Pero Amnón no quiso escucharla.

> «Llamó, pues, a su criado que le servía y *le* dijo: "Echa a esta mujer fuera de aquí, y cierra la puerta tras ella". (Ella llevaba un vestido de manga larga, porque así las vírgenes del rey se vestían con túnicas). Su criado la echó fuera, y cerró la puerta tras ella. Entonces Tamar se puso ceniza sobre la cabeza, rasgó el vestido de manga larga que llevaba puesto, y se fue gritando con las manos sobre la cabeza» (2 Samuel 13:17-19).

¡El terrible mal estaba hecho! Lo que siguió a continuación fue un baño de sangre. Absalón, hermano de Tamar, la recibió desconsolada y decidió tomar la justicia con sus propias manos. Él esperó dos años para llevar a cabo su venganza. Preparó un festejo para todos sus hermanos, entre los cuales también estaba Amnón. Absalón esperó que su hermano estuviera un poco mareado y en ese momento les ordenó a sus criados que lo mataran. Todos los hijos de David huyeron despavoridos, y cuando el rey se enteró de lo sucedido lloró amargamente. La familia se rompió en ese momento. Absalón huyó de David por tres años, pero nunca pudo reconciliarse con su padre. Algún tiempo después moriría producto de la conspiración que levantó contra su padre David.

El abuso sexual

Este es uno de los males más dolorosos e infames de la historia humana, pero no se habla de él con la fuerza con que deberíamos hacerlo. El secreto, la ignorancia y la impunidad rodean este despreciable acto. Y frente al abuso sexual infantil, la indiferencia es aceptación. El abuso resulta tan frecuente como una epidemia de varicela, solo que a diferencia de esta enfermedad contagiosa aún no se ha inventado ninguna vacuna para eliminar, o al menos amortiguar, la infinidad de efectos colaterales que acarrea este tipo de trauma.

Es importante que podamos tener presente algunas cifras que nos permiten visibilizar el problema en América Latina:

- Solo en América Latina 2.000.000 de niños y niñas son abusados cada año.
- Por hora son abusados 228 niños y niñas, 4 por minuto y 1 cada quince segundos.
- El 77 % de los abusados son menores de 12 años.
- De cada 10 personas, 4 sufren algún tipo de abuso.

No todos los abusos son iguales y de la misma magnitud. Tenemos, en primer lugar, el abuso sin contacto físico, pero eso no significa que las consecuencias emocionales sean menores. Nunca minimices este tipo de experiencias. Entre las formas en que se manifiesta tal tipo de abuso están las siguientes:

- Mostrarles los genitales al niño.
- Pedirle al niño que muestre sus genitales.
- Exponer al niño a material pornográfico.
- Mantener conversaciones o llamadas telefónicas con un niño que tengan contenido sexual.
- Obligar al niño a presenciar actos sexuales entre adultos.
- Utilizar a niños para la producción de material pornográfico con contacto físico, manoseos o toques maliciosos.

En segundo lugar, está el abuso con contacto físico, que es, como su nombre lo indica, una violación con acceso carnal, aunque también se tipifican como tal los manoseos o toques con malicia.

Uno de los aspectos más terribles del abuso radica en que la gran mayoría de los abusadores son personas que la víctima conoce de cerca y que gozan de la confianza de los otros miembros del hogar.

- El 94 % de los abusadores son personas que el niño o la niña conoce.
  Tío (31 %).
  Primo (28 %).
  Hermano (21 %).
  Padre (8 %).
  Padrastro (7 %).
  Abuelo (5 %).

- El 50 % de los niños y niñas abusados convive con sus agresores.

- La red de prostitución infantil en el mundo incluye a 100.000.000 de niños.
- Cada año ingresa a este circuito 1.000.000 de niños menores de 18 años.

La razón para el abuso infantil radica en que cuanto más grande sea la víctima, más posibilidades hay de que denuncie al autor. Generalmente, los abusos son confesados o denunciados por los hermanos mayores, los cuales ya tienen la fuerza suficiente para enfrentar a los pedófilos.

Medidas preventivas necesarias

La irrupción abusiva de la sexualidad adulta en los niños trae consecuencias, muchas de ellas irreparables. No se debe dar por sentado que nuestra familia o iglesia estará exenta de sufrir algún tipo de abuso sexual. Por lo tanto, debemos reconocer que la prevención es la mejor herramienta contra cualquier tipo de abuso de esta índole. Debemos orar al Señor para que libre a nuestros hijos y abra nuestros ojos para enfrentar el mal cuando se presente en medio nuestro. En el mismo sentido, debemos considerar las siguientes medidas de prevención:

- Una adecuada educación sexual a temprana edad y una buena comunicación entre los padres y los hijos disminuyen en un 80 % la posibilidad de un abuso sexual infantil.
- Es necesario enseñarles a nuestros hijos a diferenciar las partes íntimas de las públicas.
- Es muy importante instruirlos en cuanto a que no deben guardar secretos con nadie y no deben tener reservas para hablar con papá o mamá.
- Resulta recomendable cambiar la percepción de las niñas, pues existe el estereotipo social de que el hombre es fuerte y la mujer es débil. Esa percepción crea sus propias víctimas de abusos y violaciones: los débiles. La feminidad no tiene relación con «debilidad o pasividad». Debemos enseñarles a las niñas a ser valientes, no dejarse intimidar y desarrollar habilidades físicas defensivas.

- Necesitamos cuidar el ambiente de nuestro hogar, porque los abusadores surgen de entre los miembros de cualquier familia, pero se podría decir que esos hogares tienen características en común: conflictos, desavenencias conyugales, gritos, faltas de respeto, menosprecio, insultos y peleas. Es improbable que el abuso sexual surja en medio de una familia donde el respeto, el cariño y el buen trato sean la norma cotidiana. Por lo tanto, debemos trabajar para que el ambiente de nuestro hogar sea ejemplo de un amor cristiano auténtico.
- Es muy importante invertir tiempo de calidad en familia para conversar, mostrar sentimientos, establecer principios y valores comunes, y fortalecerse con la lectura de la Palabra de Dios y la oración de los unos por los otros.
- Nunca olviden que la oración acompaña a nuestros hijos cuando nosotros no podemos ir con ellos, pero Dios sí permanece a su lado todo el tiempo.

Recomiendo ampliamente los recursos de los pastores José Luis y Silvia Cinalli para prevenir y sanar el abuso sexual infantil (www.placeresperfectos.org).

Oración modelo para los padres

Padre amado, hoy pongo a mis hijos bajo tu sombra protectora una vez más. Te pido que los rodees con tus ángeles en todo momento, y especialmente en los momentos en que pudieran encontrarse en peligro y no podamos estar con ellos.

Aparta de mis hijos a toda persona con malas intenciones que quiera hacerles daño. Oro por su sexualidad, para que lleguen al matrimonio libres de traumas y consecuencias que lamentar debido a las heridas provocadas por otras personas.

Te suplico que nadie robe su futuro por medio del abuso. Oro que el día que contraigan matrimonio puedan disfrutar de lo que tú creaste sin inhibiciones, y que no sean privados del deleite asociado al sexo producto de experiencias traumáticas en la niñez.

Dame la capacidad para poder discernir oportunamente cuando se encuentren en peligro de abuso, a fin de poder intervenir y protegerlos.

Si han sido víctimas de abuso, te pido que obres en ellos para que puedan sanar por completo dichas heridas.

Sé un escudo impenetrable alrededor de mis hijos. Permite que crezcan en sabiduría y gracia para con Dios y los hombres. En el nombre de Jesús, amén

VERSÍCULOS PARA REFLEXIONAR:
SALMOS 11:5; PROVERBIOS 31:8-9.

Preguntas de discusión

1. ¿Por qué crees que el abuso sexual es un tema del que «no se habla» en la iglesia?
2. ¿Cómo afecta el silencio y la indiferencia a las víctimas?
3. ¿Qué falsas ideas existen dentro de la iglesia con respecto al abuso?
4. ¿Por qué es importante reconocer que el abuso sin contacto físico también es abuso?
5. ¿Qué te impacta del hecho de que la mayoría de los abusadores son gente cercana a la familia?
6. ¿Qué acciones concretas puedes llevar a cabo para proteger a los niños dentro de tu propio hogar y la iglesia?
7. ¿Por qué es tan importante la educación sexual temprana en el hogar?
8. ¿Hablan en tu casa con naturalidad sobre la educación sexual o es un tema tabú?
9. Si has sido abusado, ¿lo has compartido con alguien y has buscado sanidad?
10. ¿Qué efectos has conocido o visto en las personas que han sufrido abuso?
11. ¿Por qué es tan importante que la iglesia trate este tema con sensibilidad y verdad?
12. ¿Qué papel juega Dios en el proceso de sanidad emocional y espiritual?
13. ¿Sabes cuáles son las señales que debemos aprender a identificar en casos de abuso?
14. ¿Qué hábitos familiares debes desarrollar para crear un hogar seguro, amoroso y protector?

15. ¿Cómo equilibras la confianza familiar con la sabiduría y la vigilancia?
16. ¿Qué le dirías a un padre que dice: «Eso nunca podría suceder en mi casa»?

Orando...

POR SU PROSPERIDAD FINANCIERA

La prosperidad es siempre un arma de doble filo. Resulta indudable que el Señor desea que sus hijos prosperen de diferentes maneras. La tercera carta del apóstol Juan está dirigida a Gayo, una persona por la que sentía un gran afecto y por quien ora con estas palabras: «Amado, ruego que seas prosperado en todo así como prospera tu alma, y que tengas buena salud» (3 Juan 2). Es interesante que el anhelo del anciano Juan no solo sea la prosperidad espiritual de Gayo, sino su bienestar en todo sentido. Este sentimiento no es único del apóstol, sino que lo encontramos a lo largo de toda la Biblia.

El gran peligro es que nuestros hijos prosperen fuera de la voluntad de Dios. Muchos pueden ser bendecidos con recursos económicos abundantes, pero esa prosperidad material los distrae y, finalmente, los aparta del Señor. Moisés advierte de esa tendencia humana pecaminosa, aconsejándole al pueblo de Dios que está a punto de entrar a la tierra prometida que todo el progreso y la riqueza que alcancen en su nueva tierra siempre será una bendición del Señor. Ellos tendrán que trabajar duro y esforzarse por sacar adelante sus vidas, pero no deben olvidar que son siervos de Dios y están usando los recursos que Él ha dispuesto en abundancia en la tierra para que alcancen su bienestar. Por lo tanto, Moisés les lanza una poderosa advertencia:

> «Cuídate de no olvidar al Señor tu Dios dejando de guardar Sus mandamientos, Sus ordenanzas y Sus estatutos que yo te ordeno hoy; no sea que cuando hayas comido y te hayas saciado, y hayas construido buenas casas y habitado *en ellas*, y cuando tus vacas y tus ovejas se multipliquen, y tu plata y oro se multipliquen, y todo lo que tengas se multiplique, entonces tu corazón se enorgullezca, y te olvides del Señor tu Dios que te sacó de la tierra de Egipto de la casa de servidumbre [...]
>
> No sea que digas en tu corazón; "Mi poder y la fuerza de mi mano me han producido esta riqueza". Pero acuérdate del Señor

tu Dios, porque Él es el que te da poder para hacer riquezas, a fin de confirmar Su pacto, el cual juró a tus padres como en este día» (Deuteronomio 8:11-14, 17-18).

Ayudar a nuestros hijos a descubrir la voluntad de Dios para sus vidas y ser obedientes a la Palabra de Dios los hará prósperos, pues cuando descubran su llamado personal y las habilidades y dones que Dios puso en ellos, se verá el cumplimiento del proverbio: «¿Has visto a alguien realmente hábil en su trabajo? Servirá a los reyes en lugar de trabajar para la gente común» (Proverbios 22:29, NTV). Si ellos entienden su llamado y habilidades particulares no tendrán problemas, por ejemplo, con su autoestima, ya que entenderán que tienen un llamado especial y unas habilidades particulares para llevar a cabo su misión y su aporte en la tierra.

Es evidente que los adolescentes compiten con sus pares para ser aceptados y suelen fundamentar esa aceptación en la apariencia física y los logros personales. Sin embargo, si entienden que tienen un llamado y habilidades particulares dadas por Dios, podrían superar todo tipo de competencia, pues tienen su propio camino de obediencia al Señor y no necesitan medirse con alguien más porque no existe otro llamado como el de ellos. No descubrir su llamado personal genera una baja autoestima que hará que deseen llamar la atención con cosas sin importancia, como la vestimenta o los comportamientos inapropiados.

En el mismo sentido, es importante que nuestros hijos entiendan que los seres humanos somos administradores y no propietarios. El único propietario soberano sobre todo es nuestro Dios. Todos los demás disfrutamos de lo que solo le pertenece al Señor y estamos simplemente de paso.

> «Del SEÑOR es la tierra y todo lo que hay en ella,
> El mundo y los que en él habitan» (Salmos 24:1).

> «"Mía es la plata y Mío es el oro", declara el SEÑOR de los ejércitos» (Hageo 2:8).

Los seres humanos sin distinción son mayordomos y administradores de los bienes de Dios. Eso significa que cualquiera de nuestras «posesiones», es decir, cualquier cosa que reconozcamos como de nuestra propiedad o dominio, o sobre la cual tengamos algún tipo de derecho legal exclusivo, siempre será secundaria y temporal. En términos bíblicos, las posesiones nunca se describen como algo definitivo o absoluto en manos de los hijos de Dios. Por el contrario, la Biblia nos enseña que, aunque podamos «poseer» cosas temporalmente, todo lo que tenemos le pertenece realmente a Dios, incluyendo nuestras propias vidas.

> «Tuya es, oh SEÑOR, la grandeza y el poder y la gloria y la victoria y la majestad, en verdad, todo lo que hay en los cielos y en la tierra; Tuyo es el dominio, oh SEÑOR, y te exaltas como soberano sobre todo.
>
> De Ti *proceden* la riqueza y el honor; Tú reinas sobre todo y en Tu mano están el poder y la fortaleza, y en Tu mano está engrandecer y fortalecer a todos» (1 Crónicas 29:11-12).

La Biblia deja muy claro que Dios es el dueño de todo. Los humanos podemos disfrutar de la administración y el disfrute temporal de ciertos bienes, pero en última instancia, todo le pertenece a Él. La posesión implica propiedad exclusiva, mientras que la mayordomía implica la administración de lo que no nos pertenece. Así que Dios es el propietario y nosotros somos los mayordomos o administradores de sus inmensos recursos.

Los títulos de propiedad humanos, las cuentas bancarias y las pocas joyas que podamos tener en la caja fuerte nos llevan a la falsa creencia de que somos realmente los dueños de lo que tenemos. Pensamos erróneamente que los recursos y las bendiciones que disfrutamos son nuestros y, lo peor de todo, que con ellos podemos hacer lo que queramos. Sin embargo, si dejamos de llamarnos propietarios y asumimos nuestro rol de administradores, entonces estaremos siempre conscientes de que Dios es el dueño absoluto de todo lo que poseemos. Somos simples administradores, responsables de usar lo que Él nos ha dado de manera que honre su voluntad y cumpla sus propósitos.

La parábola de los talentos ilustra claramente este principio (Mateo 25:14-30). Los siervos no eran dueños de los talentos que recibieron, sino que debían administrarlos fielmente mientras su señor estaba ausente. El siervo que no fue buen mayordomo enterró su talento y por eso resultó reprendido, mientras que aquellos que invirtieron sabiamente los recursos recibieron la aprobación de su señor.

Esa parábola de Jesús nos enseña que debemos reconocer que todo lo que tenemos proviene de Dios, por lo tanto, debemos manejarlo con sabiduría, responsabilidad y gratitud. Nuestros hijos empiezan a descubrir este principio fundamental para vivir una vida buena cuando van aprendiendo a cuidar sus útiles escolares, bicicletas y cuartos. Jesús nos enseñó: «El que es fiel en lo muy poco, es fiel también en lo mucho; y el que es injusto en lo muy poco, también es injusto en lo mucho» (Lucas 16:10). La fidelidad en las cosas pequeñas será un reflejo anticipado de nuestra responsabilidad futura en las grandes cosas que Dios pondrá bajo nuestro cuidado. Jesús dice que aquellos que administran bien lo que se les ha dado serán puestos sobre más responsabilidades y serán recompensados.

> «Bien, siervo bueno y fiel; en lo poco fuiste fiel, sobre mucho te pondré; entra en el gozo de tu señor» (Mateo 25:21).

Otro aspecto importante que debemos aprender con respecto a nuestra mayordomía cristiana y necesitamos enfatizarles a nuestros hijos es la responsabilidad de ofrendar y diezmar con regularidad. El Señor promete bendecir y abrir los tesoros de los cielos a los que cumplen con este mandato. Bajo el nuevo pacto no practicamos el diezmo como «ley», sino como un principio espiritual por medio del cual le damos a Dios las primicias de todo lo que le pertenece y nos permite disfrutar, y como una medida mínima que Dios estableció aun antes de la ley (Malaquías 3:10).

Otro aspecto importante que debemos enseñarles a nuestros hijos es el uso de los recursos que el Señor pone a nuestra disposición como un acto de adoración que, finalmente, le dé la gloria a Dios (Colosenses 3:23-24). En el mismo sentido, Dios es tan bueno al permitirnos disfrutar y usufructuar sus recursos, que nosotros debemos también mostrar esa misma generosidad con acción de gracias. Salomón y Pablo lo expresan de formas distintas, pero mantienen el mismo principio.

> «Hay quien reparte, y le es añadido más,
> Y hay quien retiene lo que es justo, solo para venir a menos.
> El alma generosa será prosperada,
> Y el que riega será también regado» (Proverbios 11:24-25).

> «Pero esto *digo*: el que siembra escasamente, escasamente también segará; y el que siembra abundantemente, abundantemente también segará. Que cada uno *dé* como propuso en su corazón, no de mala gana ni por obligación, porque Dios ama al que da con alegría» (2 Corintios 9:6-7).

La mayordomía incluye ser generosos con lo que tenemos, ya sea tiempo, dinero o habilidades. La generosidad no solo es un mandato, sino también una manera de reconocer que todo lo que poseemos proviene de Dios. Por lo tanto, debemos obedecer el mandamiento de no quedarnos con todo, sino compartir con los demás lo mucho que el Señor nos da.

La Biblia también nos advierte sobre el peligro de malgastar lo que Dios nos ha confiado en cosas superfluas, innecesarias o extravagantes. Dilapidar los recursos de Dios no solo refleja una falta de sabiduría, sino una falta de gratitud, prudencia y responsabilidad delante del Señor. En otro capítulo vimos al hijo pródigo, quien pide su herencia antes de tiempo y la malgasta en una vida licenciosa que terminó en la miseria. El derroche y la mala administración de los recursos no solo nos afectan a nosotros mismos, sino que también afectan el propósito de Dios para nuestras vidas, familias y mucho más allá.

Finalmente, el apóstol Pablo nos recuerda que todos compareceremos ante el tribunal de Cristo para rendir cuentas de nuestras vidas y de cómo utilizamos los recursos que Dios nos ha dado como administradores de sus bienes (Romanos 14:11-12; 2 Corintios 5:10).

Oración modelo para los padres

Padre soberano y dueño del universo y de nuestras propias vidas, gracias porque tú eres un Dios generoso y dador por excelencia. Gracias por tantas bendiciones que has derramado sobre mi familia.

Hoy me presento delante de ti para pedirte perdón porque a veces he usado de manera egoísta los recursos que tan generosamente me has entregado sin merecerlos. Ayúdame a ser un modelo de buena administración y generosidad.

Permite que mis hijos entiendan que son solo administradores de los recursos que adquieran en el futuro. Que les pueda enseñar desde pequeños esos principios de administración para que sus vidas sean prósperas conforme a Dios y que glorifiquen al Señor con todo lo que hagan.

Te pido que abras los tesoros del reino de los cielos sobre sus vidas y que prosperen en gran manera. Que fructifiquen en todas las tareas que realicen con diligencia y esfuerzo.

Que la generosidad sea una constante en sus vidas. Que inviertan sus recursos en el reino y su pasión sea la generosidad extrema porque sus corazones estén llenos de gratitud hacia ti. Líbralos de la tacañería y la avaricia.

Te doy gracias porque tú eres nuestro ejemplo de generosidad y nos has dado lo mejor que tenías en el cielo, a nuestro Señor Jesucristo, para pasar de muerte a vida. En el nombre de Jesús, amén.

VERSÍCULOS PARA REFLEXIONAR:
PROVERBIOS 10:22; FILIPENSES 4:19.

Preguntas de discusión

1. ¿Les has enseñado a tus hijos que todo lo que tenemos le pertenece a Dios y no a nosotros y ellos lo demuestran con su comportamiento?
2. ¿Estás modelando la fidelidad en las pequeñas cosas o hay excesivos derroches en tu hogar?
3. ¿Estás enseñándoles a tus hijos a ver sus recursos no como posesiones, sino como herramientas para cumplir el propósito de Dios?
4. ¿Ayudas a tus hijos a entender que tienen un propósito particular dado por Dios, y que su valor no depende de sus posesiones o apariencias?
5. ¿Qué ejemplos puedes compartir con tus hijos de personas que prosperaron, pero se autodestruyeron?
6. ¿Enseñas a tus hijos a ver su valor en Cristo, de manera que no caigan en la trampa de compararse con otros por su apariencia o posesiones materiales?
7. ¿Son tus hijos fieles mayordomos de lo que tienen actualmente, incluso en las pequeñas cosas, como sus pertenencias personales?
8. ¿Estás enseñando a tus hijos a practicar la generosidad, la fidelidad y la gratitud a través de sus ofrendas y diezmos como parte del establecimiento de un estilo de vida cristiano?

9. ¿Les has explicado a tus hijos que servir a Dios no siempre implica que seremos millonarios y que la recompensa no siempre es material?
10. ¿Ayudas a tus hijos a invertir en lo eterno en lugar de enfocarse solo en el éxito temporal?
11. ¿Saben tus hijos que eres un fiel diezmador y generoso con el prójimo?
12. ¿Les enseñas a tus hijos que el dar no solo se refiere a dinero, sino también a tiempo, habilidades y amor por los demás?
13. ¿Estás viviendo de acuerdo con los principios de mayordomía que quieres enseñarles a tus hijos?
14. ¿De qué manera puedes mejorar tu propia administración financiera a fin de tener más recursos para sembrar en el reino?
15. ¿Están orando como familia por la prosperidad de tus hijos, no solo en términos materiales, sino también en lo que respecta a su relación con Dios y el cumplimiento de su propósito divino?

ORANDO...

PARA QUE SE VEAN COMO DIOS LOS VE

Uno de los aspectos más impresionantes de Jesús es que era capaz de conocer a cada persona por completo. Se podría decir que las apariencias nunca lo engañaban. Juan nos cuenta que Jesús no se confiaba de todos los que decían creer en Él, y la razón era muy simple: «los conocía a todos, y no tenía necesidad de que nadie le diera testimonio del hombre, porque Él conocía lo que había en el *interior del* hombre» (Juan 2:24b-25).

Juan y los otros evangelistas declararon que Jesús conocía muy bien a todas las personas sin que hubiera necesidad de que ellas se presentaran o dijeran algo (Mateo 9:24; 12:25; Lucas 9:47). Por eso le dijo a la mujer samaritana que trajera a su marido o a Zaqueo que bajara del árbol a comer con él (Juan 4:16; Lucas 19:5). Jesús los conocía perfectamente. Algunas veces sus propios enemigos pensaron que Jesús no conocía realmente a las personas. Por ejemplo, cuando una mujer entró de repente a una cena donde estaba Jesús, se puso detrás de Él y le mojó los pies con sus lágrimas y los secó con sus cabellos, el fariseo que lo había invitado pensó: «Si Este fuera un profeta, sabría quién y qué clase de mujer es la que lo está tocando, que es una pecadora» (Lucas 7:39). Sin embargo, Jesús sí sabía quién era y lo que buscaba esa mujer. Por eso le dijo: «Tus pecados han sido perdonados» (Juan 7:48). Ella no dijo nada, pero Jesús lo sabía todo.

Podríamos decir con seguridad que el Señor nos conoce por completo, así que solo podemos alabarlo como lo hizo David en la antigüedad ante la maravilla de que nuestras vidas sean como un libro abierto delante de Dios:

> «Oh Señor, has examinado mi corazón
> y sabes todo acerca de mí.
> Sabes cuándo me siento y cuándo me levanto;
> conoces mis pensamientos, aun cuando me encuentro lejos.
> Me ves cuando viajo

y cuando descanso en casa.
Sabes todo lo que hago.
Sabes lo que voy a decir
incluso antes de que lo diga, SEÑOR.
Vas delante y detrás de mí.
Pones tu mano de bendición sobre mi cabeza.
Semejante conocimiento es demasiado maravilloso para mí; ¡es tan elevado que no puedo entenderlo!» (Salmos 139:1-6, NTV).

Saber que Dios nos conoce por completo no debería producir temor en nosotros. Por el contrario, ahora podemos entender mejor por qué nos muestra tanta misericordia y gracia. Dios sabe que las necesitamos y no duda en brindarlas en abundancia.

Lamentablemente, vivimos demasiado preocupados por lo que piensan los demás de nosotros. Las redes sociales nos han empujado a preocuparnos desmedidamente por lo que los otros ven o piensan acerca de nuestra vida. Nos preocupa más lo que los demás opinan de nosotros que la condición real de nuestro corazón. Esa presión del mundo virtual nos hace olvidar lo que Dios le dijo con tanta claridad al profeta Samuel: «No juzgues [a las personas] por su apariencia o por su estatura, porque yo lo he rechazado. El SEÑOR no ve las cosas de la manera en que tú las ves. La gente juzga por las apariencias, pero el SEÑOR mira el corazón» (1 Samuel 16:7, NTV). Nuestro error radica en que buscamos con desesperación la aprobación de los demás cuando, en realidad, debiéramos vivir buscando la aprobación de Dios.

Preocuparnos por lo que la gente piensa o dice de nosotros nos hace vivir en una cárcel y nos convierte en hipócritas que andan buscando vivir conforme a las expectativas de las personas o tratando de fingir lo que realmente no somos. Nuestros hijos deben aprender a ser libres de la opinión de la gente y dejar de tener una preocupación excesiva por lo que puedan decir de ellos los demás. Deben aprender que su mayor interés debe estar en lo que Dios dice de ellos.

Dios siempre nos hablará con gracia y verdad, es decir, nunca nos mentirá. Él nunca usará un lenguaje despectivo para referirse a nuestra realidad. Nuestro Dios no hace acepción de personas (Romanos 2:11). Por el contrario, Él «es paciente para con nosotros, no queriendo que ninguno perezca, sino que todos procedan al arrepentimiento» (2 Pedro 3:9, RVR1960). Nuestro Señor sabe que somos pecadores, pero también Jesucristo ocupó nuestro lugar en la cruz del Calvario para que nuestros pecados sean borrados y podamos vivir en novedad de vida (Romanos 6:4).

Todo lo anterior significa que no debemos dejar que el enemigo distorsione la manera en que nuestros hijos se ven a sí mismos, a los demás e incluso a Dios. No podemos vivir siendo menospreciados por los otros o despreciándonos a nosotros mismos, sintiéndonos incapaces, incompetentes, desmerecedores y cosas semejantes. Sin embargo, tampoco podemos ver a los demás como superiores a nosotros, más atractivos y estar siempre envidiándolos. Además, nunca podemos tener una percepción equivocada del Señor y pensar que es un Dios simplemente lejano, castigador y ausente.

Debemos definirnos por lo que Dios dice de nosotros en su Palabra, porque Él siempre hablará la verdad llena de gracia y porque sabemos que «Dios no envió a Su Hijo al mundo para juzgar al mundo, sino para que el mundo sea salvo por Él» (Juan 3:17). Dios podrá mostrarnos la realidad y la oscuridad de nuestros pecados, pero también nos mostrará su gracia y el camino para salir de cualquier estado en el que nos encontremos.

Hablando la verdad de Dios al corazón de nuestros hijos

Los niños desde muy pequeños van forjando una imagen de sí mismos. Esta imagen es guiada o creada por las primeras personas que se encargan de su cuidado, y estamos hablando de los padres. La autoestima que se va creando desde muy temprana edad suele establecerse con firmeza y llega a ser muy difícil de cambiar con el paso del tiempo. Por lo tanto, durante la crianza debemos ser muy conscientes de ciertos factores negativos que debemos rechazar, ya que son determinantes en la formación de una imagen personal negativa. Entre muchos otros podemos mencionar la falta de afecto y amor en la familia, las palabras poco edificantes y que solo recalcan el fracaso, y vivir en una familia desintegrada.

Los factores antes mencionados y muchos otros que son similares hacen que los hijos sean más susceptibles a la frustración, el temor, la inseguridad, el fracaso y la depresión, resultando realmente más vulnerables a ser paralizados por el temor y a vivir en constante inestabilidad e inconstancia. Los padres que no tuvieron palabras amorosas y mostraron una actitud menospreciativa hacia sus hijos harán que piensen que no merecen su atención, y por ende la atención y el cuidado de Dios. Eso significa que viven bajo la sombra del rechazo, porque se les ha robado todo potencial y valor personal.

Los siguientes rasgos nos permiten identificar a una persona que tiene una baja autoestima:

- Su lenguaje es de menosprecio: «No sirvo para nada», «Soy muy feo, o tonto», «Nada me queda bien».
- Demuestra sentimientos de impotencia: «Yo no lo puedo hacer».
- Sufre con frecuencia de vergüenza, porque es muy sensible a la crítica.
- Tiene una anticipación negativa. Antes de hacer cualquier cosa ya está diciendo que no lo hace bien.
- No se acepta a sí mismo, todo lo ve negro: su vida y su futuro.
- Su identidad es muy débil, por eso fácilmente tiende a querer ser como otros.
- Vive bajo temor e inseguridad constantes, no se atreve a decir que no por temor a perder el favor de otras personas.

La baja autoestima de nuestros hijos se vence primeramente en oración por ellos, pidiéndole al Señor que puedan verse como Él los ve. Para eso es importante llevarlos a la Palabra de Dios y que sean capaces de descubrir por sí mismos lo bien que el Señor los conoce y su profundo amor por ellos. Si hemos sido demasiado duros y distantes, es importante que pidamos perdón por las palabras negativas que pronunciamos contra ellos y que tomemos la decisión de reemplazar esas palabras negativas con la verdad de Dios.

No se trata de que nuestros hijos pasen de tener una baja autoestima a sentirse completamente orgullosos de sí mismos, dejando de reconocer que son pecadores e imperfectos y que necesitan recibir el perdón de Dios cada día y seguir creciendo para parecerse cada vez más a Jesucristo. Por lo tanto, es necesario que este consejo del apóstol Pablo sea parte de la enseñanza que les damos a ellos y que aplicamos a nosotros mismos:

> «Basado en el privilegio y la autoridad que Dios me ha dado, le advierto a cada uno de ustedes lo siguiente: ninguno se crea mejor de lo que realmente es. Sean realistas al evaluarse a ustedes mismos, háganlo según la medida de fe que Dios les haya dado» (Romanos 12:3, NTV).

Oración modelo para los padres

Padre amado, gracias porque tú conoces a mis hijos completa y profundamente. Nada de ellos te es oculto: conoces sus pensamientos, sus temores, sus luchas y también los sueños que todavía no saben poner en palabras. Gracias porque, aunque los demás miran las apariencias, tú miras el corazón de cada uno de ellos.

Hoy te pido, Señor, que mis hijos aprendan a verse como tú los ves. Que no definan su valor por los comentarios de las redes sociales, por la opinión de sus amigos, por sus logros o fracasos, sino por la verdad de tu Palabra. Rompe en ellos toda mentira que les diga que no sirven, que no son suficientes, que son menos que otros o que no merecen ser amados. En el nombre de Jesús, cancelo toda etiqueta de rechazo, vergüenza, incapacidad o comparación que se haya levantado sobre sus vidas.

Señor, te pido perdón por las veces que con mis palabras, mis reacciones o mi indiferencia he contribuido a que mis hijos se vean de manera equivocada. Si alguna vez los marqué con frases hirientes, si los hice sentir menos, si fui indiferente a su dolor o estuve ausente cuando más me necesitaban, hoy te pido que sanes esas heridas. Dame la gracia de pedirles perdón y de convertirme, a partir de ahora, en un instrumento tuyo para afirmar su identidad en ti.

Espíritu Santo, habla al corazón de mis hijos y revela quiénes son ellos en Cristo. Enséñales que son amados, conocidos, perdonados y llamados por ti; que no son un accidente ni un error, sino creación tuya con propósito. Que tu verdad silencie la voz del miedo, de la comparación y de la inseguridad. Líbralos tanto de la baja autoestima que los paraliza como del orgullo que los engaña; que puedan evaluarse con sobriedad, según la medida de fe que tú les has dado.

Te pido que llenes nuestra casa de palabras de vida y no de menosprecio; de afirmación y no de crítica destructiva; de verdad y gracia, como las palabras de Jesús. Que nuestros hijos aprendan a vivir para agradarte a ti por encima de todo, y que su identidad sea firme, estable, arraigada en tu amor.

Señor, que cada vez que se miren al espejo, tú les recuerdes que fueron creados por ti, que tú conoces su corazón y que tienes pensamientos de bien sobre sus vidas. Que lleguen a decir con libertad: «Soy lo que Dios dice que soy, y voy a caminar en lo que Dios dice de mí».

Lo pido en el nombre de Jesús. Amén.

VERSÍCULOS PARA REFLEXIONAR: JEREMÍAS 29:11; 1 PEDRO 2:9.

Preguntas de discusión

1. ¿Estás ayudando a tus hijos a entender que su valor no depende de la opinión de los demás, sino de lo que Dios dice sobre ellos?
2. ¿Cómo podrías ayudar a tus hijos a ser libres de la trampa de buscar la aprobación de los demás?
3. ¿Cómo puedes enseñarles a tus hijos a desarrollar una identidad sólida en Cristo, especialmente cuando enfrentan presiones sociales y expectativas externas?
4. ¿Les has hablado a tus hijos de una forma que refuerce su autoestima o lo has hecho de una manera que puede haberla dañado?
5. ¿Eres intencional en pronunciar palabras llenas de gracia y verdad que ayuden a construir la identidad que Dios tiene para ellos?
6. ¿Estás enseñando a tus hijos a no definir su valor por los «me gusta» en las redes sociales, sino por lo que Dios piensa de ellos?
7. ¿Has visto señales de baja autoestima en tus hijos? ¿Cómo lo estás enfrentando?
8. ¿Les has pedido perdón a tus hijos por las palabras o actitudes negativas que pudiste haber expresado en el pasado y afectaron su autoestima?
9. ¿Saben tus hijos que tienen un llamado particular que solo ellos pueden cumplir?
10. ¿Estás orando con ellos y por ellos de manera regular?
11. ¿Cómo puedes guiarlos en un proceso de sanidad, animándolos a ver que no se definen por sus fracasos?

Versículos para profundizar en el tema

A continuación encontrarás una lista que te ayudará a mostrarles a tus hijos su verdadera identidad en Cristo.

1. **Soy una nueva creación.**
   «Si alguno está en Cristo, nueva criatura es; las cosas viejas pasaron; he aquí, son hechas nuevas» (2 Corintios 5:17, RVR1960).

2. **Soy hijo de Dios.**
«Mas a todos los que le recibieron, a los que creen en su nombre, les dio potestad de ser hechos hijos de Dios» (Juan 1:12, RVR1960).

3. **Soy justificado y perdonado.**
«Justificados, pues, por la fe, tenemos paz para con Dios por medio de nuestro Señor Jesucristo» (Romanos 5:1, RVR1960).

4. **Soy amado de manera incondicional.**
«Porque estoy convencido de que ni la muerte, ni la vida, ni ángeles, ni principados, ni lo presente, ni lo por venir, ni los poderes, ni lo alto, ni lo profundo, ni ninguna otra cosa creada nos podrá separar del amor de Dios que es en Cristo Jesús Señor nuestro» (Romanos 8:38-39).

5. **Soy bendecido con toda bendición espiritual.**
«Bendito *sea* el Dios y Padre de nuestro Señor Jesucristo, que nos ha bendecido con toda bendición espiritual en los *lugares* celestiales en Cristo» (Efesios 1:3).

6. **Soy reconciliado con Dios.**
«Y todo esto procede de Dios, quien nos reconcilió con Él mismo por medio de Cristo» (2 Corintios 5:18).

7. **Soy más que vencedor.**
«Pero en todas estas cosas somos más que vencedores por medio de Aquel que nos amó» (Romanos 8:37).

8. **Soy un embajador de Cristo.**
«Por tanto, somos embajadores de Cristo, como si Dios rogara por medio de nosotros, en nombre de Cristo les rogamos: ¡Reconcíliense con Dios!» (2 Corintios 5:20).

9. **Soy elegido y predestinado para un propósito.**
«Porque Dios nos escogió en Cristo antes de la fundación del mundo, para que fuéramos santos y sin mancha delante de Él. En amor nos predestinó para adopción como hijos para Sí mediante Jesucristo, conforme a la buena intención de Su voluntad» (Efesios 1:4-5).

10. Soy libre de la condena del pecado.
«Ahora, pues, ninguna condenación hay para los que están en Cristo Jesús, los que no andan conforme a la carne, sino conforme al Espíritu» (Romanos 8:1, RVR1960).

11. Soy templo del Espíritu Santo.
«¿O no saben que su cuerpo es templo del Espíritu Santo que está en ustedes, el cual tienen de Dios, y que ustedes no se pertenecen a sí mismos?» (1 Corintios 6:19).

12. Soy heredero de las promesas de Dios.
«Y si ustedes pertenecen a Cristo, son la descendencia de Abraham y herederos según la promesa» (Gálatas 3:29, NVI).

13. Soy elegido para ser santo.
«Dios nos escogió en Cristo antes de la fundación del mundo, para que fuéramos santos y sin mancha delante de Él» (Efesios 1:4).

14. Soy una luz en el mundo.
«Ustedes son la luz del mundo. Una ciudad situada sobre un monte no se puede ocultar» (Mateo 5:14).

15. Soy una obra maestra de Dios.
«Porque somos hechura Suya, creados en Cristo Jesús para *hacer* buenas obras, las cuales Dios preparó de antemano para que anduviéramos en ellas» (Efesios 2:10).

16. Soy la sal de la tierra.
«Ustedes son la sal de la tierra; pero si la sal se ha vuelto insípida, ¿con qué se hará salada *otra vez*?» (Mateo 5:13).

17. Soy parte del cuerpo de Cristo.
«Ahora bien, ustedes son el cuerpo de Cristo, y *cada uno* individualmente un miembro de él» (1 Corintios 12:27).

18. Soy guardado en la paz de Cristo.
«Y la paz de Dios, que sobrepasa todo entendimiento, guardará sus corazones y sus mentes en Cristo Jesús» (Filipenses 4:7).

19. Soy llamado a vivir en santidad.
«Sean santos en todo lo que hagan, tal como Dios, quien los eligió, es santo. Pues las Escrituras dicen: "Sean santos, porque yo soy santo"» (1 Pedro 1:15-16, NTV).

20. Soy hijo de luz.
«Porque ustedes antes eran oscuridad y ahora son luz en el Señor. Vivan como hijos de luz» (Efesios 5:8, NVI).

Esta lista es solo una pequeña muestra de lo que la Biblia dice acerca de quiénes somos en Cristo. A medida que profundicemos en nuestra relación con Él, descubriremos más sobre nuestra identidad y el propósito eterno que Dios tiene para cada uno de nosotros.

ORANDO...

CON PERSEVERANCIA POR MIS HIJOS

Nos hemos acostumbrado demasiado a la vida «instantánea». La comida se calienta en unos segundos en un microondas. Nos podemos comunicar con el mundo entero en un santiamén y ver lo que pasa a miles de kilómetros de distancia en tiempo real a través de Internet y las redes sociales. Podemos comprar un producto que está literalmente a un océano de distancia y recibirlo en la puerta de la casa en menos de setenta y dos horas. Y todo esto ha generado un sentimiento de prontitud y rapidez que creemos, ingenuamente, que se puede aplicar a todas las áreas de la vida.

Sin embargo, hay muchas cosas en la vida demasiado valiosas que requieren un tiempo de cocción, meditación y el paso de la prueba del tiempo para poder alcanzarse. Otras muchas demandan esfuerzo, trabajo continuo y mucha perseverancia. Esta última palabra es fundamental para poder lograr que innumerables cosas sucedan en la vida. El diccionario define a la «perseverancia» como «mantenerse constante en la prosecución de lo comenzado, en una actitud o en una opinión».[2]

La definición da en el blanco, porque hay mucho en la vida que requiere insistencia, continuidad y empeño. Cuando valoramos tanto lo que se quiere alcanzar, no podemos desistir y menos renunciar a lo que se está buscando con persistencia. Obtener un grado académico, mantenerse en un trabajo y hasta dominar la pintura en acuarela requiere perseverancia para lograr el objetivo. Sin embargo, la perseverancia también tiene un enorme valor espiritual.

Jesús nos entregó una clave muy importante para cuando nos acercamos al Señor en oración: «Pidan, y se les dará; busquen, y hallarán; llamen, y se les abrirá» (Mateo 7:7). Las palabras *pedir, buscar* y *llamar* no son acciones con resultados instantáneos, sino que implican acción y esfuerzo perseverante en el tiempo. El verbo «llamar» que Jesús usa

---

2. RAE: Perseverancia. https://dle.rae.es/perseverar.

aquí acarrea la idea de alguien que toca con insistencia porque tiene la expectativa sincera de que se le abrirá. La oración debe incluir una actitud de perseverancia, ya que esperamos con fe ver obrar al Señor ante nuestra petición. Perseverar significa también continuar avanzando con esfuerzo y determinación en un rumbo particular a pesar de los obstáculos. Lo opuesto sería una actitud pasiva que se rinde si no se obtiene lo que se quiere en un primer momento, un cruzarse de brazos luego de unos pocos segundos.

La falta de perseverancia o la renuncia en la persistencia es producto de diferentes factores, como la falta de fortaleza espiritual. También se debe a que muchos padres no ven cambios inmediatos o en el corto plazo en sus hijos, por eso desisten de orar por un milagro en sus vidas. Sin embargo, es importante enfatizar en este momento que el silencio aparente de Dios podría ser la herramienta que utiliza para, por qué no decirlo, enseñarnos en primer lugar a crecer en nuestra confianza en el Señor y a depender más de Él (Éxodo 14:14; Isaías 41:13). En segundo lugar, perseverar esperando en el Señor nos ayuda a desarrollar nuestra fe (1 Pedro 1:6-7). Y por último, fortalece nuestro carácter y desarrolla nuestra espiritualidad (Santiago 1:3-6).

Estamos llamados a perseverar en la oración por nuestros hijos por el resto de nuestras vidas. Debemos hacerlo cuando son pequeños y frágiles, también cuando tienen esa fortaleza rebelde de la adolescencia, durante el crecimiento profesional y el enfrentamiento a las ideologías en la universidad, e incluso cuando se independizan, forman sus propias familias y encaran sus propias luchas personales. No importa la edad o las circunstancias de nuestros hijos, siempre lo serán y nuestro deber es orar incansablemente por ellos.

Quisiera invitarte a que reflexiones en las siguientes consideraciones al momento de orar con perseverancia por tus hijos. En primer lugar, sé consciente de que Dios es omnipotente, pero también es soberano, es decir, Él tiene autoridad suprema e independiente sobre todo. Una cosa es creer que Dios es todopoderoso, pero otra es seguir creyendo cuando ese Dios no hace lo que deseamos. Así que es necesario que perseveremos y permanezcamos confiando y creyendo mientras seguimos orando sin cesar por nuestros hijos.

Creemos en un Dios bondadoso, misericordioso y también poderoso. Confiamos en su carácter santo que nos hace vivir con esperanza mientras aguardamos; Él intervendrá conforme a su voluntad, que siempre es buena, agradable y perfecta (Romanos 12:2). Muchos han perdido el gozo durante el tiempo de espera y han dejado de perseverar en oración. Sin embargo, no debemos permitir que nuestras circunstancias determinen cómo reaccionamos, sino más bien estar decididos a confiar en el Señor mientras perseveramos más en oración por nuestros hijos.

En segundo lugar, el deseo de pelear con nuestras propias fuerzas y no con las de Dios hace que dejemos de perseverar en oración. El Señor ha prometido estar con nosotros siempre y también fortalecernos durante los tiempos de aflicción. No debemos olvidar que el gran llamado es a esforzarnos y ser valientes sin desviarnos ni a derecha ni a izquierda, poniendo nuestra mirada siempre en el Señor. Consideremos las palabras de David cuando cantaba acerca de que Dios era un refugio para él.

> «En Dios solamente *espera* en silencio mi alma;
> De Él *viene* mi salvación.
> Solo Él es mi roca y mi salvación,
> Mi baluarte, nunca seré sacudido» (Salmos 62:1-2).

Este David había sido testigo, algunos años atrás, de cuando el rey Saúl y todo el ejército de Israel querían enfrentar al gigante Goliat con sus propias fuerzas, lo cual hizo que ninguno se sintiera capacitado y huyeran atemorizados de él. El único que tuvo otra perspectiva fue David, quien dijo lo siguiente: «El Señor, que me ha librado de las garras del león y de las garras del oso, me librará de la mano de este filisteo» (1 Samuel 17:37). En otras palabras, el más temible gigante se vuelve pequeño cuando se enfrenta al Dios todopoderoso. David dijo que él pelearía, pero que Dios le daría la victoria. Él no tenía más poder, habilidad ni mejores armas que los otros soldados. Lo que diferenciaba a David era su fe en Dios, en quien todos los soldados escondidos en sus tiendas también decían creer.

Perseverar en oración es reconocer que no podemos pelear la batalla por nuestros hijos con nuestras propias fuerzas. Amamos tanto a nuestros hijos que lo mejor que podemos hacer es ponerlos en las manos de Dios todos los días de nuestras vidas. ¿No es dejarlos en las mejores manos? Otro salmo de David vuelve a enseñarnos sobre la necesidad de reconocer nuestra debilidad con una actitud correcta para poder perseverar en oración delante de Dios.

«Oye, oh Dios, mi clamor;
Atiende a mi oración.
Desde los confines de la tierra te invoco, cuando mi corazón desmaya.
Condúceme a la roca que es más alta que yo.
Porque Tú has sido refugio para mí,
Torre fuerte frente al enemigo.
Que more yo en Tu tienda para siempre;
Y me abrigue bajo el refugio de Tus alas» (Salmos 61:1-4).

En tercer lugar, hay muchas cosas que están dentro de su voluntad para nuestras vidas, pero no ha llegado el tiempo para poder vivirlas. Quizás aún no están dadas las condiciones o tal vez no estamos todavía preparados espiritualmente con el fin de recibir lo que Dios tiene para nosotros. Por ejemplo, Abraham tuvo que esperar por el tiempo de Dios para tener ese hijo tan deseado. José esperó trece años en los que pasó muchas penurias antes de ver el cumplimiento de su sueño. La oración perseverante no consiste en presionar a Dios para que haga las cosas a nuestra manera y en nuestro tiempo. Por el contrario, perseveramos en oración porque creemos que Dios está completamente a cargo de nuestras vidas y no cesamos de reconocer su poder y autoridad sobre nosotros en oración perseverante.

Presta atención a estos textos sobre la insistencia y la perseverancia en la oración:

- «Sin cesar hago mención de ustedes siempre en mis oraciones» (Romanos 1:9-10).
- «Perseveren en la oración» (Romanos 12:12, NVI).
- «No ceso de dar gracias por ustedes, mencionándolos en mis oraciones» (Efesios 1:16).
- «Doy gracias a mi Dios siempre que me acuerdo de ustedes. Pido siempre con gozo en cada una de mis oraciones por todos ustedes» (Filipenses 1:3-4).
- «Damos gracias a Dios, el Padre de nuestro Señor Jesucristo, orando siempre por ustedes» (Colosenses 1:3).
- «También nosotros, desde el día que *lo* supimos, no hemos cesado de orar por ustedes» (Colosenses 1:9).
- «Día y noche oramos con fervor por ustedes» (1 Tesalonicenses 3:10, NTV).

- «Nosotros oramos siempre por ustedes» (2 Tesalonicenses 1:11).
- «Sin cesar, noche y día, me acuerdo de ti en mis oraciones» (2 Timoteo 1:3).

Oración modelo para los padres

Padre amado, gracias porque escuchas nuestras oraciones y porque ningún clamor por nuestros hijos se pierde delante de ti. Gracias porque ellos son tuyos: tú les diste la vida, los conoces por nombre y los amas mucho más de lo que yo podría amarlos. Gracias por confiarme el privilegio y la responsabilidad de cuidarlos, guiarlos y apuntar sus corazones hacia ti.

Hoy te pido que me llenes de fe y de paciencia para no desistir. Cuando mis ojos vean en ellos actitudes, decisiones o caminos que no deseo, no permitas que me rinda ni que me deje dominar por el desánimo. Ayúdame a mirar más tus promesas que sus circunstancias, a recordar que tú eres todopoderoso y soberano, y que sigues obrando aun cuando yo no vea nada.

Me comprometo delante de ti a no dejar de orar por mis hijos en ninguna etapa de su vida: en su niñez, en su adolescencia, en su juventud, en su adultez y cuando formen sus propias familias. Te pido que cada día me recuerdes que la mejor forma de amarlos es llevarlos a tus pies, una y otra vez, sabiendo que tus manos son el lugar más seguro donde ellos pueden estar.

Señor, libra mi corazón de la impaciencia y del deseo de controlarlo todo con mis propias fuerzas. Cuando quiera pelear batallas en mi carne, recuérdame que tú eres mi roca, mi refugio y mi salvación, y que tú amas luchar por mis hijos más de lo que yo jamás podría hacerlo. Enséñame a esperar en silencio, confiando en que tú actúas en tu tiempo perfecto y de la manera que más les conviene, aunque no siempre entienda tus caminos.

Dame la perseverancia de Ana, que oró año tras año sin soltar la esperanza; dame la persistencia de la mujer sirofenicia, que no se apartó hasta recibir respuesta; y dame la fe de aquellos que, como David, vieron gigantes delante de ellos, pero eligieron creer que tú eres más grande que cualquier enemigo que amenace a sus hijos.

Hoy, una vez más, te entrego la vida de cada uno de ellos. Declaro que te pertenecen por completo, que sus historias están en tus manos y que tus planes para ellos son buenos, agradables y perfectos. Haz de mí un Padre/madre que ora sin cesar, que se mantiene en la brecha y que no deja de creer, aun en medio del silencio y la espera.

En el nombre de Jesús, amén.

VERSÍCULOS PARA REFLEXIONAR: LUCAS 18:1-8; EFESIOS 6:18.

Preguntas de discusión

1. ¿Estás orando por tus hijos de manera constante y perseverante, o solo oras por ellos cuando están en problemas?
2. ¿Habrás caído en el engaño de enseñarles a tus hijos que Dios siempre contestará sus oraciones para satisfacer todos sus deseos?
3. ¿Es la oración por tus hijos una prioridad en tu vida diaria?
4. ¿Qué puedes hacer para fortalecer tu vida de oración, asegurándote de que no sea tu último recurso, sino una prioridad diaria?
5. Cuando enfrentas situaciones difíciles con tus hijos, ¿reconoces que tu lucha no es contra ellos, sino contra las fuerzas espirituales que buscan destruir sus vidas?
6. ¿Cómo reaccionas cuando Dios parece estar en silencio con respecto a tus oraciones por tus hijos?
7. ¿Has orado alguna vez por tus hijos como si tu vida dependiera de ello?
8. ¿Estás dispuesto a reconocer que a veces lo que más necesitas en tiempos de espera no es una respuesta inmediata, sino el fortalecimiento de tu carácter y tu fe?
9. ¿Estás acompañando a tus hijos a orar por sus propios sueños y necesidades, sin rendirse, sabiendo que la perseverancia es clave?
10. ¿Has experimentado cambios en tu vida debido a la persistencia en la oración?

ORANDO...

Y AYUNANDO POR MIS HIJOS

La oración y el ayuno son dos disciplinas espirituales que fortalecen la vida cristiana. Es importante hacer notar que ambas prácticas instituidas por el Señor no son competencias de tiempo, elocuencia o esfuerzo en la privación de alimentos para alcanzar el favor de Dios o lograr que nos tome en cuenta. No hay nada que nosotros hagamos, por decirlo de alguna manera, que pueda «doblarle la mano» al Señor.

Las Escrituras dan cuenta de que la oración y el ayuno representan dos prácticas espirituales que nos permiten estar más cerca del Señor para depositar delante de Él nuestras cargas, temores, problemas y toda situación que nos sobrepasa. La oración es llevar delante de Dios lo que nuestro Señor ya conoce, pero al poner nuestras peticiones a sus pies reconocemos que Él es nuestro soberano Señor, proveedor, sustentador, sanador y el reconstructor sobrenatural de nuestras vidas.

Nuestro Señor Jesucristo nos enseñó dos principios que debemos considerar al orar. En primer lugar, nos enseña que la preocupación por lo esencial en la vida es innecesaria, porque «el Padre celestial sabe que ustedes necesitan todas estas cosas» (Mateo 6:32). No oramos para que el Señor se entere de nuestras necesidades, sino para poner con absoluta confianza todas nuestras cargas a sus pies, pues Él es un Dios que nos conoce perfectamente y que ya cuida de nosotros. En segundo lugar, aprendemos de Jesús que la oración no requiere de grandes manifestaciones, elocuencia o rituales públicos, sino que podemos ser oídos en lo secreto de nuestra habitación:

> «Pero tú, cuando ores, entra en tu aposento, y cuando hayas cerrado la puerta, ora a tu Padre que está en secreto, y tu Padre, que ve en lo secreto, te recompensará.
>
> Y al orar, no usen ustedes vanas repeticiones sin sentido, como los gentiles, porque ellos se imaginan que serán oídos por

su palabrería. Por tanto, no se hagan semejantes a ellos; porque su Padre sabe lo que ustedes necesitan antes que ustedes lo pidan» (Mateo 6:6-8).

El significado del ayuno también es bastante incomprendido en la actualidad. Muchos consideran el ayuno a partir de sus estómagos y el sufrimiento que significará dejar de comer por un largo período de tiempo. Francamente, eso es como «poner el carro delante del caballo». A los que se quejan del ayuno y ponen cara de hambrientos ya Jesucristo los condenó como hipócritas. Al igual que la oración, el ayuno es una disciplina espiritual privada que se realiza delante de la presencia de Dios: «Pero tú, cuando ayunes, unge tu cabeza y lava tu rostro, para no hacer ver a los hombres que ayunas, sino a tu Padre que está en secreto; y tu Padre, que ve en lo secreto, te recompensará» (Mateo 6:17-18).

Ayunar no es simplemente dejar de comer. Por el contrario, es desear tanto estar delante de Dios que no hay tiempo ni para ingerir los alimentos. Es estar tan concentrado a los pies del Señor que ni el tiempo ni las necesidades más elementales nos pueden distraer de la comunión con Dios. A veces estamos tan débiles espiritualmente, que ni la comida física puede restaurar las fuerzas cansadas. Necesitamos estar a solas con el Señor y, por más que suenen nuestras tripas, la fuerza renovada viene de estar con Él.

Una de las lecciones más hermosas sobre el poder del ayuno la encontramos en la historia del rey Josafat de Judá. Un grupo de pueblos enemigos había juntado un gran ejército para atacarlos. La noticia de esos enemigos poderosos y cercanos mostró el lado humano del rey, pero también la fuerza espiritual a pesar de su debilidad.

> «Josafat tuvo miedo y se dispuso a buscar al SEÑOR, y proclamó ayuno en todo Judá. Y Judá se reunió para buscar *ayuda* del SEÑOR; aun de todas las ciudades de Judá vinieron para buscar al SEÑOR» (2 Crónicas 20:3-4).

Es interesante que en ningún lugar de las Escrituras se menciona lo que se deberá comer en un ayuno ni las horas que debe tomar, pero sí se expresa el deseo de derramar por completo el corazón delante de Dios. Josafat no duda en reconocer la soberanía del Señor y también su propia debilidad, así como la necesidad de la intervención del Dios de Judá.

> «Oh Señor, Dios de nuestros padres, ¿no eres Tú Dios en los cielos? ¿Y no gobiernas Tú sobre todos los reinos de las naciones? En Tu mano hay poder y fortaleza y no hay quien pueda resistirte [...]
>
> Oh Dios nuestro, ¿no los juzgarás? Porque no tenemos fuerza alguna delante de esta gran multitud que viene contra nosotros, y no sabemos qué hacer; pero nuestros ojos están vueltos hacia Ti» (2 Crónicas 20:6, 12).

Si lees toda la oración, podrás darte cuenta de que no fue un ayuno muy largo, pero sí fue uno en el que Josafat reconoció al Dios soberano por sobre todas las cosas, incluyendo su delicada situación y también su propia debilidad y necesidad de la intervención divina. La respuesta no se hizo esperar. El profeta Jahaziel recibió un mensaje de parte del Señor para Josafat y todo el pueblo angustiado por la presencia del enemigo:

> «Presten atención, todo Judá, habitantes de Jerusalén y *tú*, rey Josafat: así les dice el Señor: "No teman, ni se acobarden delante de esta gran multitud, porque la batalla no es de ustedes, sino de Dios" [...] No teman ni se acobarden; salgan mañana al encuentro de ellos porque el Señor está con ustedes» (2 Crónicas 20:15, 17).

El Señor les demostró que estaba completamente involucrado con ellos y que esos pueblos no se enfrentaban al pueblo de Judá, sino al Dios de Judá. ¿Cómo terminó ese ayuno? En adoración, sujeción y alabanza a Dios. Todavía no habían ganado la guerra en el campo de batalla, pero el Señor ya les había dado la victoria en el secreto de su ayuno.

> «Entonces Josafat se inclinó rostro en tierra, y todo Judá y los habitantes de Jerusalén se postraron delante del Señor, adorando al Señor. Y se levantaron los levitas, de los hijos de Coat y de los hijos de Coré, para alabar al Señor, Dios de Israel, en voz muy alta» (2 Crónicas 20:18-19).

Resulta muy interesante que esta es la única batalla que no se ganó con espadas y arcos, sino con cánticos de alabanza y adoración, porque el Señor los había llenado de confianza durante el ayuno. Definitivamente, la oración y el ayuno cambian por completo la perspectiva de la vida y la forma en que enfrentamos los problemas y las dificultades.

> «Se levantaron muy de mañana y salieron al desierto de Tecoa. Cuando salían, Josafat se puso en pie y dijo: "Óiganme, Judá y habitantes de Jerusalén, confíen en el SEÑOR su Dios, y estarán seguros. Confíen en Sus profetas y triunfarán". Después de consultar con el pueblo, designó a algunos que cantaran al SEÑOR y a algunos que *le* alabaran en vestiduras santas, conforme salían delante del ejército y que dijeran: "Den gracias al SEÑOR, porque para siempre es Su misericordia".
>
> Cuando comenzaron a entonar cánticos y alabanzas, el SEÑOR puso emboscadas contra los amonitas, los moabitas y los del monte Seir, que habían venido contra Judá, y fueron derrotados» (2 Crónicas 20:20-22).

Nosotros también enfrentamos una lucha frontal con el enemigo de nuestras almas por la salvación de nuestros hijos. Jesús describió claramente el propósito opuesto del enemigo con las siguientes palabras: «El ladrón solo viene para robar, matar y destruir. Yo he venido para que tengan vida, y para que *la* tengan *en* abundancia» (Juan 10:10).

Habrá momentos en los cuales tendremos que echar mano de todas las armas que Dios provee para obtener la victoria. Una de esas armas es la inclusión regular del ayuno por la vida de nuestros hijos. En cierta oportunidad, los discípulos no pudieron liberar a un endemoniado y Jesús les dijo: «Esta clase no sale sino con oración y ayuno» (Mateo 17:21). Si vemos situaciones en nuestros hijos que parecieran estar fuera de control y toman un camino equivocado, entonces será hora de orar y ayunar por ellos para poner sus vidas y sus circunstancias en la presencia de Dios.

Veamos entonces algunos lineamientos prácticos sobre cómo ayunar por nuestros hijos. Primero que todo, volvamos a clarificar que el ayuno es abstenerse voluntariamente de consumir alimentos con el propósito de mantenernos en comunión con Dios en su presencia. Es bueno aclarar una vez más que el ayuno no es intentar manipular a Dios según nuestra propia voluntad, ni tampoco es un espectáculo para ser vistos por la gente. Además, necesitamos enfatizar que no se trata de dejar de comer sin pasar tiempo orando y buscando de Dios. Ayunar sin orar es solo pasar hambre, porque no se trata de un «sacrificio» que ofreces para motivar a Dios. El tiempo que pasamos en oración y con la Palabra de Dios durante el ayuno fortalece nuestra fe y de esa manera nos permite ver las cosas de una forma distinta a como antes las veíamos.

Podemos ayunar de modo parcial o total. El ayuno parcial consiste en abstenernos de una comida al día o de aquellos alimentos que más nos gustan, tal como lo hizo Daniel (Daniel 1:11-12). El ayuno total implica la abstinencia absoluta de alimentos por un tiempo determinado. Se puede hacer tomando solo agua o absteniéndose por completo de todo. La abstención total se recomienda solo si el Espíritu Santo guía a hacerlo y no por más de tres días.

El ayuno se puede practicar durante uno o dos días a la semana y también por solo un tiempo determinado durante esos días. Del mismo modo, podemos ayunar por intervalos de tres, siete, quince o veintiún días. Hasta se puede ayunar eliminando ciertos tipos de alimentos de nuestra dieta regular por un período de tiempo para dedicarlo a la búsqueda del Señor. Esta es una decisión personal que se debe considerar con cuidado, teniendo en cuenta la salud y el tiempo disponible. Si tienes algún problema de salud, estás embarazada o tomas medicamentos, por favor, consulta con tu médico antes de comenzar el ayuno para saber cuál sería el mejor tipo para ti.

Es importante preparar el cuerpo antes y después del ayuno. Procura ingerir menos alimentos como preparación para el tiempo de ayuno. Y al terminarlo, es mejor no ingerir alimentos pesados. Comienza comiendo frutas o sopas en crema, algo que el cuerpo pueda digerir fácilmente.

No interrumpas tu ayuno por la aparición de malestar o dolores físicos leves. Al eliminar toxinas y grasas o dejar el café, el cuerpo pudiera reaccionar con dolores de cabeza o huesos, mal aliento, mal humor y cosas similares. Pídele ayuda al Espíritu Santo, pero tampoco te descuides si los malestares son mayores. Recuerda que el ayuno no es castigar al cuerpo para lograr el favor de Dios, sino separar tiempo sin distracciones ni otros apetitos que no sean buscar al Señor. El cuerpo puede soportar tiempos prolongados de ayuno.

La historia del rey Josafat nos enseña que todos, sin distinción, podemos participar de un ayuno: «Todo Judá estaba en pie delante del Señor, con sus niños, sus mujeres y sus hijos» (2 Crónicas 20:13). Lo que observamos en la Biblia es que toda persona, desde su propia edad y madurez, debe ayunar para buscar la guía de Dios. El profeta Joel presenta así ese llamado general:

«¡Toquen el cuerno de carnero en Jerusalén!
Proclamen un tiempo de ayuno;
convoquen al pueblo a una reunión solemne.
Reúnan a toda la gente: ancianos, niños y aun los bebés.
Llamen al novio de su habitación y a la novia de su cuarto de espera.
Que los sacerdotes, quienes sirven en la presencia del SEÑOR,
se levanten y lloren entre la entrada del templo y el altar.
Que oren: "¡Perdona a tu pueblo, SEÑOR!
No permitas que tu preciada posesión se convierta en objeto de burla.
No dejes que lleguen a ser la burla de los extranjeros incrédulos que dicen:
'¿Los ha abandonado el Dios de Israel?'"» (Joel 2:15-17, NTV).

El ayuno es una oportunidad para orar, estudiar y reflexionar en las Escrituras sin premura, buscando la dirección de Dios para la vida. Todo obstáculo que impida esa búsqueda y ese tiempo con Dios debe ser removido. Es necesario dejar lejos el celular, las redes sociales, el trabajo y todo lo que ocupe parte del tiempo que estamos dedicando al Señor. El profeta Isaías también presenta el ayuno como una oportunidad para compartir el pan con el hambriento y ayudar al pobre.

«¿No es este el ayuno que Yo escogí:
Desatar las ligaduras de impiedad,
Soltar las coyundas del yugo,
Dejar ir libres a los oprimidos,
Y romper todo yugo?
¿No es para que compartas tu pan con el hambriento,
Y recibas en casa a los pobres sin hogar;
Para que cuando veas al desnudo lo cubras,
Y no te escondas de tu semejante?» (Isaías 58:6-7).

Si el enemigo ataca a tus hijos o algún área de tu vida, tu matrimonio o tu negocio, no te pongas a razonar la situación, sino humíllate y busca el rostro de Dios en ayuno y oración. ¡Permite que Dios pelee por ti! Dile a la montaña que se quite, en el nombre de Jesús. Toma hoy mismo la decisión de orar, ayunar y buscar el rostro de Dios como un estilo de vida.

Oración modelo para los padres

Padre amado, gracias porque escuchas mis oraciones y porque el clamor por mis hijos llega hasta tu presencia. Reconozco que ellos son tuyos: tú les diste la vida, tú los sostienes y tú tienes pensamientos de bien sobre cada uno de ellos. Gracias por confiarme el privilegio de ser su padre/madre y acompañarlos en el camino hacia ti.

Te pido que me des una fe firme y perseverante, que no dependa de lo que ven mis ojos, sino de lo que dice tu Palabra. Cuando vea en ellos actitudes, decisiones o caminos que me duelan, no permitas que me canse ni que me rinda. Ayúdame a seguir orando con insistencia, creyendo que tú sigues obrando aunque yo no vea cambios inmediatos.

Señor, enséñame a descansar en tu omnipotencia y también en tu soberanía. Aun cuando no hagas las cosas como yo espero o en el tiempo que deseo, ayúdame a confiar en que tu voluntad es buena, agradable y perfecta para la vida de mis hijos. Que en medio del silencio aparente yo pueda seguir doblando mis rodillas, sabiendo que tú estás formando mi fe y fortaleciendo mi carácter.

Hoy me comprometo delante de ti a no dejar de interceder por ellos en ninguna etapa de su vida: cuando sean niños, adolescentes, jóvenes y adultos. Que nunca me acostumbre a vivir sin orar por sus corazones, sus decisiones, sus amistades, su futuro y su fe. Que cada día los ponga intencionalmente en tus manos, reconociendo que ahí es donde están más seguros.

Dame la perseverancia de Ana, que no dejó de clamar por su hijo; la insistencia de la mujer sirofenicia, que no soltó hasta recibir respuesta; y la valentía de David, que miró al gigante, pero confió en ti, el Dios todopoderoso, para la victoria. Que mi oración sea constante, sincera y llena de esperanza.

Hoy te entrego nuevamente la vida de mis hijos. Declaro que te pertenecen, que tú los amas más de lo que yo los puedo amar y que nada escapa a tu control. Haz de mí un padre/madre que permanece en la brecha, que no deja de creer y que aprende a esperar en ti con perseverancia.

En el nombre de Jesús, amén.

VERSÍCULOS PARA REFLEXIONAR: SALMOS 35:13; JOEL 1:14; 2:12.

Preguntas de discusión

1. ¿Puedes describir las áreas específicas en la vida de tus hijos en las cuales están pasando por dificultades o siendo atacados por el enemigo?
2. ¿Has ayunado por esas situaciones particulares?
3. Comparte situaciones en las que has ayunado y obtenido la victoria.
4. ¿Has ayunado últimamente solo para buscar la solución a un problema o lo has hecho con el propósito de acercarte y adorar con gratitud a Dios?
5. ¿Estarías dispuesto a integrar el ayuno de forma regular a tu vida, especialmente en lucha espiritual por tus hijos?
6. ¿Estás intercediendo por tus hijos con la urgencia y la pasión que este tema requiere o solo de modo casual?
7. ¿Qué obstáculos espirituales observas en la vida de tus hijos que necesitan ser derribados a través de la oración y el ayuno?
8. ¿Estás dispuesto a hacer sacrificios personales como el ayuno para buscar de todo corazón a Dios y clamar por la victoria espiritual en la vida de tus hijos?

ORANDO...

POR LA FE DE MIS HIJOS

Pareciera que cada persona tiene una definición diferente de la palabra «fe». El diccionario mantiene la idea de que es una suma de creencias, pero las personas todavía piensan que esas creencias son privadas, se originan en el corazón o son simplemente una fuerza interior que de cierta manera hará que las cosas pasen. Algunos han llegado a pensar que la fe ya no es en un ser superior, sino en uno mismo. Otros creen que la fe no solo mueve montañas, sino que puede mover al propio Dios en determinada dirección.

Ahora bien, hay muchas ideas distintas sobre la fe, pero lo bueno es que los cristianos tenemos definiciones muy claras con respecto al significado de la fe en la misma Biblia. En primer lugar, la fe es el resultado del oír la Palabra de Dios, tal como Pablo lo expresa: «Así que la fe *viene* del oír, y el oír, por la palabra de Cristo» (Romanos 10:17). Quizás algunos se sorprendan cuando diga que la fe no es nuestra ni sale de nuestro interior. En realidad, es un regalo de Dios (Efesios 2:8). Finalmente, el autor de Hebreos define la fe con las siguientes palabras: «La fe es la certeza de lo que se espera, la convicción de lo que no se ve» (Hebreos 11:1). Por otra parte, si la fe viene por el oír la Palabra de Dios y no es nuestra, entonces sus certezas y convicciones tampoco son nuestras, sino en realidad una consecuencia de la Palabra de Dios que vive y permanece para siempre (1 Pedro 1:24-25).

El enemigo —a través de las presiones del mundo, las tendencias culturales y las ideas populares— siempre buscará debilitar la fe de nuestros hijos por medio de la duda o haciéndolos caer en el error de una fe incorrecta o mal dirigida. El peor resultado de todos es la incredulidad, pero una fe incorrecta o tener creencias erróneas tiene las mismas consecuencias devastadoras que la incredulidad.

Millones de personas dicen tener fe, pero la depositan en el objeto equivocado y por eso sus certezas y convicciones son erróneas y carecen de valor. Muchos hablan de que tienen una «gran fe», pero la grandeza de la fe reside en el objeto de la misma, es decir, Dios, y en cuán centrada y fundamentada está en la Palabra de Dios. Quisiera enfatizar que la fe tiene su origen en la Palabra de Dios, le pertenece a Dios, y se basa en las certezas y convicciones que el Señor establece. Además, la fe que viene de Dios es como un escudo «con el que podrán apagar todos los dardos encendidos del maligno» (Efesios 6:16).

La fe es el elemento fundamental para vencer nuestras batallas y a través de ella obtendremos nuestras más grandes victorias. «Porque todo lo que es nacido de Dios vence al mundo. Y esta es la victoria que ha vencido al mundo: nuestra fe» (1 Juan 5:4). El apóstol Juan no deja que esa fe se disperse sin contenido y hace una pregunta fundamental que clarifica el sentido, origen y fundamento de nuestra fe.

> «¿Y quién es el que vence al mundo, sino el que cree que Jesús es el Hijo de Dios? [...] El que cree en el Hijo de Dios tiene el testimonio en sí mismo. El que no cree a Dios, ha hecho a Dios mentiroso, porque no ha creído en el testimonio que Dios ha dado respecto a Su hijo. Y el testimonio es este: que Dios nos ha dado vida eterna, y esta vida está en Su Hijo. El que tiene al Hijo tiene la vida, y el que no tiene al Hijo de Dios, no tiene la vida» (1 Juan 5:5, 10-12).

La fe que Dios nos ha concedido, la cual es poderosa en certezas y convicciones, descansa en la obra que Jesucristo realizó por nosotros. Creemos que nos ha dado vida eterna porque sin Él solo estaríamos muertos en nuestros delitos y pecados, incapaces siquiera de buscar a Dios y menos de creer en Él. Sobre esta verdad se sustenta nuestra fe y sobre este escudo poderoso los dardos de fuego del maligno no tienen poder.

Oramos para que la fe de nuestros hijos crezca, porque si se debilita, entrarán fácilmente a negociar con el enemigo y terminarán aceptando sus propuestas, que solo serán falsificaciones burdas de la vida que únicamente Jesús puede ofrecer. Tomemos como ejemplo a Abraham. Su fe estaba debilitada por la espera, por eso aceptó la propuesta falsificada de su esposa en lugar de esperar en Dios. La duda es el dardo preferido del infierno para debilitarnos en la fe.

Adán y Eva fueron los primeros a los que el enemigo apuntó con sus dardos incendiarios. Dios había sido absolutamente claro con respecto a lo que debían creer y obedecer, y ellos gozaban de una comunión perfecta con el Señor. Sin embargo, Satanás puso en duda la palabra de Dios: «¿Conque Dios les ha dicho: "No comerán de ningún árbol del huerto?"» (Génesis 3:1). El enemigo cuestionó la palabra dada por Dios y todo lo que desencadenó fue inimaginable. Por lo tanto, la primera lección es que debemos asegurarnos de que nuestros hijos acepten desde pequeños la Palabra de Dios como inspirada por Él, fuente de autoridad y palabra final. Y la única manera de lograrlo es enseñándosela y viviendo esa Palabra de Dios diariamente.

Debemos tener cuidado de que nuestros hijos solo quieran entender la Biblia, es decir, solo se acerquen a ella de forma intelectual. Dios no dejó su Palabra para satisfacer nuestra curiosidad, sino con el fin de que la obedezcamos y vivamos conforme al diseño divino para la humanidad. Eso es lo que Adán y Eva dejaron de percibir, llenándose de dudas. El mandamiento era sencillo, pero Satanás logró instalar dudas con respecto a lo que Dios había dicho y depositó en sus corazones el veneno lleno de mentira de que su percepción de la realidad y su manera de obrar eran mejores que la forma de pensar y obrar de Dios. Eva dejó de ver el fruto como simplemente prohibido, por lo que no había nada más que hacer con él. Sin embargo, su percepción había cambiado y ahora tenía tres características:

- Era *bueno* para comer.
- *Agradable* a los ojos.
- *Codiciable* para alcanzar sabiduría.

El fruto prohibido que podría causarles la muerte si desobedecían al Señor se convirtió de repente en bueno, agradable y codiciable. Es como si Satanás le hubiera dicho a Eva: «Si haces las cosas a mi manera, serás más feliz. Ya debes haberte dado cuenta de que lo que Dios te pide no tiene "sabor ni color"».

El segundo dardo buscaba poner en duda el amor de Dios, como si Él tuviera un interés oculto para que ellos no alcanzaran todo su potencial. Satanás les dijo: «Pues Dios sabe que el día que de él coman, se les abrirán los ojos y ustedes serán como Dios, conociendo el bien y el mal» (Génesis 3:5). Con esta mentira el enemigo intentó hacerle creer a Eva que Dios la estaba privando de cosas que ella tenía el derecho de disfrutar. Los dardos incendiarios pueden atacar a nuestros hijos para hacerlos dudar del amor de Dios al experimentar situaciones que los llevan a pensar: «Si Dios realmente me amara, no permitiría que esto estuviera sucediendo». El escudo de la fe debe dirigirse hacia la manifestación del carácter de Dios en las Escrituras, la cual nos revela que el Señor es justo, misericordioso, bondadoso, dadivoso y con un amor tan grande por nosotros que estuvo dispuesto a entregarnos a su propio Hijo para que muriera en nuestro lugar. Si conocemos al Dios de la Biblia, nunca podríamos cuestionar sus motivos, porque descubrimos que su voluntad siempre es «buena, agradable y perfecta» (Romanos 12:2, NVI).

El tercer dardo que cayó sobre Adán y Eva inoculó el deseo de autopromoción y orgullo al decirles que serían como Dios. La idea implícita es que dejamos de ser criaturas dependientes viviendo en el mundo de Dios para creernos la mentira de que podemos gobernarnos a nosotros mismos, establecer nuestras propias leyes y vivir, finalmente, como nos dé la gana. En toda tentación siempre está contenida la idea de la autosuficiencia y la independencia. No es que dejemos de creer en Dios, sino que ahora nos convertimos en dios para nosotros mismos. Esa es la mayor insensatez humana.

Debemos hacer que nuestros hijos sean diestros en el manejo del escudo de la fe y la espada del Espíritu, que es la Palabra de Dios. He aquí algunos consejos sencillos para hacer crecer la fe en nuestros hijos desde su más corta edad y no dejar de hacerlo cuando ellos vayan creciendo:

- Alimenta su fe diariamente leyéndoles y ayudándolos a memorizar la Palabra de Dios.
- Enséñales con el ejemplo la importancia de pasar tiempo con Dios.
- Llena su mente con la verdad sobre Dios, su carácter, su plan y sus mandamientos, y busca demostrarles cómo esas verdades son útiles para enfrentar los dilemas de la vida.
- Muéstrales con la Palabra de Dios el evangelio y las virtudes que se obtienen por pura gracia al pertenecerle a Cristo.

Oración modelo para los padres

Padre amado, hoy vengo delante de ti para pedirte, en el nombre de Jesús, que seas tú mismo quien engendre, sostenga y haga crecer la fe de mis hijos. Reconozco que la fe verdadera viene de ti, nace de tu Palabra y es un regalo de tu gracia.

Señor, abre sus oídos para que puedan oír tu Palabra y que, al escucharla, su fe sea fortalecida. Que ellos aprendan a reconocer tu voz en medio de tantas voces que quieren conquistar sus corazones. Que no se conformen con conocer la Biblia solo de manera intelectual, sino que la crean, la amen y la obedezcan, viviendo cada día conforme a tu diseño.

Protégelos de una fe mal dirigida, vacía o centrada en sí mismos. Líbralos de las falsas doctrinas, de los errores religiosos, de las ideologías y filosofías que niegan tu verdad o la distorsionan. No permitas que caigan en la incredulidad ni en la autosuficiencia, pensando que pueden gobernar sus vidas separados de ti. Guárdalos de todo lo que los quiera apartar del fundamento verdadero: creer que Jesús es el Hijo de Dios y que solo en Él está la vida eterna.

Señor, levanta en ellos el escudo de la fe para apagar todos los dardos encendidos del maligno: la duda sobre tu Palabra, la sospecha sobre tu amor y el orgullo que los quiera llevar a vivir independientes de ti. Que cuando enfrenten pruebas, fracasos o sufrimientos, no se dejen engañar por el pensamiento de que tú no los amas o que tus mandamientos les quitan algo bueno, sino que vean con claridad que tu voluntad siempre es buena, agradable y perfecta.

Te pido que, desde pequeños, mis hijos aprendan a ver tu Palabra como la máxima autoridad y la última palabra sobre toda cosa. Ayúdame a enseñarles la Biblia con fidelidad, a llenar su mente con la verdad acerca de quién eres, de tu carácter, de tu plan y de tus mandamientos. Dame la gracia de vivir delante de ellos lo que les enseño, para que vean en mí un ejemplo de fe obediente y confianza en ti.

Guárdalos de todo ocultismo, de prácticas engañosas, de la búsqueda de poder, fama o dinero como si esas cosas pudieran darles identidad y seguridad. Que ellos entiendan que la verdadera vida, el verdadero valor y la verdadera alegría se encuentran solamente en Jesús. Que puedan decir con certeza en su corazón: «El que tiene al Hijo tiene la vida».

Gracias, Dios, porque sé que has escuchado mi oración. Te doy gracias con todo mi corazón porque tú cuidas de nosotros y sostienes la fe de mis hijos en medio de un mundo lleno de engaño. En el nombre de Jesús, amén.

VERSÍCULOS PARA REFLEXIONAR:
ROMANOS 1:17; 2 CORINTIOS 5:7; GÁLATAS 2:20.

Preguntas de discusión

1. ¿Cómo estás contrarrestando las dudas o creencias incorrectas en la fe de tus hijos?
2. ¿Has hecho suficiente énfasis para asegurarte de que tus hijos acepten la Palabra de Dios como autoridad final en sus vidas?
3. ¿Estás poniendo la verdad bíblica por sobre cualquier otro pensamiento humano?
4. ¿Es el estudio y la lectura de la Biblia un hábito que practicas en tu hogar?
5. ¿Qué ajustes deberías hacer en tu rutina diaria para integrar más la lectura bíblica, la oración y las conversaciones espirituales en tu familia?
6. ¿Cómo has respondido a las dudas que tus hijos han manifestado en cuanto a la fe?
7. ¿Participan activamente como familia en estudios bíblicos para proteger a tus hijos de errores doctrinales que los aparten de la fe genuina?
8. ¿Qué tan preparado estás para responder a las preguntas teológicas e inquietudes de tus hijos en cuanto a sus creencias?
9. ¿Es la Biblia la autoridad final en tu hogar para determinar la verdad en todos los aspectos de la vida?
10. ¿Eres coherente con lo que predicas, mostrándoles a tus hijos cómo se vive una fe comprometida?

ORANDO...

PARA QUE SEPAN RECONOCER SUS ERRORES

Ya hemos hablado de que la primera cosa que hicieron Adán y Eva luego de pecar fue esconderse de Dios y tratar de cubrir su desnudez con lo primero que encontraron en el huerto. Debido a eso, las hojas de higuera siempre serán un símbolo del encubrimiento de nuestros pecados. El «yo no fui» de nuestros hijos pequeños no se limita a las travesuras de la niñez que se dejan de reconocer, sino que ellos se van volviendo más sofisticados en su falta de reconocimiento a medida que van creciendo y no son enseñados a reconocer sus errores con humildad y, por qué no decirlo, también con valentía.

Nuestra naturaleza humana nos lleva ciertamente a pasar por alto nuestros errores y ser muy propensos a señalar los errores del prójimo. Jesús decía que preferimos sacar la mota del ojo ajeno antes que la viga de nuestro propio ojo (Mateo 7:1-6). El consejo de Jesús es absolutamente claro y duro: «¡Hipócrita! Saca primero la viga de tu ojo, y entonces verás con claridad para sacar la mota del ojo de tu hermano» (Mateo 7:5). Jesús no niega que podemos ayudar a otros a reconocer sus errores, pero para poder ver con claridad a los demás lo primero que debemos hacer es limpiar nuestras vidas.

Dos de los cánticos más hermosos del rey David expresan de manera majestuosa la necesidad que tenemos de que Dios nos ayude a revisar nuestros corazones. En el primero dice lo siguiente:

> «¿Quién puede discernir *sus propios* errores?
> Absuélveme de los *que me son* ocultos.
> Guarda también a Tu siervo *de pecados* de soberbia;
> Que no se enseñoreen de mí.
> Entonces seré íntegro,
> Y seré absuelto de gran transgresión.
> Sean gratas las palabras de mi boca y la meditación de mi corazón
> delante de Ti,
> Oh Señor, roca mía y Redentor mío» (Salmos 19:12-14).

Esta estrofa viene luego de que David mostrara todos los beneficios de las Escrituras para el alma. La Palabra de Dios restaura, provee seguridad, da sabiduría, alegra el corazón y alumbra los ojos. Sin embargo, todos esos beneficios también requieren de la intervención de Dios, ya que tenemos un corazón sumamente obstinado y perverso, muchas veces inclinado al mal (Jeremías 17:9). Por eso David eleva una oración al final de su cántico donde celebra el poder de la Palabra de Dios, pidiéndole al Señor con humildad que no lo deje en medio de sus errores ocultos y que la soberbia no se adueñe de su corazón. Como dije hace un momento, creo que tendemos a tener un punto ciego con respecto a nuestros propios errores, sin hablar de que la altivez y el orgullo no nos dejan reconocerlos cuando los descubrimos. Por eso finalmente David pide que sus palabras y pensamientos puedan ser realmente agradables al Señor, porque en Él nos sostenemos y Jesucristo ha pagado el precio por nuestra redención.

El otro cántico de David se centra en un Dios que nos conoce profunda y totalmente, hasta el punto de reconocer que Él nos hizo en el vientre de nuestra madre, conoce nuestros pensamientos más profundos y hasta sabe con exactitud el día de nuestra partida. Eso significa que nunca podríamos ocultarnos de Dios. David mismo se sobrecoge con la inspiración que recibe del Espíritu Santo y llega a decir: «¡Cuán preciosos también son para mí, oh Dios, Tus pensamientos! ¡Cuán inmensa es la suma de ellos!» (Salmos 139:17). Saber que para Dios somos como un libro abierto completamente iluminado y leído lo lleva a finalizar, como en el cántico anterior, con una oración sumamente sincera:

> «Escudríñame, oh Dios, y conoce mi corazón;
> Pruébame y conoce mis inquietudes.
> Y ve si hay en mí camino malo,
> Y guíame en el camino eterno» (Salmos 139:23-24).

El problema del reconocimiento de nuestros errores es tan serio y tan difícil para nosotros los seres humanos que David —quien sabe que Dios conoce absolutamente todo acerca de él— tiene que pedirle al Señor que Él mismo haga una evaluación de su corazón y pueda guiarlo por el buen camino. Dios sabe que tarde o temprano cometeremos errores y no pretende que seamos perfectos, pero lo que sí nos pide es que cuando nos equivoquemos, seamos capaces de admitirlo, arrepentirnos y cambiar de actitud. El apóstol Juan va en esa misma línea cuando nos dice:

> «Si decimos que no tenemos pecado, nos engañamos a nosotros mismos y la verdad no está en nosotros. Si confesamos nuestros pecados, Él es fiel y justo para perdonarnos los pecados y para limpiarnos de toda maldad. Si decimos que no hemos pecado, lo hacemos a Él mentiroso y Su palabra no está en nosotros» (1 Juan 1:8-10).

Lo que Juan nos está enseñando es que debemos ser completamente sinceros con respecto a nosotros mismos. Decir que somos impecables y que no cometemos errores solo hace que nos engañemos y neguemos la verdad liberadora de Dios. Su argumento va más allá todavía cuando menciona que si decimos que no pecamos ni cometemos errores estamos convirtiendo a Dios en mentiroso, porque Él ha manifestado la realidad universal del pecado en su Palabra.

Sin embargo, Juan no se queda en una condena. Por el contrario, nos llama a confiar en el Señor que conoce realmente nuestra condición humana y a acercarnos a Él buscando su perdón y la limpieza de toda nuestra maldad. Esta es una realidad absolutamente maravillosa. No podemos quedarnos engañados y tratando de engañar a todo el mundo con nuestra hipocresía, más bien, podemos acudir al Señor y descubrir una realidad que ya Salomón, el maestro de sabiduría, había anunciado muchos siglos antes en el Antiguo Testamento:

> «El que encubre sus pecados no prosperará,
> Pero el que *los* confiesa y *los* abandona hallará misericordia.
> Cuán bienaventurado es el hombre que siempre teme,
> Pero el que endurece su corazón caerá en el infortunio»
> (Proverbios 28:13-14).

Podríamos, por ejemplo, hacer una comparación entre las vidas de Saúl y David. Así como cualquiera de nosotros, ambos eran pecadores que pecaron contra Dios. Ya hemos visto que decir que no tenemos pecado es hacer a Dios mentiroso y eso es una verdadera necedad. Sin embargo, aunque estos dos hombres pecaron, lo que notamos en las vidas del primer y segundo rey de Israel es que tuvieron destinos totalmente diferentes. Saúl fue desechado y David fue restaurado. Creo que ellos hicieron muchas cosas distintas para llegar a conclusiones tan diferentes, pero quizás la mayor diferencia radicaba en su actitud frente al pecado que cometieron.

Saúl siempre recibió órdenes precisas de parte de Dios con respecto a los desafíos que se le presentaban como el primer rey de Israel. No obstante, él siempre buscaba hacer su propia voluntad de manera velada y siempre tenía una justificación para sus actos de desobediencia. Pero el Señor y el profeta Samuel sintieron el dolor por los errores de este hombre. «Entonces vino la palabra del Señor a Samuel: "Me pesa haber hecho rey a Saúl, porque ha dejado de seguirme y no ha cumplido Mis mandamientos". Y Samuel se conmovió, y clamó al Señor toda la noche» (1 Samuel 15:10-11). Saúl no conocía realmente al Señor, por eso se ocultaba de un Dios que era proclamado como «el Señor, el Señor, Dios compasivo y clemente, lento para la ira y abundante en misericordia y verdad» (Éxodo 34:6). Saúl estaba lleno de soberbia y por eso solo le interesaban la imagen, el prestigio, la popularidad y todas esas cosas vanas que buscamos los seres humanos. Dios confrontaba a Saúl para llevarlo al arrepentimiento, pero él solo sabía justificar su pecado. Finalmente, Saúl oyó estas palabras condenatorias que nadie quisiera escuchar, pero que eran producto de su propia necedad:

> «Y Samuel dijo:
> "¿Se complace el Señor *tanto*
> En holocaustos y sacrificios
> Como en la obediencia a la voz del Señor?
> Entiende, el obedecer es mejor que un sacrificio,
> *Y* el prestar atención, que la grasa de los carneros.
> Porque la rebelión es *como* el pecado de adivinación,
> Y la desobediencia, *como* la iniquidad e idolatría.
> Por cuanto tú has desechado la palabra del Señor,
> Él también te ha desechado para que no seas rey"»
> (1 Samuel 15:22-23).

David también pecó groseramente contra Dios, viviendo un período de su vida oscurecido por el pecado y también por su ocultamiento de lo que había hecho. Sin embargo, al ser confrontado por el profeta Natán, inmediatamente cayó al suelo y exclamó: «He pecado contra el Señor» (2 Samuel 12:13a). La respuesta de Dios también fue inmediata a través del profeta Natán: «El Señor ha quitado tu pecado; no morirás» (2 Samuel 12:13b). David fue restaurado, su corazón sanó, y nunca más leemos en la Biblia que David volviera a abusar de su poder y hubiera pecado de esa manera contra Dios.

Como hemos visto hasta ahora, la actitud de no asumir la responsabilidad por nuestros errores no tiene nada de nuevo. Tenemos que enseñarles a nuestros hijos una y otra vez, hasta el punto de que quede grabado en sus corazones, que Dios sabe que somos pecadores y que no exige una perfección que en este mundo no podremos alcanzar, pues pertenecemos a un mundo caído, pero sí nos exige que estemos siempre dispuestos a obedecer sus mandamientos y no retrasemos el arrepentimiento necesario para poder ser restaurados.

También vimos en el caso de Saúl que su obstinación o terquedad es definida como idolatría. La razón para esa comparación es muy sencilla: la persona que no admite su error hace de sus convicciones un ídolo. Frases como «yo tengo la razón», «no hice nada malo» o «no es mi culpa» son comunes entre las personas obstinadas. Los padres somos llamados a ser «piedras en los zapatos» de nuestros hijos cuando se entercan y quieren ir por la vida justificando sus errores. No solo debemos enseñarles a reconocer sus fallas, sino ir aún un poco más lejos y enseñarles a aceptar la corrección y amar la reprensión (Proverbios 12:1). Un hijo que se incomoda o cierra sus oídos a la reprensión y al consejo está destinado al fracaso.

> «El hijo sabio *acepta* la disciplina de *su* padre,
> Pero el insolente no escucha la reprensión» (Proverbios 13:1).

Lamentablemente, una situación que es muy común en nuestros tiempos es ver cómo muchos padres no solo ignoran o les dan la espalda a los errores de sus hijos, sino que los defienden delante de otros, culpando al mundo entero solo para cubrir sus errores. Esos padres están alimentando el espíritu obstinado y necio de Saúl. De seguro nos dolerá, porque no queremos que nuestros hijos sufran, pero debemos dejar que ellos experimenten las consecuencias de sus actos, pues de lo contrario nunca tendrán temor de Dios al pensar que Él y el resto de la humanidad siempre pasarán por alto sus faltas. No dejemos a nuestros hijos viviendo en la obstinación de sus propios corazones. Seamos conscientes de que ellos son pecadores y necesitan ser instruidos y llevados a Cristo. Tomemos nuevamente el consejo del maestro de sabiduría e instruyamos a nuestros hijos con firmeza, verdad y gracia.

> «El que tiene en poco la disciplina se desprecia a sí mismo,
> Pero el que escucha las reprensiones adquiere entendimiento.
> El temor del SEÑOR es instrucción de sabiduría,
> Y antes de la gloria está la humildad» (Proverbios 15:32-33).

Oración modelo para los padres

Padre amado, gracias por escuchar mi oración. Hoy te entrego nuevamente la vida de mis hijos y te pido que los ayudes a reconocer y admitir sus errores y pecados cuando se equivoquen y te deshonren.

Dales un corazón dispuesto a pedir perdón y a buscar el cambio con valentía y humildad cuando sea necesario.

Te pido que les des un carácter firme, modelado por Jesucristo, y que su corazón sea humilde, sin orgullo, vanidad ni arrogancia.

Ayúdalos a enfrentar sus problemas con responsabilidad, aceptando las consecuencias de sus acciones, sabiendo que siempre mostrarás gracia cuando confíen en ti.

Te ruego también que los liberes de la culpa y la condenación, que tu Espíritu Santo les hable y les dé paz al recordarles tu verdad, tu poder y el hermoso regalo de la salvación.

Permite que entiendan lo profundo de tu amor al ofrecerles la salvación, tu misericordia al no darles lo que merecen y tu gracia al concederles una nueva oportunidad. Que esos principios los ayuden a vivir la vida abundante que has preparado para ellos y que siempre se levanten de tu mano cuando necesiten empezar de nuevo.

Te pido que mis hijos no tengan secretos o pecados ocultos, sino que sean transparentes y sinceros contigo. Que siempre fijen su mirada en ti y puedan reflejar tu paz y amor en sus vidas. En el nombre de Jesús, amén.

VERSÍCULOS PARA REFLEXIONAR:
PROVERBIOS 28:13; ISAÍAS 55:7; 1 JUAN 3:21-22.

Preguntas de discusión

1. ¿Cómo reaccionas cuando tus hijos cometen un error? ¿Los ayudas a reconocer su falta y arrepentirse o buscas cubrirlos para defenderlos?
2. ¿Has enseñado a tus hijos que reconocer sus errores es un paso hacia la madurez?
3. ¿Estás más preocupado por la imagen de tus hijos o por su corazón?
4. ¿Has cubierto los errores de tus hijos o has permitido que enfrenten las consecuencias de sus actos?
5. Como padre, ¿estás más preocupado por lo que opina la gente de ti o lo que opina Dios?
6. ¿Qué actitud has mostrado como padre cuando tus hijos te cuentan sobre sus errores?
7. ¿Has sido capaz de admitir tu culpabilidad o tiendes a justificar tus acciones delante de tus hijos?
8. ¿Entienden tus hijos la diferencia entre el arrepentimiento genuino y la simple disculpa?
9. ¿Cómo puedes ayudar a tus hijos a ser responsables de sus decisiones sin caer en la culpa o la condenación?
10. ¿Has extendido gracia sobre ellos o los sigues condenando por errores del pasado?
11. ¿Les estás mostrando que el arrepentimiento es un acto de obediencia a Dios y no simplemente una forma de evitar los castigos?
12. ¿Eres tú como Saúl o como David?

ORANDO...

PARA QUE SANEN LAS HERIDAS

Una de las primeras manifestaciones de la realidad del pecado en la raza humana estuvo relacionada con la envidia, la enemistad y el asesinato. Caín no soportó que Dios se agradara con la ofrenda de Abel y elaboró un plan que terminó con la muerte de su hermano por sus propias manos (Génesis 4:1-8). Dios dio una de las más tristes conclusiones sobre la raza humana antes de lanzar el juicio del diluvio:

> «El Señor vio que era mucha la maldad de los hombres en la tierra, y que toda intención de los pensamientos de su corazón era solo *hacer* siempre el mal. Y al Señor le pesó haber hecho al hombre en la tierra, y sintió tristeza en Su corazón» (Génesis 6:5-6).

No puedo imaginar esa tristeza de Dios teniendo en cuenta que Él se había gozado con toda su creación cuando al final del proceso creativo «vio todo lo que había hecho; y *era* bueno en gran manera» (Génesis 1:31). Toda esa bondad se vino abajo cuando los seres humanos desobedecieron al Señor creador y soberano sobre todo, incluidos ellos, y el mal se hizo presente con toda su fuerza, arruinando la creación y destruyéndonos unos a otros. Esta realidad que observamos al inicio de la civilización humana la vuelve a percibir el apóstol Pablo hace unos dos mil años cuando dice:

> «Pero debes saber esto: que en los últimos días vendrán tiempos difíciles. Porque los hombres serán amadores de sí mismos, avaros, jactanciosos, soberbios, blasfemos, desobedientes a los padres, ingratos, irreverentes, sin amor, implacables, calumniadores, desenfrenados, salvajes, aborrecedores de lo bueno, traidores, impetuosos, envanecidos, amadores de los placeres en vez de amadores de Dios;

teniendo apariencia de piedad, pero habiendo negado su poder. A los tales evita» (2 Timoteo 3:1-5).

Esa lista dolorosa, pero objetiva, no señala solo a una generación perdida en los anales de la historia, sino que retrata de cuerpo entero a la generación humana contemporánea. Podemos tener computadoras y celulares, trasplantar corazones e hígados y ser creadores de autos eléctricos y satélites, sin embargo, solo somos malvados más sofisticados que vivimos en una sociedad tecnológicamente avanzada, pero todavía socialmente desigual y corrupta. Ninguna de las conductas que presenta Pablo es autodestructiva. Todas y cada una de ellas tienen la particularidad de ser violentas y el daño que causan es multitudinario.

«No te asocies con el hombre iracundo,
Ni andes con el hombre violento,
No sea que aprendas sus maneras
Y tiendas lazo para ti mismo» (Proverbios 22:24-25).

«El hombre lleno de ira provoca rencillas,
Y el hombre violento abunda en transgresiones»
(Proverbios 29:22).

Muchas de las conductas indeseables que manifestamos casi inconscientemente podrían tener su origen tanto en nuestra propia pecaminosidad como en experiencias dolorosas del pasado que no han sido debidamente tratadas. Si cuando fuimos niños estuvimos expuestos a ejemplos familiares distorsionados, comportamientos inmorales de nuestros padres o incluso abuso, esos estilos de vida sin duda produjeron modelos de vida equivocados y también heridas de diversa índole en nuestros cuerpos y almas. Dichas heridas afectan nuestro presente y, si no son tratadas por el Señor, afectarán la manera en la que nos seguiremos relacionando en el futuro. Podría decir luego de muchos años de experiencia pastoral que, por lo general, el divorcio no se inicia luego del casamiento, sino en las disfuncionalidades familiares de la infancia.

La realidad es que todos fuimos criados en ambientes plagados de pecaminosidad en diversos grados y por padres pecadores que no eran realmente ángeles impecables. Por más buenos que hayan sido nuestros padres, siempre habremos experimentado algún tipo de daño intencional o no intencional que ha producido alguna herida personal.

Quisiera aclarar que nuestro mal proceder y el daño que les podemos causar o les hemos causado a otros se derivan por completo del hecho de que hayamos crecido en un hogar disfuncional. Somos pecadores y el pecado daña fundamentalmente las relaciones horizontales y la vertical. El pecado nos separa de Dios y de la humanidad. El pecado nos vuelve como perritos heridos que enseñan los dientes y tratan de morder a quienes les quieren dar la mano. Esto significa que la realidad de nuestras heridas es producto de nuestro pecado y posiblemente también del pecado de otros.

Por lo tanto, toda sanidad inicia cuando reconocemos que tenemos problemas del corazón y de recepción que requieren ser atendidos, ya que hemos decidido no pasarle dicha herida a la siguiente generación. Todo proceso de sanidad se inicia con el arrepentimiento delante de Dios por nuestras propias faltas y perdonando a nuestros padres y a las personas que nos hayan lastimado. El arrepentimiento y el perdón son siempre sanadores, porque producen restauración, sanidad y cambio. Jesús lo expresó de la siguiente manera:

> «Perdónanos nuestros pecados, porque también nosotros perdonamos a todos los que nos deben» (Lucas 11:4a).

> «Porque si ustedes perdonan a los hombres sus transgresiones, también su Padre celestial les perdonará a ustedes. Pero si no perdonan a los hombres, tampoco su Padre les perdonará a ustedes sus transgresiones» (Mateo 6:14-15).

Hay dos salmos que expresan de forma elocuente lo que siente un corazón herido. Quizás te puedas identificar con el llanto lastimero que también puede escucharse dentro de tu corazón. Usa estas palabras milenarias para elevarlas en este momento como una oración al Señor sanador de los corazones heridos:

> «Oh Señor, escucha mi oración,
> Y llegue a Ti mi clamor.
> No escondas de mí Tu rostro en el día de mi angustia;
> Inclina hacia mí Tu oído;
> El día en que te invoco, respóndeme pronto.

Porque mis días han sido consumidos en humo,
Y como brasero han sido quemados mis huesos.
Mi corazón ha sido herido como la hierba y se ha secado,
Y *hasta* me olvido de comer mi pan.
A causa de la intensidad de mi gemido
Mis huesos se pegan a la piel» (Salmos 102:1-5, énfasis añadido).

«Pero Tú, oh Dios, Señor, por amor de Tu nombre hazme *bien*;
Líbrame, pues es buena Tu misericordia;
Porque afligido y necesitado estoy,
Y mi corazón está herido dentro de mí.
Voy pasando como sombra que se alarga;
Soy sacudido como la langosta.
Mis rodillas están débiles por el ayuno,
Y mi carne sin gordura ha enflaquecido.
Me he convertido también en objeto de oprobio para ellos;
Cuando me ven, menean la cabeza.
Ayúdame, Señor, Dios mío,
Sálvame conforme a Tu misericordia;
Y que sepan que esta es Tu mano,
Que Tú, Señor, lo has hecho» (Salmos 109:21-27, énfasis añadido).

Un corazón herido es aquel que se quebró con las desilusiones, rechazos, injusticias, abandonos, malos tratos y abusos. Si el corazón no es tratado desde el interior, el matrimonio se dificultará y se puede poner en juego el futuro de nuestros hijos. Muchas personas manifiestan conductas inapropiadas y reacciones descontroladas cuyo origen ignoramos. Son áreas en donde nos sentimos dominados y nos preguntamos: «¿Por qué me siento así? ¿Por qué reacciono de esa forma?». Normalmente, hay un corazón herido detrás de esas actitudes que le ha dado rienda suelta a su propio pecado producto de experiencias del pasado que necesitan ser atendidas y tratadas.

En muchos casos hemos herido a nuestros hijos producto de nuestras propias heridas, y lo más triste es que muchos de ellos, sin la intervención sanadora del Señor, quedan postrados de por vida. Es de suma importancia asegurarnos de que antes de que abandonen nuestro hogar hayan sanado toda herida que nosotros o alguna persona allegada les haya provocado.

Muchos hemos aprendido a dar excusas en vez de enfrentar nuestras heridas. Es como reclamar que se nos dé un analgésico en vez de dejar que los médicos realicen la cirugía que nuestro cuerpo necesita para sanar esa herida abierta por tantos años. También nos encanta culpar a otros por nuestra situación sin siquiera reconocer que alguien puede habernos herido, pero a nosotros nos toca sanar del mal que nos hayan causado. Culpar no sana, perdonar es el principio de la sanidad, y solo el Espíritu Santo puede producir el cambio que nuestro corazón necesita. Esa es una promesa divina:

> «Yo les daré un solo corazón y pondré un espíritu nuevo dentro de ellos. Y quitaré de su carne el corazón de piedra y les daré un corazón de carne, para que anden en Mis estatutos, guarden Mis ordenanzas y los cumplan. Entonces serán Mi pueblo y Yo seré su Dios» (Ezequiel 11:19-20).

Esta es una de las promesas más maravillosas de toda la Escritura. En verdad no necesitamos solo un parchecito en el corazón herido o un analgésico. Lo que necesitamos es un cambio de corazón, porque el nuestro está endurecido, ya no late como debiera y sus deseos son únicamente oscuros y pecaminosos. Así que debemos darle gracias a Dios por este milagro que solo Él puede concederle a un corazón arrepentido. Sin embargo, debo advertirte que Ezequiel no solo ofrece una preciosa promesa, sino también una enorme advertencia:

> «"Pero en cuanto a aquellos cuyo corazón va detrás de sus cosas detestables y abominaciones, haré recaer su conducta sobre su cabeza", declara el Señor Dios» (Ezequiel 11:21).

No niego que esa advertencia me aterra y compunge mi corazón. El Señor promete con mucha claridad que todos los cansados y cargados pueden acudir a Él y recibir descanso y el ejemplo para vivir una vida sana del corazón (Mateo 11:28-30). Pero los corazones heridos son corazones endurecidos que pierden sensibilidad y fuerzas. Por eso necesitamos del cardiólogo supremo, nuestro Dios, quien es capaz de hacernos en Cristo nuevas criaturas, en las cuales las cosas viejas dejaron de ser y todas son hechas nuevas (2 Corintios 5:17).

La historia de la Biblia está repleta de personajes con heridas sanadas. José pudo perdonar a sus hermanos y ver el propósito de Dios para todos sus dolores y aflicciones. Moisés fue levantado de entre sus propias frustraciones y derrotas en el desierto para convertirse en el líder manso y humilde que condujo a todo un pueblo a su liberación. El Señor sanó el corazón de Pedro luego de haberle negado públicamente en su hora más oscura y lo levantó para ser la voz inaugural de la iglesia en Pentecostés. Juan y su hermano Jacobo mostraron su corazón herido al desear que cayera fuego sobre todo un pueblo simplemente por un desacuerdo centenario. Sin embargo, con el tiempo Jacobo dio su vida por su testimonio cristiano y Juan nos enseñó que el que no ama a su hermano no ha conocido al Señor. Es evidente que Dios había sanado sus corazones. Y quizás el ejemplo más grande de arrepentimiento, perdón y cambio de corazón sea el de Saulo de Tarso, el mayor enemigo de la iglesia, el perseguidor implacable, el hombre que respiraba amenazas y muerte contra Cristo y su pueblo. Este hombre se encontró con su Salvador cuando menos lo esperaba y su cambio fue tan radical que se convirtió en el mayor heraldo del evangelio.

Sanar el corazón es posible, porque para Dios no hay nada imposible. ¡No lo olvides y créelo! ¡Aleluya!

Aclaración: Aunque este libro está escrito para orar por nuestros hijos, hemos abordado temas que tienen que ver con nuestra sanidad como padres también. La razón de esto es que muchas veces el enemigo anula el poder de nuestras oraciones debido al mal proceder que tenemos como padres. Por lo tanto, es fundamental que sanemos primeramente nuestras vidas para luego guiar a nuestros hijos a la verdad a través del ejemplo y la oración sincera.

Oración modelo para los padres

Señor Jesús, vengo delante de ti reconociendo que mi corazón y el de mis hijos necesitan tu sanidad. Tú conoces cada dolor, cada recuerdo difícil, cada palabra que nos marcó, cada abandono o injusticia que hemos vivido. Nada está oculto delante de ti.

Hoy te pido que reveles las heridas de mi interior y me muestres toda raíz que produce ira, temor, rechazo o violencia. No quiero repetir patrones pecaminosos ni transmitirle dolor a la siguiente generación. Perdóname por las veces que he reaccionado desde mi propio quebranto y he herido a quienes amo.

Señor, en el nombre de Jesús decido perdonar a quienes me han lastimado, especialmente a mis padres, familiares o personas cercanas. Te pido que sanes mi corazón y el de mis hijos. Remueve todo rencor, amargura, resentimiento y culpa. Crea en mí un corazón nuevo, suave, sensible a tu voz. Pon tu Espíritu dentro de mí para caminar en obediencia, para vivir con mansedumbre y amor, reflejando a Cristo en mi hogar.

Te ruego también por el corazón de mis hijos. Sánalos de las heridas que he provocado. Que ellos experimenten tu amor sanador y puedan perdonar a quienes los hayan ofendido.

Señor, no permitas que ninguna herida gobierne nuestro futuro. Rompe ciclos de pecado, violencia, temor y rechazo. Haz nuevas todas las cosas en nuestra familia. Creo en tu promesa de quitar el corazón de piedra y darnos un corazón de carne. Declaro que en Cristo mis hijos y yo somos nuevas criaturas; lo viejo quedó atrás y tú haces todas las cosas nuevas.

Gracias porque eres nuestro sanador. Gracias porque nada es imposible para ti. Gracias porque en tu mano podemos ser restaurados. En el nombre de Jesús, amén.

VERSÍCULOS PARA REFLEXIONAR:
SALMOS 147:3; LUCAS 4:18.

Preguntas de discusión

1. ¿Has identificado conductas indeseables en ti como padre debido a traumas y heridas del pasado que no han sido sanadas?
2. ¿Puedes mencionar algunas heridas que has arrastrado desde tu infancia que podrían estar influyendo en la forma en que te relacionas con tus hijos?
3. ¿Eres de los que justifican el mal proceder debido a una infancia disfuncional?
4. ¿Has perdonado a tus padres o a cualquiera que te haya hecho daño en el pasado?

5. ¿Hay algún patrón negativo que hayas heredado de tus padres que estás repitiendo con tus hijos?
6. ¿Estás buscando sanarte con el fin de poder ser un modelo saludable para tus hijos?
7. ¿Estás buscando tu sanidad en Dios o simplemente intentas llenar el vacío que la herida ha provocado?

ORANDO...

POR LOS HIJOS DE MIS HIJOS

La Biblia es definitivamente un libro con historias de familias y que gira en torno a la familia. El Señor creó al hombre y vio que no era bueno que estuviera solo, así que hizo a Eva de su costado. Seguidamente, Dios los unió para que fueran la primera familia, de la cual descendemos todos los seres humanos en su inmensa diversidad. Abraham y Sara fueron bendecidos con el milagro de la descendencia cuando pensaban que debido a la edad y la infertilidad serían incapaces de poder tener sus propios vástagos que llevaran su sangre y su ADN. Sin embargo, el poder de Dios lo hizo posible y su descendencia es literalmente hasta nuestros días como las estrellas del cielo y la arena del mar.

Salomón escribió un salmo donde describía con elocuencia que «como flechas en las manos del guerrero, así son los hijos *tenidos* en la juventud» (Salmos 127:4). Dios no nos regala a nuestros hijos, porque siempre serán suyos, pero nos da el privilegio de criarlos «en la disciplina e instrucción del Señor» (Efesios 6:4). Finalmente, la familia se extiende poco a poco y nuestros hijos nos dan el regalo de los nietos.

> «Corona de los ancianos son los nietos,
> Y la gloria de los hijos son sus padres» (Proverbios 17:6).

Los hijos y los nietos son cartas vivas que quedan como evidencia de nuestra contribución paterna al futuro. No solo debemos presentar a nuestros hijos delante de Dios, sino también a nuestros nietos y bisnietos, aunque aún no hayan nacido. Eso es lo que hizo Jacob cuando no solo bendijo a sus hijos, sino también a su descendencia. No hay una continuidad más maravillosa que la que encontramos en las promesas de Dios para los patriarcas. Abraham no tenía hijos y el Señor le prometió una gran descendencia, lo mismo hizo con Isaac, y tampoco dudó en repetirle en su momento esa promesa a Jacob:

«Yo soy el Dios Todopoderoso.
Sé fecundo y multiplícate;
Una nación y multitud de naciones vendrán de ti,
Y reyes saldrán de tus entrañas» (Génesis 35:11).

La Biblia dice que Dios guarda nuestras oraciones en copas de oro en el cielo, eso me podría llevar a pensar que nuestras oraciones en el nombre del Señor Jesucristo permanecen para siempre en su presencia. Por lo tanto, podríamos orar por nuestros descendientes que todavía están por venir, creyendo que el Señor conserva nuestras peticiones (Apocalipsis 5:8).

Nosotros no solo heredamos los rasgos físicos. La información genética transmite de generación en generación nuestra apariencia, como el color de los ojos o la altura, y también ciertas predisposiciones de salud y determinadas funciones metabólicas. Sin embargo, no toda herencia se recibe genéticamente, porque a través de la instrucción, la crianza, la práctica de compartir las experiencias y la forma en que reaccionamos a las circunstancias de la vida también vamos dejando una herencia instructiva en nuestros hijos. El problema es que no somos conscientes de que muchos de esos rasgos espirituales, conductuales y morales se pueden transferir de generación en generación en la medida en que tales comportamientos son aprendidos por repetición a través de las generaciones.

Pocas veces vemos la herencia como una responsabilidad que requiere planificación. No obstante, mucho del comportamiento ético y espiritual de nuestros hijos no es algo que simplemente sucede. Los padres debemos ser conscientes de nuestro papel formativo en términos de evangelismo y discipulado sobre nuestros hijos y nietos. También debemos, a través de un minucioso escrutinio, evaluar y ser conscientes de lo que hemos heredado de nuestros padres y lo que nos han dejado al partir, tanto en términos positivos como negativos.

Por ejemplo, aunque no seamos teólogos ni filósofos profesionales, todos tenemos un sistema de creencias y una filosofía de vida. El problema radica en que no nos hemos preocupado por desarrollar un sistema de creencias que sea coherente, organizado, profundo y transmisible. Lo peor de todo es que si no reproducimos un modelo original conforme a lo que encontramos en la Palabra de Dios, podríamos estar dejando como herencia modelos distorsionados de vida a las generaciones siguientes.

Un sistema de creencias incorrecto o débil podría tener un profundo impacto negativo en nuestra vida, matrimonio y ministerio, no solo en nuestro tiempo, sino también en el tiempo de vida de nuestros hijos y nietos. Yo te pregunto: ¿Tendrán nuestros hijos que recuperarse de nuestra influencia o serán bendecidos gracias a ella? Una de las cosas que me maravilla de los padres del libro de Proverbios es que estaban muy seguros de las enseñanzas que transmitían a sus hijos:

> «Oigan, hijos, la instrucción de un padre,
> Y presten atención para que ganen entendimiento,
> Porque les doy buena enseñanza;
> No abandonen mi instrucción.
> Cuando yo fui hijo para mi padre,
> Tierno y único a los ojos de mi madre,
> Entonces él me enseñaba y me decía:
> "Retenga tu corazón mis palabras,
> Guarda mis mandamientos y vivirás.
> Adquiere sabiduría, adquiere inteligencia;
> No te olvides ni te apartes de las palabras de mi boca.
> No la abandones y ella velará sobre ti;
> Ámala y ella te protegerá"» (Proverbios 4:1-6).

Resulta evidente que esa instrucción no era fruto del azar o la casualidad. Este padre le dice a su hijo que su abuelo también lo formó con este tipo de instrucción, que él considera como «buena enseñanza». Es cierto que les transmitiremos nuestro ADN de forma inexorable a nuestros hijos y ellos a sus descendientes. Lo que no es inevitable es el tipo de instrucción y enseñanza que les transmitiremos, los valores y principios que ellos les pasarán también a sus hijos y así sucesivamente.

Para bendecir como padres a las próximas generaciones en términos intelectuales y espirituales debemos escoger y probar muy bien los valores con los que ya vivimos. Además, debemos escoger las prioridades que rigen nuestra vida. Hay un salmo que señala la correspondencia directa que existe entre nuestra relación con Dios, nuestra obediencia a los mandamientos y las características de nuestra descendencia:

> «¡Aleluya!
> Cuán bienaventurado es el hombre que teme al Señor,

Que mucho se deleita en Sus mandamientos.
Poderosa en la tierra será su descendencia;
La generación de los rectos será bendita» (Salmos 112:1-2).

De seguro pudiste notar el vínculo existente entre nuestro temor a Dios y el deleite en sus mandamientos y el tipo de familia que podremos formar, ¿no es cierto? Esto quiere decir que Dios tiene planes de bien para nuestros hijos y nietos, por eso nos ha llamado a empezar dicho linaje de bendición a través de una instrucción correcta que comienza con el mensaje de salvación en Jesucristo y continúa con un discipulado en el que les vamos enseñando a guardar todo lo que el Señor ha mandado. Y todo esto es respaldado por nuestro propio ejemplo. Tal tarea no es fácil ni de segunda clase. La Biblia nos permite ver una y otra vez ejemplos de grandes hombres de Dios que fracasaron en pasar la instrucción sana y fiel del legado de bendición a su siguiente generación. Necesitamos que las generaciones venideras abracen lo que hemos iniciado en Dios.

No tomemos a la ligera ni por un segundo nuestra responsabilidad formativa para con nuestros hijos y nietos. Los libros de Reyes y Crónicas nos entregan registros impactantes de la formación positiva y negativa de los reyes sobre sus descendientes y sucesores. Veamos algunos ejemplos muy certeros:

> «Josafat fue un buen rey, quien **siguió el ejemplo de su padre Asa.** Hizo lo que era agradable a los ojos del SEÑOR» (1 Reyes 22:43, NTV, énfasis añadido).

> «Josías hizo lo que agrada al SEÑOR, pues **en todo siguió el ejemplo de su antepasado David;** no se desvió de él en el más mínimo detalle» (2 Reyes 22:2, NVI, énfasis añadido).

> «Ocozías, hijo de Acab, comenzó a gobernar Israel en el año diecisiete del reinado de Josafat en Judá; reinó en Samaria dos años. **Él hizo lo malo a los ojos del SEÑOR al seguir el ejemplo de su padre y de su madre** y también el ejemplo de Jeroboam, hijo de Nabat, quien había hecho pecar a Israel. Ocozías sirvió a Baal y le rindió culto, con lo que **provocó el enojo del SEÑOR, Dios de Israel, tal como lo había hecho su padre»** (1 Reyes 22:51-53, NTV, énfasis añadido).

Si bien cada generación tendrá que tomar sus propias decisiones en cuanto a su fe, la influencia que ejercemos los padres es crucial en la toma futura de dichas decisiones. Como dijimos anteriormente, no podemos decidir por nuestros hijos, pero podemos influir en sus creencias, valores y principios a través de la instrucción y la enseñanza que les brindemos mientras estén bajo nuestro techo, y con nuestro consejo cuando ya hayan abandonado el nido y emprendido sus vidas adultas y sus propias familias.

Debemos cerciorarnos de que estas tres acciones estén presentes en nuestras vidas como padres:

- Instruir a nuestros hijos en la Palabra del Señor.
  «Debes comprometerte con todo tu ser a cumplir cada uno de estos mandatos que hoy te entrego. Repíteselos a tus hijos una y otra vez. Habla de ellos en tus conversaciones cuando estés en tu casa y cuando vayas por el camino, cuando te acuestes y cuando te levantes. Átalos a tus manos y llévalos sobre la frente como un recordatorio. Escríbelos en los marcos de la entrada de tu casa y sobre las puertas de la ciudad» (Deuteronomio 6:6-9, NTV).
- Mostrar a Cristo con nuestro testimonio a nuestros hijos.
  «Me acuerdo de tu fe sincera, pues tú tienes la misma fe de la que primero estuvieron llenas tu abuela Loida y tu madre, Eunice, y sé que esa fe sigue firme en ti» (2 Timoteo 1:5, NTV).
- Asegurar que nuestros hijos experimentan a Dios en casa.
  «Les anunciamos al que existe desde el principio, a quien hemos visto y oído. Lo vimos con nuestros propios ojos y lo tocamos con nuestras propias manos. Él es la Palabra de vida. Él, quien es la vida misma, nos fue revelado, y nosotros lo vimos; y ahora testificamos y anunciamos a ustedes que él es la vida eterna. Estaba con el Padre, y luego nos fue revelado. Les anunciamos lo que nosotros mismos hemos visto y oído, para que ustedes tengan comunión con nosotros; y nuestra comunión es con el Padre y con su Hijo, Jesucristo» (1 Juan 1:1-3, NTV).

A través de todas estas reflexiones hemos visto que la mejor manera de orar es usando la Palabra de Dios. Al terminar hoy esta serie de oración de 30 días por nuestros hijos, quisiera dejarte algunas promesas que nos ofrece la Biblia con relación a ellos. Simplemente léelas, reflexiona en las mismas, y ora al Señor para que sean una realidad en la vida de tu propia familia y tus descendientes.

Veinte promesas que podemos orar sobre nuestros hijos

1. «Porque derramaré agua sobre la *tierra* sedienta, y torrentes sobre la tierra seca. Derramaré Mi Espíritu sobre tu posteridad, y Mi bendición sobre tus descendientes. Ellos brotarán entre la hierba como sauces junto a corrientes de agua. Este dirá: "Yo soy del Señor", otro invocará el nombre de Jacob, y otro escribirá *en* su mano: "Del Señor *soy*" y se llamará con el nombre de Israel» (Isaías 44:3-5).
2. «Además, el Señor tu Dios circuncidará tu corazón y el corazón de tus descendientes, para que ames al Señor tu Dios con todo tu corazón y con toda tu alma, a fin de que vivas» (Deuteronomio 30:6).
3. «Los hijos de Tus siervos permanecerán, y su descendencia será establecida delante de Ti» (Salmos 102:28).
4. «Y sucederá que después de esto, derramaré Mi Espíritu sobre toda carne; y sus hijos y sus hijas profetizarán, sus ancianos soñarán sueños, sus jóvenes verán visiones» (Joel 2:28).
5. «Y este será mi pacto con ellos, dijo Jehová: El Espíritu mío que está sobre ti, y mis palabras que puse en tu boca, no faltarán de tu boca, ni de la boca de tus hijos, ni de la boca de los hijos de tus hijos, dijo Jehová, desde ahora y para siempre» (Isaías 59:21, RVR1960).
6. «Y la descendencia de ellos será conocida entre las naciones, y sus renuevos en medio de los pueblos; todos los que los vieren, reconocerán que son linaje bendito de Jehová» (Isaías 61:9, RVR1960).
7. «En lugar de tus padres estarán tus hijos; los harás príncipes en toda la tierra» (Salmos 45:16).
8. «Antes que Yo te formara en el seno materno, te conocí, y antes que nacieras, te consagré» (Jeremías 1:5).
9. «Porque todos ustedes son hijos de la luz e hijos del día. No somos de la noche ni de las tinieblas» (1 Tesalonicenses 5:5).
10. «Tu mujer *será* como fecunda vid en el interior de tu casa; tus hijos como plantas de olivo alrededor de tu mesa. Así será bendecido el hombre que teme al Señor» (Salmos 128:3-4).

11. «Sean nuestros hijos en su juventud como plantíos florecientes, *y* nuestras hijas como columnas de esquinas labradas como las de un palacio» (Salmos 144:12).
12. «He aquí, el Señor Dios vendrá con poder, y su brazo gobernará por Él. He aquí, con Él está su galardón, y delante de Él su recompensa. Como pastor apacentará su rebaño, en su brazo recogerá los corderos, y en su seno *los* llevará; guiará con cuidado a las recién paridas» (Isaías 40:10-11, LBLA).
13. «He aquí, don del Señor son los hijos; *y* recompensa es el fruto del vientre. Como flechas en la mano del guerrero, así son los hijos *tenidos* en la juventud. Bienaventurado el hombre que de ellos tiene llena su aljaba; no será avergonzado cuando hable con sus enemigos en la puerta» (Salmos 127:3-5, LBLA).
14. «Aumentará Jehová bendición sobre vosotros; sobre vosotros y sobre vuestros hijos» (Salmos 115:14, RVR1960).
15. «Ciertamente así dice el Señor: "Aun los cautivos del poderoso serán recobrados, y rescatada será la presa del tirano. Con el que luche contigo Yo lucharé, y salvaré a tus hijos"» (Isaías 49:25).
16. «Todos tus hijos *serán* enseñados por el Señor, y grande *será* el bienestar de tus hijos» (Isaías 54:13).
17. «El más pequeño llegará a ser un millar, y el más insignificante una nación poderosa. Yo, el Señor, a su tiempo lo apresuraré» (Isaías 60:22).
18. «Yo fui joven, y ya soy viejo, y no he visto al justo desamparado, ni a su descendencia mendigando pan» (Salmos 37:25).
19. «"Porque yo sé los planes que tengo para vosotros" —declara el Señor— "planes de bienestar y no de calamidad, para daros un futuro y una esperanza. Me invocaréis, y vendréis a rogarme, y yo os escucharé. Me buscaréis y *me* encontraréis, cuando me busquéis de todo corazón. Me dejaré hallar de vosotros" —declara el Señor— "y restauraré vuestro bienestar"» (Jeremías 29:11-14, LBLA).
20. «Y el niño crecía, y se fortalecía en espíritu [...] y se llenaba de sabiduría; y la gracia de Dios era sobre él [...] y estaba sujeto a ellos» (Lucas 1:80, 2:40, 51, RVR1960).

Oración modelo para los padres

Señor Jesús, hoy llego al final de este camino de 30 días de oración, y mi corazón se llena de gratitud.

Gracias porque me permitiste levantar a mis hijos delante de ti; gracias porque escuchas cada súplica, guardas cada lágrima y atesoras mis oraciones en tu presencia para siempre.

Señor, reconozco que la familia es tu diseño perfecto. Tú nos creaste para caminar juntos y transmitir fe, verdad y esperanza. Gracias por los hijos que me confiaste, y gracias por los hijos de mis hijos, aunque algunos todavía no hayan nacido.

Hoy los presento delante de ti, confiando en que tus planes para ellos son de bien, para darles un futuro y una esperanza.

Te pido que tu Espíritu sea derramado sobre mi descendencia, que tu Palabra permanezca en sus corazones y que tu pacto se establezca sobre las generaciones venideras. Permite que cada uno de ellos pueda conocerte, amarte y servirte con pasión, y que sus vidas sean señales vivas de que tú eres Dios en medio de mi familia.

Señor, rompe en mí toda herencia torcida, todo patrón de pecado, toda mentira y todo temor. Hazme consciente de la responsabilidad de dejar un legado que honre tu nombre. Dame sabiduría para instruir a mis hijos conforme a tu Palabra, testimonio para vivirla con integridad, y gracia para que en mi hogar se experimente tu presencia diariamente.

Haz que mis hijos y nietos caminen en sabiduría, amen la verdad, busquen la justicia y vivan bajo el temor reverente del Señor. Forma en ellos corazones sensibles, obedientes, humildes y llenos de amor. Hazlos antorchas encendidas en medio de un mundo oscuro, portadores de gracia, paz y verdad dondequiera que vayan.

Padre, que ellos tomen decisiones que honren tu nombre, que te busquen desde su juventud y que, como flechas en manos del guerrero, sean enviados a cumplir tu propósito en la tierra. Que nuestra descendencia sea poderosa en la fe, firme en tu Palabra y llena del fuego del Espíritu Santo. Que sus hogares sean altares vivos, sus matrimonios reflejos del amor de Cristo, y sus hijos herencia santa para tu gloria.

Hoy declaro que mis futuras generaciones pertenecen a Cristo; que mis hijos y los hijos de mis hijos serán conocidos como linaje bendito del Señor. Te suplico que ningún arma forjada contra ellos prospere, que tu favor los rodee como escudo, que tu gracia los sostenga y tu mano los guíe todos los días de sus vidas.

Padre, gracias porque tú eres el Dios de Abraham, Isaac y Jacob; el Dios que guarda pacto y misericordia por mil generaciones. Confío en que verás el fruto de estas oraciones en mi hogar, en mis generaciones, y en todo aquel que nazca de nosotros según tu propósito.

Sello este tiempo declarando: «Mi casa y yo serviremos al Señor». Y los hijos de mis hijos también. En el nombre de Jesús, amén.

VERSÍCULOS PARA REFLEXIONAR: GÉNESIS 28:14; SALMOS 145:4.

Preguntas de discusión

1. ¿Hay actitudes o patrones que heredaste y que necesitas romper en Cristo?
2. ¿Qué rasgos espirituales deseas ver en tus hijos y nietos?
3. ¿Estás siendo intencional en transmitir tu fe a tus hijos y a la siguiente generación?
4. Si tus hijos evaluaran tu fe hoy, ¿qué crees que podrían decir de ella?
5. ¿Qué obstáculos o excusas te han impedido vivir y transmitir la fe de forma consistente?
6. ¿Qué tipo de herencia espiritual estás construyendo actualmente?
7. ¿Tienes claridad sobre lo que deseas que tus hijos y nietos recuerden de ti cuando ya no estés?
8. ¿Qué principios bíblicos consideras imprescindibles para que permanezcan en tu familia por generaciones?
9. ¿Cómo puedes aplicar de forma más concreta Deuteronomio 6:6-9 en tu hogar?
10. ¿Estás enseñando la Palabra intencionalmente o lo estás dejando al azar?
11. ¿Hay disciplinas espirituales que necesitas modelar más fielmente (lectura bíblica, oración, congregarse, servir)?
12. ¿De qué manera tu conducta diaria confirma o contradice tu enseñanza espiritual?
13. ¿Tus hijos han podido ver la obra de Dios en tu vida de manera clara? ¿En cuáles áreas?
14. ¿Cómo puedes facilitar que tus hijos y nietos experimenten personalmente a Dios en casa?
15. ¿Has orado específicamente por tus nietos (aun si no han nacido)?

16. ¿Qué oración te gustaría que Dios respondiera para tu descendencia en los próximos cinco, diez o treinta años?
17. ¿Qué pasos prácticos puedes llevar a cabo hoy para bendecir espiritualmente a tus futuras generaciones?
18. ¿Qué valor te gustaría que caracterice a tu linaje familiar (temor de Dios, amor, humildad, servicio, integridad, generosidad, etc.) y por qué?

CONCLUSIÓN

A lo largo de estos treinta días hemos redescubierto una verdad esencial: la paternidad y la maternidad no son únicamente tareas humanas, sino llamados sagrados. Dios nos ha confiado una herencia invaluable: nuestros hijos. Él los puso en nuestras manos no solo para formarlos, guiarlos y proveer para ellos, sino para presentarlos continuamente delante de su trono en oración e intercesión.

Este tiempo juntos nos ha recordado que no controlamos todas las circunstancias que rodean la vida de nuestros hijos, pero sí podemos clamar al Dios que reina sobre todas las cosas. La oración no es nuestro último recurso; la misma constituye la herramienta más poderosa que el Padre ha puesto en nuestras manos. Cuando oramos conforme a su Palabra, nos alineamos con su voluntad eterna y participamos activamente en su obra redentora en la vida de ellos.

También hemos comprendido que este camino comienza en nosotros. No podemos llevar a nuestros hijos a una relación profunda con Dios si no cultivamos primero una vida íntima con Él. La fe que transforma no se hereda; se encarna, se modela y se confirma en una vida rendida al Señor. Antes de que nuestros hijos aprendan a hablar de Cristo, necesitan verlo en nosotros.

Quizá no tengamos respuestas inmediatas. Tal vez algunos de nuestros hijos se encuentren lejos, confundidos o resistiendo la verdad. Pero este devocional nos ha recordado que ninguna oración se pierde. Cada clamor, cada lágrima y cada promesa declarada con fe son semillas sembradas en el tiempo perfecto de Dios. Él es fiel para cumplir lo que ha prometido, incluso cuando nuestras fuerzas parecen agotarse.

Por eso, este no es simplemente el cierre de una jornada de treinta días; es el inicio de un estilo de vida. Que este tiempo marque un antes y un después en nuestra manera de orar, de hablar, de vivir y de criar. Que podamos decir con convicción que decidimos pararnos en la brecha por nuestros hijos y por los hijos de nuestros hijos.

Confiamos en un Dios que escucha, que responde y que obra más allá de lo que imaginamos. Sigamos orando con perseverancia, con fe y con esperanza, confiados en que padres que oran hoy están formando generaciones que honrarán a Dios mañana.

«Pero la misericordia del Señor es desde la eternidad hasta la eternidad, para los que le temen, y Su justicia para los hijos de los hijos» (Salmos 103:17).

¿HAS LEÍDO ALGO BRILLANTE Y QUIERES CONTÁRSELO AL MUNDO?

Ayuda a otros lectores a encontrar este libro:

- Publica una reseña en nuestra página de Facebook **@GrupoNelson.**
- Publica una foto en tu cuenta de redes sociales y comparte por qué te agradó.
- Manda un mensaje a un amigo a quien también le gustaría, o mejor, regálale una copia.

¡Déjanos una reseña si te gustó el libro! ¡Es una buena manera de ayudar a los autores y de mostrar tu aprecio!

Visítanos en **GrupoNelson.com** y síguenos en nuestras redes sociales.